메타버스 유니버시티

메타버스 유니버시티

구자억, 김창환, 김성완, 김영기
김지혜, 양애경, 이기준, 이순희
신세영, 정영모, 주현재

dm 동문사

이 책을 내는 이유

메타버스가 등장했다.

이제 메타버스는 한국에서 모르는 사람들이 없을 정도로 인구에 회자한다. 그러나, 메타버스를 정확히 이해하고 있는 사람들은 많지 않다. 그 이유는 메타버스가 많이 언급되기는 해도 그 실체가 잘 잡히지 않기 때문이다.

사람들은 메타버스란 가상세계와 현실세계를 넘나드는 것이라는 정도는 알지만, 기존에 우리가 알던 AR, VR을 섞어놓은 것 같은 느낌을 가진다. 그것은 아마도 메타버스란 개념이 등장한 이후 아직은 기술진보가 완벽하게 이루어졌다고 보기 어렵기 때문일 것이다. 또 메타버스 개념이 기존의 기술들을 묶어놓은 듯한 인상을 주기 때문일 수도 있다.

당연히 학교현장의 메타버스에 대한 인식 또한 약한 편이다. 메타버스가 중요하다고 듣고는 있는데, 실제 학교현장에서 어떻게 활용할 수 있는지는 알지 못한다.

게임이나 학습지 같은 게임이나 교육산업 쪽에서는 그 적용이 활발한 편이나 학교현장에서의 활용은 아직 초기단계이다.

우리는 메타버스로 대학4.0이 시작된다고 본다. 대학4.0은 4차산업혁명 이후 등장한 신무기로 무장한 대학을 말한다. 신무기로 초연결사회, 초기술사회에 대비하는 대학이다. 메타버스 등장으로 세상은 무한대로 확장되고 있다. 이런 상황 속에서 대학은 무한히 확장하는 세상에 대비해야 한다. 그래야만 대학 자체의 생존이 가능하다.

이 책은 메타버스에 조금이라도 관심을 가진 분들이 대학에서 메타버스를 활용하는 데 도움을 주기 위해 쓰여졌다. 이 책은 서문과 본문 13장으로 구성되어 있다. 독자들은 서문을 먼저 읽은 후, 본문으로 넘어간다면 전체적인 내용을 이해하는 데 큰 도움이 될 것이다.

본문의 내용은 대학에서 메타버스에 대한 이해를 높이거나, 활용하는 데 도움이 되는 내용 중심으로 구성되었다. 이것을 초석으로 하여 대학에서의 메타버스 활용과 관련한 이론과 경험적 사례들이 지속적으로 발전한다면 대학교육에서 선한 영향력을 행사할 것이라고 확신한다.

이 책을 집필하는 데 여러 어려움이 있었다. 아직 대학에서 메타버스 활용이 일천하고, 적용사례가 많지 않아, 대학에서 활용 가능한 예시를 제시하는 데 어려움이 있었다. 이런 부분은 앞으로 발전, 보완시킬 부분이라고 본다. 어려운 가운데서도 집필을 해주신 각 대학의 교수님들 그리고 출판을 맡아주신 동문사에 감사드린다.

2023년 2월

필자를 대표하여 구자억

차례

/CHAPTER 07/ 메타버스와 비교과 프로그램

/CHAPTER 08/ 메타버스와 예술교육

/CHAPTER 09/ 메타버스와 교수학습방법

/CHAPTER 10/ 메타버스와 대학생

/CHAPTER 11/ 메타버스와 대학교수

/CHAPTER 12/ Z세대가 열광하는 메타버스 문화 콘텐츠

/CHAPTER 13/ 메타버스와 대학의 미래

서문
: 메타버스가 대학4.0을 연다.

세상이 너무 빨리 변한다.

1990년 초반 컴퓨터란 새로운 문물 앞에 처음 마주했다. 컴퓨터 속도도 느리고, 익숙지 않아 그때는 286, 386 컴퓨터로 테트리스 게임을 했다. 여전히 문서작업은 타이프로, 원고작업은 원고지를 사용하는 것이 보통이었다.

핸드폰의 등장도 그리 오래 것은 아니다. 전화만 가능했던 벽돌 크기의 핸드폰으로 출발해서 이제는 뭐든 할 수 있는 모바일폰으로 진화했고, 그것이 20년이 안 되었다. 그런데 어느 순간부터 4차산업혁명이 회자되기 시작했다. 2016년 클라우스 슈밥(Klaus Schwab)이 세계경제포럼(WEF)에서 현재를 제4차산업혁명시대로 규정하면서부터다. 이 4차산업혁명은 기존 산업혁명보다 10배 빠르고, 300배 더 크고, 3000배 더 강하다고 한다(No ordinary disruption, Mackinsey).

4차산업혁명의 특징은 실감, 초연결, 초지능으로 대표된다. 메타버스는 이런 4차산업혁명 시대에 맞춤형으로 등장했다. 메타버스는 현실세계에 있는 것처럼 사회생활, 경제생활, 문화 활동이 3차원 가상공간을 통해서 이뤄지는 것을 말한다. 인류에게 이제까지는 현실공간만이 존재했다면, 앞으로는 가상공간이란 새로운 공간이 생긴 것이다. 당연히 인류가 활동하는 공간이 무한대로 넓혀지는 효과가 있다.

이런 상황 속에서 대학은 어떻게 할 것인가? 우리가 일반적으로 생각하는 대학의 모습은 오프라인 공간에서 공부하고, 교류하며, 활동하는 형태다. 그러나 코로나 팬데믹으로 대면수업이 어려워지며, 온라인 교육이 보편화되었고, 결국 교육공간이 확장되는 결과를 나았다. 메타버스는 이런 상황에서 지역에 한정된 대학 캠퍼스를 세계로 확장시키는 효과를 발휘할 수 있다.

사람들에 따라 메타버스를 대하는 태도는 다르다.

메타버스를 잘 아는, 잘 이용하는 사람들에게 메타버스는 재미있고, 즐거운 놀이터다. 모르는 사람들에게 메타버스는 새롭고, 두려운 세상이다. 그러나 두려워할 필요는 없다. 이제 즐겁게 탐험을 하면 된다.

우리가 여기에 내놓은 메타버스 유니버시티는 메타버스로 무장한 대학을 말한다. 메타버스를 대학운영에 적극적으로 활용해 대학운영의 효과를 높이는 대학이다. 메타버스라는 무기를 장착해 대학을 획기적으로 확장하고, 변화시킨 대학이다.

지금부터 메타버스 유니버시티로 들어가기 위해 알아야 할 12가지 상황을 제시하고자 한다.

메타버스를 대학이 주목해야 하는 이유는 무궁한 가능성과 첨단성 때문이다.

메타버스(metaverse)는 가상, 초월이란 뜻을 갖고 있는 'meta'와 세계, 우주라는 뜻을 갖고 있는 'universe'를 합친 합성어이다. 현실세계를 초월한 세계, 초월적 우주라는 의미를 갖고 있다. 즉, 메타버스는 현실세계와는 다른 또 다른 세계를 말한다.

구글 트렌드에서 'metaverse'를 검색하면, 전 세계적으로 메타버스에 대한 관심은 2020년 중후반부터 증가한 것으로 나타났다. 메타버스가 2020~21년에 전 세계적으로 많은 관심을 받게 된 가장 큰 이유는 코로나19(COVID-19)라고 할 수 있다. 감염병이 유행하면서 외부 활동이 줄고, 집에 머무르는 시간이 늘어나고, 미디어 사용이 증가하면서 가상현실, 증강현실, 메타버스 세계에 대한 관심이 증가하게 되었다.

메타버스가 미래에도 영향을 미칠 것이라고 보는 또 다른 이유는 메타버스의 주 이용자가 다음 세대라는 점이다. 현재 메타버스에 10대들이 열광하고 있다. 그들이 메타버스에 심취해 있는 것은 디지털 세대라는 특징과 관련된다. 태어날 때부터, 적어도 어릴 때부터 디지털 세계에 익숙한 그들이 게임을 하면서 자연스럽게 메타버스 플랫폼과도 가깝게 된 것이다. Z세대 다음 세대인 알파세대와 베타세대는 현실세계, 그리고 여러 개의 가상세계에서 동시에 존재하게 되는 인류의 첫 번째 세대가 될 것이다.

이제 메타버스의 가능성을 보고 글로벌 IT기업이 뛰어들고 있다. 구글(Google), 애플(Apple), 마이크로소프트(MS), 페이스북(Facebook), 네이버 등 글로벌 기업들이 시장을 선점하기 위해 노력하고 있다.

글로벌 IT기업이 메타버스에 뛰어드는 이유는 첫째, 어마어마한 경제적 효과 때문이다. 메타버스 시장은 2025년까지 현재의 6배가량인 2,800억 달러(314조 원)로 성장할 것으로 전망되고 있다. 특히, AR/VR 시장은 2030년까지 크게 확대될 것으로 전망되고 있다.

둘째, 메타버스가 미래세대의 놀이터이기 때문이다. 포트나이트, 마인크래프트, 로블록스, 제페토 등 메타버스 플랫폼 고객의 70% 이상이 Z세대이다. 미래 경제세대인 Z세대를 잡기 위한 전략으로 글로벌 IT기업들이 뛰어든 것이다.

셋째, 메타버스가 인터넷을 대체할 기술이기 때문이다. 인터넷을 통한 2차원 경험과 메타버스 속의 3차원 경험은 차원이 다른 것이다. 인터넷이 등장한 이후 쇼핑하는 방식, 친구를 만나는 방식, 일하는 방식이 바뀌었듯, 메타버스도 우리가 살아가고 소통하는 방식 전체를 바꿀 것으로 전망된다.

넷째, 코로나19로 인해 메타버스로의 전환이 빨라지고 있다는 점이다. 언택트 상황 속에서 끊임없이 관계를 유지하기 위한 통로로 메타버스가 주목받고 있는 것이다. 미래는 영화 <아바타>, <레디 플레이어 원>처럼 가상과 실제가 뒤섞이는 세상이 올 것으로 전망되고 있다. 포트나이트의 제작사인 에픽게임즈의 팀 스위니(Timothy D. Sweeney) CEO는 "메타버스는 인터넷의 다음 버전"이라고 규정하고 "미래 사람들은 메타버스로 일을 하러 가거나 쇼핑을 하면서 시간을 보내게 될 것"이라고 전망했다. 미래학자인 로저 제임스 해밀턴(Roger James Hamilton)은 "2024년에 우리는 현재의 2D 인터넷 세상보다 3D 가상세계에서 더 많은 시간을 보낼 것"으로 예측하였다.

따라서 대학들이 이런 세계사적 흐름을 무시하고, 현상유지에 급급하다 보면 첨단에서 멀어진 구태의연한 대학으로 전락할 가능성이 크다.

메타버스의 핵심 요소와 기술 세계는 4+3이다.

메타버스 로드맵(MetaVerse Roadmap, 이하 MVR)에서는 메타버스 개념이 매우 복잡한 것이라고 본다. 메타버스는 단순히 가상세계가 아니라 현실세계와 가상세계가 결합되거나 연결된 것이라고 말하고 있다. 즉, 메타버스는 현실세계와 가상세계의 융합을 의미한다.

지금까지 거론되는 메타버스의 주요 요소로는 크게 네 가지가 거론된다. 첫째, 가상세계(Virtual Worlds)이다. 현실과 유사하거나 전혀 다른 대안적 세계로 모든 것이 디지털로 창조된 공간을 말한다. 둘째, 라이프로깅(Life logging)이다. 인생에 대한 기록 공간으로 사람과 사물에 대한 일상적인 경험과 정보를 기록, 저장 및 공유하는 것을 말한다. 셋째, 증강현실(Augmented Reality)이다. 현실 세계에 가상의 정보나 물체를 추가하여 보여주는 것이며, 마지막으로 거울세계(Mirror Worlds)이다. 이는 현실 세계를 사실적으로 보여주면서 정보적으로 확장되어 추가 정보를 제공하는 가상세계를 말한다.

메타버스 기술은 크게 세 가지이다. 복합 범용 기술, 인프라-플랫폼-콘텐츠-IP, 기술빌딩블록이 그것이다.

첫째, 복합 범용 기술은 메타버스 기술의 핵심이다. 기술적으로 메타버스는 다양한 범용 기술이 복합되고 적용되어 구현된다. 이와 같은 복합된 범용 기술로 현실 세계와 가상세계가 혼합되어 그 구분이 불가능해지게 된다. 이렇게 메타버스를 구축하는 범용 기술은 증강현실(AR), 가상현실(VR), 확장 현실(XR, eXtended Reality), 데이터, 5G 네트워크, 인공지능(AI), 사물 인터넷(IoT) 등이 사용되고, 이 기술들은 메타버스뿐 아니라 전체 디지털 산업에서 다양한 용도로 사용되고 있다.

둘째, 메타버스 기술 생태계는 인프라-플랫폼-콘텐츠-IP이다. 그러나 최근의 메타버스 가상세계를 설명하는 데에는 한계가 존재한다. 그래서 메타버스 가상세계의 경제적 확장을 추가 반영하여 분류하는 '인프라(D · N)-플랫폼(P)-콘텐츠(C)-지식재산권(IP, Intellectual Property)' 분류가 메타버스 산업의 요소 기술을 분류하는 체계로써 제시되고 있다. 하지만 메타버스에 사용되는 다양한 요소 기술은 여러 가지 IT 기반 요소 기술들이 복합적으로 융합되어 사용된다. 때문에 이 모든 요소 기술들의 융합을 포괄하는 기술 생태계에 대한 확정적인 표준은 아직 부재한 상황이다.

셋째, 메타버스 구현을 위해서는 기술빌딩블록이 필요하다. 증강현실, 가상현실, 확장 현실, 거울세계 등과 같은 메타버스 관련 주요 기술은 아직 초기 단계이다. 이러한 메타버스 구현을 위한 기술요소는 "몰입 지원 기술", "가상세계 구현 핵심기술", "기반(Infrastructure) 기술" 등 세 가지로 구분할 수 있다.

몰입지원 기술은 사용자가 넓고 다양한 범위의 가상세계를 경험하게 하고, 이 경험을 현실로 인지할 수 있도록 하는 초실감형 기술과 서비스를 말한다.

가상세계 구현을 위한 핵심 기술은 가상세계 구현과 운영을 위한 '엔진 및 플랫폼'이 필수이다. 이 '엔진 및 플랫폼'을 사용하여 인간의 감각과 인지를 유도하여 실제와 유사한 경험 및 감성을 이끌어 내는 '실감형 콘텐츠'가 제작되고 제공되어야 하며, 사용자에 대한 인증 및 다양한 콘텐츠 유통을 위한 '거래/디지털화폐' 기술이 필요하다. 메타버스 서비스를 일상생활에서와 같이 자연스럽게 이용하기 위해서는 고도화된 네트워크(특히, 무선)와 컴퓨팅 파워가 필요한데 이와 관련된 기술이 기반 기술이다. 메타버스 구현을 위해서는 클라우드 기반의 고사양 컴퓨팅 파워, 5G를 넘어선 6G급의 네트워크가 필요하다.

교육 메타버스에서의 NFT는 공부하여 토큰을 얻는(Study To Earn) 환경, 자격 증명의 고유성 확보, 학습의 증거, 수업자료에 대한 정당한 대가의 지급 수단으로 활용할 수 있다.

NFT는 Non Fungible Token의 준말로 대체 불가한 토큰으로 해석된다. 블록체인 기술을 통해 위조가 불가능한 형태로 기록되는 디지털 장부에 절대적으로 유일한 토큰을 기록해 둠으로써 해당 토큰의 소유자가 유일하게 인식되는 디지털 인증방법을 말한다. NFT는 디지털 개체의 원본을 인식하기 위한 중요한 기술로 발전해왔다. 디지털 개체의 저작권을 소유한 작가는 자신의 디지털 개체에 붙여진 NFT를 제3자에게 양도할 수 있다. 이 과정에서 저작권 보유자와 NFT의 구매를 통해 디지털 개체를 소유하는 소유자 간의 계약 행위가 발생하게 된다.

NFT가 등장하면서 자신이 소유할 수 있는 수집품이 온라인상의 개체로 확장되었다. 이는 무언가를 배타적으로 소유하고자 하는 인간의 욕망을 자극하는 것이다. 특히 NFT는 기존 질서의 탈피, 제작 방식과 내용의 다양성이라는 측면에서 MZ세대와 결을 같이한다. 디지털 인증을 통해 '세상에서 유일하다'라는 것도 한정판·희소성 등에 열광하는 MZ세대에게 매력적으로 작용한다. 교육 분야에서 NFT를 사용할 경우 여러 가지로 활용이 가능하다.

첫째, 공부하여 토큰을 얻는(Study To Earn) 환경의 시작이다.

현재 메타버스 환경이 가장 활발하게 구축 운영되는 곳은 바로 게임 분야이다. 이런 메타버스 환경하의 게임에서 가장 핫한 문구는 바로 'Play To Earn'일 것이다. 이는 게임을 하면서 돈을 번다는 의미로 NFT 업계에서 가장 확실한 마켓플레이스로 떠오르고 있다. 게임 사용자는 게임에 사용되는 각종 아이템을 자체 제작하여 NFT를 달아 거래를 하면 그 이익금은 비트코인으로 지불되는 방식이다. 하지만 메타버스상에서 학습을 위해 만든 다양한 결과물들이 아이템화되어 NFT로 인증된다면 학생들은 어쩌면 공부를 하면서 돈을 버는 상황이 생길 수도 있다. 물론 이 과정이 교육적인가에 대한 논의는 필요할 것이다. 하지만 교육환경이 온라인 메타버스로 옮겨가면 그동안 오프라인에서는 상상하지 못했던 사이드 이펙트(side effect)가 발생할 것이다.

둘째, 자격이나 증명의 고유성 확보가 가능하다.

각 학교와 대학에서 발행한 각종 증명서들에 NFT를 붙여 발급하면 진본과 위조본을 간단히 확인할 수 있게 된다. 특히 이 기능은 대학입학이 전 인생을 좌지우지할 수 있는 우리나라의 특수한 교육환경에서 매우 필요한 기능이다. 대학입학과 입사지원에 사용되는 각종 문서들은 블록체인과 NFT로 관리되면 그 투명성이 높아지게 된다. 또한 메타버스 환경에서 이루어지는 각종 교육활동에 대한 증명은 기본적으로 온라인으로 발행되기 때문에 이를 증명하기 위한 NFT는 필수가 아닌 의무가 되어야 할 부분이다.

셋째, 학습의 증거로 활용할 수 있다.

NFT를 사용하면 학생이 학습을 진행하는 과정의 순간순간을 캡쳐하고 저장하여 그 과정의 경험적 증거로써 활용이 가능하다. 이 증거는 학생의 성적으로 모든 학생의 학습 과정을 평가하는 것이 아니라 그 학습 과정에서의 다양한 경험들을 증명할 수 있다.

넷째, 수업자료에 대한 정당한 대가의 지급 수단이 될 수 있다.

교육자는 자신의 교육 자료를 NFT화하여 자신이 사용하고 난 이후 학교나 여러 플랫폼을 통해 판매할 수 있다. 이로 인해 본인이 사용하는 것 외에 타인의 사용을 제한하거나 이로 인한 이익창출을 꾀할 수 있다. 이는 단순한 이익창출을 떠나 교사들이 그들의 수업자료를 보다 충실히 제작할 수 있는 열정을 제공할 수 있다. 또 교과서의 경우도 2차 저작물 사용에 대한 명확한 보상 체계를 운영할 수 있다는 점에서 교과서의 질 또한 더욱 높아질 수 있을 것이다.

미래세대의 놀이터가 될 포트나이트, 마인크래프트, 로블록스, 제페토 등 가상공간의 메타버스 플랫폼은 콘텐츠산업 시장의 중심에 서 있다.

일상생활 속에서의 메타버스는 어떻게 활용되고 있을까?

'게더타운'은 기존의 온라인 화상회의에 추가로 메타버스 가상공간을 구성하여 아바타를 통한 채팅 및 이동 만남이 가능하도록 하고 있다. 세계 최대 사회관계망서비스 기업인 페이스북은 메타버스를 가장 빠르게 구현한 기업이다. 페이스북은 실감기술의 핵심인 하드웨어 상당 부분을 직접 개발하였다. 원격으로 출근하지 않고 집에서 재택근무가 가능하고 회의시간에 자신의 아바타를 보내고 기기를 착용한 채 회의에 참석하는 것이다.

현재 국내 대학에서 메타버스 활용은 주로 입시와 신입생 입학 오리엔테이션, 일부 캡스톤디자인 교과목, 그리고 실험 보조 자료로 활용되고 있다. 일부 대학에서 메타버스전문대학원을 설립하여 직접 메타버스 전문 인재 양성에 나선 경우도 있다.

첫째 유형으로 VR 활용 메타버스이다. 대학별 구체적인 사례로는 VR 활용 건국유니버스 메타버스 축제 개최, 퓨처VR랩 활용 전자기학 수업 활용, 심혈관 및 흉부외과 수술 시연 메타버스 시범 적용, VR 활용 해부신체구조 교과목 메타버스 활용, 생물학 실험 VR 콘텐츠 도입, 신입생을 위한 입학식 및 오리엔테이션 등이다.

둘째 유형은 게더타운 메타버스이다. 대학별 구체적인 사례로는 케냐-카이스트 캠퍼스 메타버스 구축, 메타버스 전문대학원 설립, 메타버스 "게더타운" 활용 봄 축제, 신입생 정시모집 메타버스 1:1 상담, 세계 성균한글백일장 행사, 취업박람회 메타버스 활용 등을 꼽을 수 있다.

셋째 유형으로 메타버스 플랫폼 활용이다. 대학별 구체적인 사례로는 시각디자인 캡스톤 강의에 메타버스 활용, 메타버스 활용 비교과 프로그램 운영 성과 공유 행사, 패션디자인학과 메타버스 활용 소통공간, 캡스톤디자인 메타버스 페스티벌, 전공과 교양 강좌에 메타버스 플랫폼 활용 등을 들 수 있다.

메타버스 교육은 현실교육을 대체하는 것이기보다 가치 있는 보완교육으로 이해해야 한다. 메타버스는 새로운 교육공간을 통해 서로 소통하고 융합되어 미래기술이 구현된다는 점에서 우리에게 중요한 시사점을 준다.

메타버스는 교양교육의 질을 향상시킬 촉매제가 될 수 있다.

한국 대학에서의 교양교육은 전공교육에 비해 질이나 관심도가 떨어지는 것이 사실이다. 선진외국들은 교양교육을 전공 이상으로 중시하고 있다. 이런 상황 속에서 메타버스는 교양교육에 대한 관심을 불러일으키고, 질을 향상시킬 촉매제가 될 수 있다.

대학교육에서 코로나19 팬데믹으로 인한 정보통신 기반 기술의 활용은 그동안 대학 교양교육의 한계라 볼 수 있었던 교실 밖 수업의 가능성, 시공간적 한계의 극복 등 새로운 패러다임이 가능함을 예고하고 있다. 메타버스는 디지털문화에 익숙하고, 유튜브와 페이스북, 카카오톡 등 소셜 네트워크서비스를 통해 사회적 관계가 이루는 MZ세대를 중심으로 빠르게 확산되고 있다. 또한 메타버스의 현실과 가상의 융합은 다양한 형태의 연결과 소통을 지원함으로써 대학의 물리적 공간의 제약을 벗어난 혁신적 학습 플랫폼으로 자리 잡아 가고 있다. 메타버스에서의 가상의 공간은 교실에서 이루어지는 수업보다 좀 더 많은 현장 몰입을 형성하며, 다양한 학습의 경험을 제공하기도 한다.

메타버스의 가장 큰 특징은 물리적으로 불가능했던 것을 상상만으로 창조해 볼 수 있는 것이다. 사람과 공간, 그리고 시간에 대해 기존에 갖고 있던 일반적 상식과 관행을 넘어선 새로운 학습 전략을 구상할 수 있다. 또 다양한 영역에 인간과 공간, 시간이 결합되어 새로운 메타버스 경험을 설계할 수도 있다. 메타버스의 플랫폼 활용으로 인한 시공간의 확대는 교양 학습자에게 학습참여의 기회를 확대시키고, 수업에 몰입하게 할 수 있다. 또 다양한 학습활동을 통해 의미 있는 학습을 가능하게 할 수 있다.

메타버스를 통해 물리적인 제약 없이 많은 사람들이 서로 교류할 수 있는 소통의 장을 만들고, 가상공간 플랫폼을 활용하여 체험 가능한 실감형 교양 콘텐츠를 제작할 수 있다. 더불어 교양 담당 교수에게는 그동안 물리적 제약으로 도전하지 못했던 다양한 형태의 학습을 가능케 하여 교수역량을 발휘할 수 있는 기회로 작용할 수 있다. 대학 차원에서는 다양한 양질의 교양 콘텐츠 개발로 교양 교육과정 전체의 질을 담보할 수 있다.

메타버스라는 새로운 기술의 적용이 전공교육을 혁신시킨다.

4차산업혁명 시대는 초연결, 초융합, 초지능, 변동성, 불확실성, 복잡성, 모호성, 에이자일(Agile)이라는 특징을 가진다. 이런 4차산업혁명 시대에 대학교육의 핵심이라고 할 수 있는 전공교육 혁신을 위해 메타버스라는 새로운 기술을 어떻게 적용하고 활용할 것인가?

성공적인 메타버스 기반 전공교과 교수학습환경이 되기 위해서는 다음 네 가지의 교육적 요건을 갖추어야 한다.

첫째, 메타버스를 활용한 전공교육과정이 성공적으로 대학에서 설계, 개발, 적용, 평가될 수 있도록 대학 내 학칙, 규정, 지침 등이 마련되어야 한다.

둘째, 메타버스를 활용한 전공교육과정이 효과적으로 설계, 개발, 적용, 평가되기 위해서는 이에 적합한 역량을 가진 인적자원이 있어야만 한다.

셋째, 메타버스 기반 전공교육과정을 기술적으로 지원해 줄 기술 환경(예: 클라우드 서버서비스, VR 기기 등)이 필요하다.

넷째, 새로운 가상융합 플랫폼으로서의 메타버스가 공급자 중심의 일반적 내용전달에 초점을 둔 파이프라인(pipeline) 접근이 아닌 학습자 중심의 학습자 주도형 PULL 플랫폼이 되어서 학습자와 교수자 간 지식이 자연스럽게 흘러 넘치는 공간이 되도록 플랫폼이 구축되어야 한다.

전공교육에서 메타버스의 활용은 4차산업혁명 시대가 요구하는 대표적인 역량 중에서 고등지식의 핵심인 인지유연성(cognitive flexibility)을 촉진하는 데 유용할 수 있다. 인지유연화는 여러 가지 다른 개념과 사례에 기초한 관점에서 지식을 표상하는 능력을 말하며, 나중에 지식이 사용될 때 바로 그 관점으로

부터 이해나 문제해결을 위해 필요한 종합적 지식을 새롭게 구성하는 능력을 지칭한다.

또한 메타버스에서의 전공교육은 토의학습, 탐구학습, 문제해결형 학습에 효과적으로 접목할 수 있고, 목표 추구성이 뚜렷하기 때문에 결과를 중시하는 프로젝트형 학습에 활용될 수 있으며, 문제해결 시 전략적으로 팀을 구성해서 학습자들의 능력조화를 이루는 협력학습에도 적용 가능하다.

메타버스를 통해 대학의 비교과프로그램 효과를 최대한 높일 수 있다.

대학마다 비교과프로그램을 어떻게 효과적으로 운영할 것인지는 뜨거운 감자와 같다. 학생들의 참여도를 높이고, 흥미를 유발시켜 교육효과를 배가시켜야 하기 때문이다. 메타버스는 이러한 비교과프로그램 운영에 커다란 도움을 줄 수 있다. 이를 위해서는 다음 세 가지 전략이 필요하다.

첫째, 일방적인 강연형 형식보다는 교육제공자와 프로그램 참가자, 참가자 간 상호작용을 통해 가치를 공동으로 창출할 수 있는 환경을 제공해야 한다. 메타버스는 교육을 공급자적인 관점에서 일방적으로 제공하는 교환가치(value in exchange)를 넘어, 사용가치(value in use), 맥락가치(value in context), 문화가치(value in culture), 삶의 가치(value in life)를 구현하는 강력한 도구로써의 역할을 수행할 수 있다.

둘째, 메타버스 기반 비교과 프로그램은 사람, 기술, 내외부 시스템을 연결하는 가치 제안, 정보 등의 자원이 통합된 교육서비스시스템이어야 한다.

셋째, 메타버스를 활용한 비교과교육은 국가 차원의 공공재로서 메타버스 기반 플랫폼이 구축되어야 한다.

비교과박람회, 취창업박람회 등의 비교과 프로그램 운영을 위해, 메타버스 기술을 활용한 대학의 사례를 분석한 결과, 교수 실재감을 개선하는 교육적 가능성을 확인할 수 있었다. 그러나 여전히 메타버스 기반 비교과프로그램은 기술적(AR/VR), 교육적 지원(교수설계)이 부족한 상태에서 강의실을 그대로 옮겨 놓는 객관주의 교수학습을 답습하는 것은 아닌지 반추해 볼 필요가 있는 상황이다.

메타버스는 예술교육의 중요한 도구가 될 수 있다.

메타버스에서의 예술은 현실세계의 제한과 한계를 뛰어넘는 표현이 가능하고, 한계 없는 상상을 펼칠 수 있다는 측면에서 매우 긍정적인 측면이 있다. 특히 메타버스는 물리적 현실 공간과 가상공간이 연결되는 새로운 방식으로 사람과의 커뮤니티를 형성하며 관계를 연결시켜 주고, 궁극적으로 존재하고 있다는 실재감(Presence)을 느끼게 해준다.

예술적 표현매체로서 메타버스는 영화, 시각예술, 공연예술, 미용예술에 이르기까지 다양한 예술 영역과 결합한 시도가 확산되고 있다. 미용·패션 분야에서는 AR, VR의 시각적 요소를 기반으로 소셜미디어의 AR필터가 다양한 디지털 매체를 활용하여 대중화되고 있다. 사용자들은 뷰티필터(beauty filters)를 사용하여 얼굴을 바꾸거나 가상 디지털 변장을 할 수 있다. 또 외모를 아름답게 만들거나 축소, 과장 등을 통해 외모를 변신할 수도 있다. 패션업계에서는 소비자가 브랜드의 AR 필터를 통해 제품을 착용해봄으로써 소비자의 선택에 도움을 주기도 한다.

이제 메타버스는 예술교육의 도구이며, 이러한 도구의 변화는 예술표현과 경험의 확장성에 기여함과 동시에 창의적 사고를 위한 새로운 형태의 문화, 매체 혹은 그것을 초월하는 새로운 세계로 진화하고 있다.

메타버스 예술교육에서는 학습자의 능동성과 유연성이 강조된다. 메타버스를 통한 예술교육은 디지털 활용능력에 따라 학습자의 연령대와 발달 수준, 교육목표를 고려해 다양한 플랫폼과 기기를 선정하고 자유롭게 활용이 가능하다. 메타버스가 일상의 공간이자 그 자체를 활용하고 재창조하는 공간으로 자율적으로 학습 진도를 결정하고 자기 주도적으로 학습을 한다.

예술교육에서의 메타버스는 시각, 청각, 촉각 등의 다중감각과 다차원적 표현, 사유와 소통 가능한 공간적 특성이 중요한 접점으로 다중 감각을 활용한 예술교육 활동으로 학습자에게 다양한 기술과 이론, 사례를 제공할 수 있다. 또 블렌디드 러닝, 플립러닝 등 하이브리드 러닝의 확대로 진정한 학습과 몰입, 참여를 높이게 하여 효과적인 학습 경험 및 자율적인 예술 활동을 제공할 수 있다. 또한 다양한 상황적, 경험적 학습을 제공하여 소규모 예술수업에서 큰 효과를 보일 수 있다.

이러한 메타버스를 활용해서 대학이 예술교육을 수행하고자 할 때는 우선, 디지털 기술 수용을 위한 지원체계를 마련하고, 학습자가 주체적으로 학습할 수 있도록 커리큘럼을 설계하며, 러닝과 플레이 그라운드가 가능하도록 융합 공간을 구축해야 한다.

메타버스를 통해서 교육의 가치와 효용성을 높이기 위한 교수학습방법 혁신이 가능하다.

메타버스로 이루어지는 교육의 참여자는 교수자와 학습자이다. 따라서 메타버스를 활용해서 교육적 효과를 높이기 위해서는 참여당사자들을 고려한 교수학습설계가 중요하다.

교수학습설계 측면에서는 다음 다섯 가지 고려가 필요하다. 첫째, 모든 학습자들의 참여를 가능하게 하는 스마트폰을 활용한다. 둘째, 메타버스라서 가능한 교육 경험을 풍성하게 제공한다. 셋째, AR/VR을 적극 활용하여 입체적인 학습 자료를 만들어야 한다. 넷째, 가상 체험 공간을 적극적으로 도입한다. 다섯째, 아바타를 활용한다.

교수역량 측면에서는 다음 다섯 가지를 고려한다. 첫째, 학습자의 디지털 친숙도에 대해서 알아야 한다. 둘째, 메타버스를 통한 학생 성장 로드맵을 제시한다. 셋째, 학생의 발전을 촉진하는 메타버스 학습 콘텐츠를 개발한다. 넷째, 상호소통의 기회를 적극적으로 제공한다. 다섯째, 메타버스를 통한 자기계발의 기회를 제공한다.

한편 메타버스의 교육적 효용성을 드러내기 위해서 학생들이 갖춰야 할 학습 역량이 있는데, 크게 일곱 가지로 제시할 수 있다. 첫째, 학습에 대한 비전을 가지고 학습 동기를 조절할 수 있다. 둘째, 메타버스 환경에서 학습자가 몰입할 수 있다. 셋째, 현실문제에 대한 시뮬레이션을 돌릴 줄 안다. 넷째, 융복합적으로 사고할 줄도 알아야 한다. 다섯째, 메타버스 경험으로부터 정보와 지식을 추출하여 자기화할 줄 안다. 여섯째, 경험으로 성장할 수 있도록 학습자아를 관리할 줄 안다. 일곱째, 자신의 학습시간, 태도, 방법을 관리할 수 있다.

메타버스 시대, 대학생들에게 새로운 역량이 필요하다.

정보통신 기술의 비약적인 발전과 함께 인터넷 이용이 보편화하고 있다. 모든 국민이 스마트폰을 이용하고 차세대 5G망 도입이 이루어지고 있다. 인터넷이 보편화한 사회에서 자란 10대와 20대는 그들만의 독특한 공유 규범과 가치를 가지며 알파세대로 불리고 있다. 이들은 이전 세대와 비교하여 모험적이며 과거 세대보다 진보한 교육을 받는다. 또한, 태어나면서부터 스마트폰은 물론 스마트TV, 태블릿PC, 인공지능 스피커 등 다양한 기기를 접하고 이를 활용하며 성장해 왔다. 그렇기에 새롭게 등장하는 디지털 기술에 쉽게 적응할 수 있고 이를 활용하여 원활하게 소통한다는 점에서 비대면 활동이 증가하는 시점에 의미 있는 세대로 평가받고 있다.

현재 대학생은 온라인 세대, 체험중심 세대, 표현과 소통의 세대, 이미지와 영상 세대, 콘텐츠 세대, 콘텐츠 생산자 세대, 온라인을 활용한 연결과 개방에 익숙한 세대라는 특징이 있다. 이러한 특징은 대학교육에 영향을 주며 많은 변화가 필요함을 예고하고 있다.

다만 메타버스가 일상생활에 스며들어 있고 새로운 세상을 예견하고 있으나 이러한 세상을 주도하는 대학생이 되기 위해서는 다음과 같은 역량이 요구된다.

첫째, 삶의 문제에 관한 관심과 해결 의지를 높여야 한다. 둘째, 적극적인 참여와 소통역량이 필요하다. 셋째, 온라인 콘텐츠 활용능력이 필요하다. 넷째, 사이버 보안과 윤리의식이 필요하다.

메타버스를 활용해 교육활동을 전개할 때는 교수의 역할이 매우 중요하다.

대학에서는 교육에 활용 가능한 신기술이 나올 때마다 이들의 적용가능성을 고민해왔다. 그리고 그 고민의 일선에 있는 이들이 직접 교육일선에 서 있는 교수들이다.

최근 국내 여러 대학에서 입학식, 졸업식, 취업박람회 등을 메타버스로 진행한 경험이 있으며, 강의 현장에서도 메타버스를 활용하는 사례가 늘고 있다. 이와 같이 메타버스를 활용한 대학교육에 관심이 커진 것은 영상회의 방식의 온라인 플랫폼이 질 높은 온라인 교육을 위한 근본적인 대책으로는 미흡하다는 반성에 기인한 것이다.

메타버스를 활용한 대학교육의 강점은 대면수업에서 제공하기 어려운 부분을 가상세계를 통해 보완할 수 있다는 점이다. 하지만 메타버스가 고등교육에서 만능의 해결책이 될 것인가 하는 부분은 많은 이견이 있다. 기존에 구축된 대학 인프라의 구조적인 변화, 교육콘텐츠의 변화, 교수의 역할 변화, 메타버스에서 이루어지는 교육의 효과성과 한계에 대한 지속적인 검증이 필요하다.

메타버스를 활용해 대학생을 대상으로 교육활동을 전개할 때는 교수의 역할이 매우 중요하다. 어떤 역할이 필요할까?

첫째, 참여형 교육과 체험을 통한 역량 강화의 장을 마련해야 한다. 메타버스는 시공간을 초월하고 물리적 장애요인을 극복하게 해준다는 강점이 있으며 참여자의 적극적인 참여가 강조된다. 따라서 개인이 필요로 하는 맞춤화된 교육에 쉽게 접근할 수 있도록 해주는 참여형 교육활동이 중요하다.

둘째, 다양한 분야의 연구 성과를 종합하고 재해석하는 역할이 필요하다. 메타버스시대 교수의 역할은 자신의 분야에 대한 연구 성과를 고도화하면서도 다양한 연구 성과를 종합하고 재해석하는 역할이 중요해진다.

셋째, 새로운 교수법의 개발과 적용이 요청된다. 메타버스의 장점을 최대화할 수 있는 교수법을 개발하고 적용하는 활동이 필요하다.

넷째, 교수는 부캐의 의미를 재발견하고 활용하는 역할을 해야 한다. 메타버스를 활용한 다양한 수업의 사례를 살펴보면 학습자 간, 학습자와 교수자 간에 상호작용이 활발해졌다는 이야기가 많다. 대면 상황에서 말하기 어려웠던 부분도 자신의 개성을 담은 부캐를 활용하여 좀 더 편안하고 자신감 있는 모습, 익살스러운 느낌으로 소통할 수 있기 때문이다.

메타버스는 학교를 재미있게 공부하는 장소로 변모시킬 것이다.

메타버스 트렌드를 주도하는 새로운 세대는 누구일까? 현재 메타버스 이용자의 대다수는 10대인 것으로 나타났다. 제페토(ZEPETO)의 경우 무려 전체 이용자의 80%가 10대라고 한다. 그중에서도 10대 초중반인 Z세대 중 비교적 어린 연령층이 메타버스에서 보내는 시간이 많은 것으로 조사됐는데, 이렇게 Z세대가 이끄는 메타버스의 인기와 확장성은 Z세대가 성인으로 편입되고, 인공지능 세대라 불리는 알파세대의 활용까지 더해진다면 다시 한번 크게 성장할 가능성이 있다.

Z세대와 함께 미래의 주역이 될 알파세대는 인공지능을 훌륭한 협력자로 인식하고 있는데, 메타버스 공간에서는 인공지능이 조정하는 아바타와 더불어 놀고, 학습하며 친구처럼 살아갈 가능성이 크다.

앞으로 학습에서 재미는 필수가 될 것이다. 현재 메타버스는 주로 온라인 소통공간 및 게임 공간으로 활용되고 있으나 경제·정치·교육 등 앞으로는 거의 모든 분야에서 활용될 것이다. 메타버스를 활용한다면 학교가 재미있게 공부하는 장소로 변할 수 있다.

코로나 팬데믹으로 인하여 가장 큰 어려움을 겪은 산업 중 하나가 공연, 문화 산업이다. 하지만 BTS, 트래비스 스콧, 아리아나 그란데 등 메타버스 기술을 활용 온라인 공연문화를 새롭게 창조하여 큰 인기를 끈 사례도 있었다. 공연 외에도 메타버스 기술을 활용한 다양한 콘텐츠가 만들어지면서 게이미피케이션 이론과 게임 기반 학습(Game based Learning)이 인기를 끌고 있다. 가상의 공간이라는 이점 때문에 큰 비용 소요 없이 어떤 것이든 배우고 체험하는 시대가 열린 것이다.

실감콘텐츠(XR)는 메타버스의 기술인 VR, AR, MR, 홀로렌즈를 통칭한 개념이다. 이러한 첨단기술을 활용하여 최근 인기를 끌고 있는 곳이 박물관과 미술관이다. 물론 박물관과 미술관뿐 아니라 실감 콘텐츠는 일반 교육에서도 크게 활용될 수 있다. 눈에 보이지 않는 이론적 개념을 배우는 것부터 직무 현장에 꼭 필요한 실습을 수행하는 일까지 교육 분야에서의 다양한 활용이 기대된다.

메타버스는 기존 대학의 모습을 변화시킬 것이다.

메타버스 대학이 본격적으로 시작되면 대학교육에 큰 변화를 가져올 것으로 전망된다. 메타버스로 인해 교육공간이 확장되고, 가상공간 안에서 더 많은 교육기회가 만들어진다. 교육시간도 확장된다. 언제든 접속하면 수많은 교육콘텐츠를 접할 수 있다. 교양교육, 전공교육, 직업교육 등 다양한 콘텐츠가 수준별로 제시된다. 교육콘텐츠는 수시로 업데이트된다. 가장 최근의 콘텐츠, 양질의 콘텐츠를 접할 수 있어 학습자의 만족도를 높일 수 있다. 서책형 교과서는 종말을 맞게 되고, 디지털 교과서, 디지털 교육콘텐츠가 그것을 대신할 것이다.

메타버스는 체험공간이고, 표현공간이고, 창조공간이 된다. 체험과 표현과 창조는 인간의 성장과 발달을 구성하는 핵심 개념이다. 따라서 메타버스 안에서도 교육적으로 의미 있는 경험이 가능하고 성장이 가능하다. 수동적이던 대학생이 교육의 주체로 변신할 수 있는 기회를 제공해 준다. 대학생이 체험의 주체, 표현의 주체, 창조의 주체로 변신하는 것이다. 자기주도성이 존중되면서 교육효과도 제고될 것이다. 액티브 러닝(active learning), 자기주도형 학습, 맞춤형 학습, 협동형 학습 등이 활성화될 것이다. 소통 방식의 변화도 예상되고 있다. 교수-학생 간, 학생-학생 간 소통이 더욱 활발해질 것으로 예상된다. 메타버스는 대학생 진로지도와 미래 직업세계의 탐구에도 영향을 미칠 것으로 보인다. 잘 하는 일, 하고 싶은 일을 하면서 메타버스 속에서 직업을 얻을 수 있는 기회가 열리는 것이다.

메타버스 교육은 혁신이다. 교육을 혁신하려고 할 때, 여건이 갖추어지지 않아 큰 어려움을 겪는다. 적절한 교육여건을 만들려면 많은 시간과 투자가 필요해 적시성이 떨어진다. 특히, 시설을 개선하려면 큰돈이 들고 시간이 많이 소요되는데, 메타버스는 이러한 문제를 쉽게 해결해 준다. 메타버스 플랫폼 안에서 강의실, 실험실습실을 얼마든지 만들 수 있다. 공간 문제가 해결되는 것이다. 시간문제도 해결된다. 교수와 학생이 거리와 상관없이 언제든지 만날 수 있다. 이렇게 교육환경을 쉽게 구축할 수 있게 되면, 다양한 교육개혁 실험을 할 수 있게 된다. 더 나아가 가상의 교육개혁 시뮬레이션을 메타버스 플랫폼 안에서 시도하고, 장단점을 파악하고, 실현 가능성을 사전에 파악하는 것도 가능하다.

메타버스 교육은 미래 대학생들에게 크게 환영받을 것이다. 디지털 세대의 특성에 잘 부합하기 때문이다. 대학생들은 수많은 실감교육 콘텐츠에 몰입하게 되고, 수업에 적극 참여하는 주체로 거듭난다. 모든 교육자가 꿈꾸는 액티브 러닝이 실현되는 것이다. 이는 명문 온라인 대학인 미네르바스쿨에서 이미 입증되었다. 대학생들에게 동기가 부여되고, 대학생들이 흥미를 갖고 몰입할 수 있는 교육이 실현되는 것이다. 이것이 메타버스 교육이 주는 가장 큰 혜택이 될 것으로 보인다.

메타버스 시대가 오게 되면 대학은 크게 두 가지 형태로 분화할 수 있다. 하나는 오프라인 대학과 온라인이 합쳐진 융합대학이 되는 것이다. 즉, 디지털 융합대학으로 변모하는 것이다. 현존하는 오프라인 대학에 증강현실 캠퍼스가 만들어지고 다양한 디지털 경험이 추가되는 것이다. 현실대학과 가상대학의 경계를 구분하는 것이 무의미한 시대가 올 것이다. 다른 하나는 대학의 지리적 경계가 무너지고 통합되는 글로벌 융합대학으로 변모하는 것이다. 메타버스 내에서 물리적 공간과 경계는 무의미하다. 따라서 외국 대학이 국내 학생을 유치할 수 있고, 국내 대학이 외국으로 진출하는 것도 얼마든지 가능하다.

METAVERSE
UNIVERSITY

Chapter

01

메타버스를 대학이 주목해야 하는 이유

2021년부터 국내에서 메타버스에 대한 관심이 뜨겁다. 2021년에만 다수의 논문과 보고서가 발간되었다. 신문, 방송 등 다수의 언론 매체에서도 미래를 선도하는 새로운 기술과 플랫폼으로 메타버스에 대해 보도하였다.

구글 트렌드에서 'metaverse'를 검색하면, 전 세계적으로 메타버스에 대한 관심은 2020년 중후반부터 증가한 것으로 나타났다. 코로나19의 영향으로 디지털 세계에 체류하는 시간이 증가하면서 나타난 현상으로 보인다.

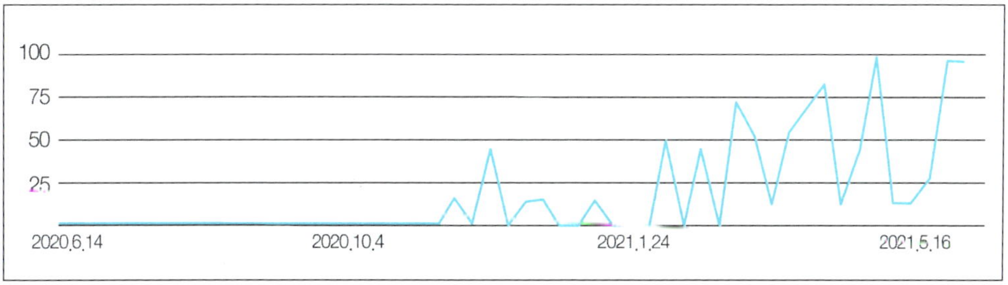

| 그림 1-1 | 시간 흐름에 따른 관심도 변화

출처: 구글 트렌드(metaverse 검색)

네이버 데이터랩에서 '메타버스'를 검색하면, 국내에서는 2021년 2월부터 관심이 큰 폭으로 증가한 것으로 확인되고 있다. 초기에는 메타버스에 대한 호기심에서 출발하였으나, 점차 메타버스를 사회 각 분야에 구축하고 활용하는 방안에 대한 논의로 발전하고 있다.

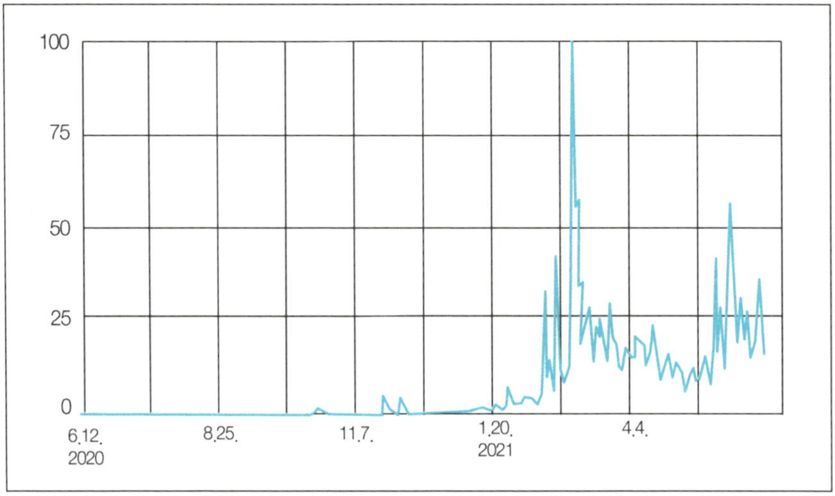

❙그림 1-2❙ 네이버 데이터랩 : 메타버스 검색빈도

출처: 네이버 데이터랩(메타버스 검색)

메타버스가 2020~2021년에 많은 관심을 받게 된 가장 큰 이유는 코로나19라고 할 수 있다. 감염병이 유행하면서 외부 활동이 줄고, 집에 머무르는 시간이 늘어나고, 미디어 사용이 증가하면서 가상현실, 증강현실, 메타버스 세계에 대한 관심이 증가하게 되었다.

1. 코로나19와 메타버스 세계의 탄생

2019년 미국의 방송 채널 <National Geographic>은 <10가지 인류멸망 시나리오>를 방송하였는데, 6번째가 <스스로 진화하는 변종 바이러스의 전파>였다. <National Geographic>의 방송은 2020년부터 시작된 코로나19 바이러스를 예측한 결과를 가져왔다.

지난 20년간 우리나라는 세 가지 바이러스의 공습을 받았다. 2003년에는 사스, 2015년에는 메르스, 2020년에는 코로나19이다. 그럼 앞으로는 어떻게 될까? 코로나19 덕분에 보건 위생에 대한 관심이 높아지기는 하였으나, 미국 <National Geographic>은 훨씬 심한 바이러스의 공격을 받을 것임을 예고하고 있다.

코로나19 바이러스는 사람들과 만나지 말고, 혼자서 지낼 것으로 요구하였다. 혼자 지내는 시간은 디지털 세계와 더욱 가깝게 만들었다. 물리적 세계인 현실세계에서의 활동은 줄어들고, 디지털 세계인 가상세계에서의 활동은 더욱 증가하였다. 이는 메타버스 세계가 확장되는 것을 의미한다. 2021년 크게 주목을 받았던 메타버스에 대한 관심이 일시적인 현상이 아닐 것이라는 점을 의미한다.

코로나19는 디지털 생활을 앞당겼을 뿐 아니라, 디지털 생활에 익숙하게 만들었다. 평소 디지털과 거리를 두었던 사람들조차 디지털 기기에 의존하지 않을 수 없는 상황을 만들었다. 전통적인 아날로그 생활에 더해 디지털 생활이 필수적인 것으로 다가왔다. 유튜브를 더 많이 보고, 게임을 더 많이 하고, SNS 활동을 더 많이 하고 있다. 랜선 여행을 다니고, 메타버스 플랫폼에서 집을 짓고, 지구 끝에 있는 사람들과 게임을 즐기고 있다. 우리의 몸은 아날로그 세상에 있으나, 우리의 생활은 점점 더 디지털 세상, 디지털 지구로 이동하고 있는 것이다.

메타버스 플랫폼으로 유명한 미국 게임 로블록스(Roblox)의 경우, 2020년 4분기 기준 일간 사용자가 3,713만 명이고, 동시 사용자는 570만 명을 기록하였고, 미국 16세 미만 아동청소년들의 절반 이상이 즐기는 것으로 나타났다. 유튜브보다 로블록스에서 2.5배의 시간을 보내는 것으로 조사되고 있다. 미국의 게임 플랫폼 포트나이트(Fortnite)의 경우, 2020년 이용자 수가 3억 5천만 명이고, 미국 청소년의 40%가 여가의 25%를 보내는 곳으로 유명하다. 또 다른 게임 플랫폼 마인크래프트(Minecraft)는 블록으로 학교 등을 짓는 샌드박스 게임인데, 2019년 9월 기준 평균 유저 수가 1억 1,200만 명이고, 주 사용자는 초등학생이다. 한국 네이버에서 만든 제페토(Zepeto)의 경우, 2021년 누적 가입자가

2억 8천만 명이고, 해외 이용자 비중이 90%, 10대 이용자는 80%인 것으로 나타났다. 이렇게 Z세대가 주도하며 메타버스 세계가 급격히 확장되고 있는 것이다. Z세대는 게임세대로 이미 메타버스에 익숙한 상태이다. 콘텐츠 소비 목적과 더불어 사회적 관계 형성과 유지를 목적으로 메타버스 서비스를 이용하는 청소년들이 코로나19 팬데믹을 겪으며 증가하였다.

2. 메타버스의 개념

메타버스(metaverse)는 가상, 초월이란 뜻을 갖고 있는 'meta'와 세계, 우주라는 뜻을 갖고 있는 'universe'를 합친 합성어이다. 현실세계를 초월한 세계, 초월적 우주라는 의미를 갖고 있다. 즉, 메타버스는 현실세계와는 다른 또 다른 세계를 말한다.

메타버스란 개념은 1992년 닐 스티븐슨(Neal Stephenson)의 소설 <Snow Crash>에서 유래하였다. <Snow Crash>에서 그려지는 메타버스는 다음과 같은 특징을 지니고 있다[1].

첫째, 가상의 세계라는 점이다. 이 가상세계는 현실을 모사하여 현실과 똑같이 만든 가상세계이다. <메타버스>의 저자 김상균 교수는 이러한 메타버스를 '디지털 지구'라고 표현하였다. 디지털화된 지구는 가상세계로서 물리법칙의 제약을 넘는, 무한 확장과 변형이 가능한 세계를 말한다. 메타버스는 현실세계를 모사한 것이지만 소프트웨어를 통해 표현되는 그래픽일 뿐이고, 실존하지 않기에 현실세계와는 달리 물리법칙에서 자유로운 공간이다.

둘째, 아바타가 활동하는 공간이라는 점이다. 나(Real Being)의 모습을 한 디지털 자아(Virtual Being)가 나를 대신해 활동하는 공간이다.

셋째, 고글과 이어폰이라는 시청각 출력장치를 이용해 접근할 수 있는 세계

1 닐 스티븐슨(저), 남명성(역)(2021). **스노 크래시 1, 2**. 문학세계사.

라는 점이다. 즉, 기술적 요건(환경)들이 제시되고 있다. 메타버스를 개발하고 작동시키기 위한 하드웨어와 소프트웨어 기술, 메타버스에 접속하기 위해 필요한 기술, 메타버스 세계를 구성하는 콘텐츠 기술(실감콘텐츠, 3D 애니메이션 콘텐츠 등), 네트워크 기술 등이 필요하다.

넷째, 메타버스 속에서 경제적·사회적 활동이 이루어지고, 그것을 위한 제도가 마련되고, 그것은 현실세계의 제도와 흡사한 형태를 띠고 있다는 점이다.

요약하면, <Snow Crash>에서 나타나는 메타버스는 아바타가 활동하는 3차원 가상세계라는 의미를 갖고 있다.

미국 미래학협회인 ASF(Acceleration Studies Foundation)는 2007년 <Metaverse Roadmap>을 발간하였는데, 여기서 메타버스를 네 가지 형태로 구분하였다[2].

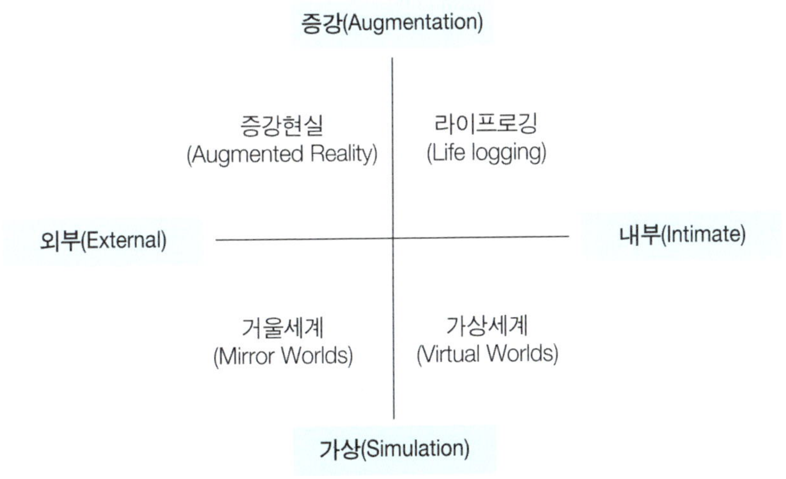

| 그림 1-3 | 메타버스의 네 가지 형태

출처: 단비뉴스(2021.11.30.).

첫째, 가상세계(Virtual World)이다. 가상세계는 현실과 유사하거나 혹은 완전히 다른 대안적 세계를 디지털 데이터로 구축한 것이다. 가상세계에서 사용자들

2 Acceleration Studies Foundation(2007). Metaverse Roadmap. Pathways to the 3D Web.

은 아바타를 통해 현실세계의 경제적·사회적 활동과 유사한 활동을 하게 된다. <Snow Crash>에서도 나타나지만, 가상세계는 메타버스의 핵심이다. 로블록스(Roblox), 포트나이트(Fortnite)와 같은 게임플랫폼이 가상세계의 대표적인 사례라고 할 수 있다.

둘째, 증강현실(Augmented Reality)이다. 증강현실은 '증가된 현실', 실제 현실에 가상을 덧입혔다는 뜻이다. 증강현실은 현실의 이미지나 배경에 3차원 가상 이미지를 겹쳐서 하나의 영상으로 보여주는 기술이다. 몇 년 전 포켓몬고(pokemon go)가 증강현실 속에서 등장하여 대중의 이목을 다시 끌었다. 최근에는 식료품을 구매할 때, 상품에 스마트폰을 비추면 관련 정보와 요리법 등을 알려주기도 한다.

셋째, 라이프로깅(Life logging)이다. 라이프로깅은 삶에 관한 경험을 기록하고 공유하는 활동을 말한다. 사물과 사람에 대한 일상적인 경험과 정보를 텍스트, 영상, 사운드 등으로 캡처하고 서버에 저장하고, 이를 정리하고, 다른 사람들과 공유하는 기술을 말한다. 사람의 신체, 감정, 경험, 움직임 등 정보를 기록하고 가상의 공간에 재현하는 것, 예를 들어, '나이키 러닝 플러스 앱' 같은 것이 라이프로깅 서비스이다.

넷째, 거울세계(Mirror World)이다. 거울세계는 실제세계의 모습, 정보, 구조 등을 똑같이 복사해서 만들어 낸 가상세계를 말한다. 대표적인 사례로 구글어스(Google Earth)를 들 수 있다. 구글어스는 세계 전역의 위성사진을 모조리 수집하여 일정 주기로 사진을 업데이트하여 시시각각 변화하는 현실세계의 모습을 그대로 반영하고 있다. 거울세계는 현실세계의 효율성과 확장성을 더해 만들어지는데, 화상회의, 배달 앱, 에어비앤비 등도 이에 해당한다.

ASF는 위 네 가지 형태가 융복합하는 형태로 발전할 것으로 전망하면서, 메타버스를 가상적으로 확장된 물리적 현실(virtually enhanced physical reality)과 물리적으로 영구화된 가상공간(physically persistent virtual space)의 융합으로 정의하였다[3]. 즉, 메타버스는 한편으로는 현실이 디지털 세계로 확장해가고, 다른 한편

3 한상열(2021). 메타버스 플랫폼 현황과 전망. Future Horizon+ 49(2021.01·02호).

으로는 디지털세계가 현실세계로 확장해가면서 융합되는 세계로 보는 것이다. 물리공간과 디지털 공간이 혼합되는 일종의 혼합세계인 것이다[4]. 가상의 공간이 실제 현실과 착각할 정도로 정교해지고, 일상의 활동 대부분이 가상세계에 구현됨으로써 굳이 두 세계의 영역을 구분할 필요가 없게 되는 세계를 말한다.

3. 메타버스의 구성 요소

그렇다면 메타버스를 구성하는 핵심 요소는 무엇인가? Roblox의 CEO 바수츠키(David Baszucki)는 메타버스를 구성하는 데 있어 여덟 가지 요소가 필요하다고 말하였다[5].

첫째, 나에 대한 가상의 정체성(Identity)이다. 메타버스 세상에 존재하는 또 다른 나, 가상의 정체성을 가진 아바타가 필요하다는 것이다.

둘째, 세계와 세계관(Anywhere)이다. 메타버스 이용자는 전 세계에 존재한다. 그리고 페이스북 세계관, 인스타그램 세계관, 유튜브 세계관, 틱톡 세계관 등 다양한 세계관을 경험하게 되는데, 이러한 다양한 세계관을 자유롭게 제약 없이 이동할 수 있어야 한다는 것이다.

셋째, 다양한 경험(Variety)이다. 메타버스 안에서 다양한 경험과 콘텐츠를 즐길 수 있어야 수요자들이 찾게 된다는 것이다. 기존의 게임과 같이 이미 구조화된, 디자인된 게임과 콘텐츠가 아니라 사용자의 니즈(needs)에 따라 재구성이 가능한, 즉 자유도가 높은 게임과 콘텐츠가 필요하다고 본다.

넷째, 경제활동(Economy)이다. 가상화폐를 통한 경제활동이 가능하고, 플랫폼

4 윤정현(2021). Metaverse, 가상과 현실의 경계를 넘어. Future Horizon+ 49(2021.01·02호).
5 이진규(2021). 메타버스와 프라이버시, 그리고 윤리-논의의 시작을 준비하며. 2021 KISA Report. Vol.2.

내에서 사용자들이 수익을 창출할 수 있어야 한다는 것이다.

다섯째, 현실과 가상세계 사이의 낮은 마찰(Low Friction)이다. 내가 가고 싶은 콘텐츠로 쉽게 접속하고 이동할 수 있도록 메타버스 플랫폼이 구성되어야 한다는 것이다.

여섯째, 몰입감(Immersive)이다. 2D 형태가 아니라, 현실세계를 그대로 구현한 3차원 공간을 구성하여야 몰입도가 높아질 수 있다. 또한 높은 품질의 네트워크 환경과 통신기술의 발달도 필요하다. 그래픽이 중단되거나 지연될 경우 몰입도가 떨어진다.

일곱째, 함께 할 수 있는 다양한 사용자들(Friends)이다. 커뮤니티가 형성될 때, 더욱 재미있는 경험을 할 수 있다는 것이다.

여덟째, 안전하고 성숙한 시민의식(Civility)이다. 안전한 세계, 예의범절이 지켜지는 세계, 현실의 법을 적용할 수 있는 세계, 최소한의 규제를 적용할 수 있는 세계로 설계되어야 한다는 것이다.

현재 인기 있는 메타버스 플랫폼인 로블록스, 제페토, 마인크래프트는 각각 전 세계 2억 명 이상의 이용자를 보유하고 있다. 이들은 공통적으로 네 가지 요소를 갖고 있다. 오픈월드, 샌드박스, 크리에이터 이코노미, 그리고 아바타이다. 프로그래밍 된 대로 움직이는 것이 아니라 사용자가 가상세계를 자유롭게 탐험하며 구성 요소들을 자유롭게 바꾸고 이벤트를 만들 수 있는 열린 세상, 모래 놀이처럼 자유롭게 원하는 것을 만들 수 있는 세계(집을 짓고, 게임을 제작하고, 자신만의 공간을 만드는 것), 콘텐츠를 생산하고 공유하며 경제적 가치를 창출하고 거래하는 것이 가능한 세계, 나의 분신(부캐)인 아바타가 존재하고 활동(대화, 회의, 감정 표현 등)하는 세계로 구성되어 있다.

바수츠키의 관점에서 보면, 위 세 가지 플랫폼은 메타버스를 구성하는 주요 요소를 갖춘 것으로 볼 수 있다. 그러나 이들 메타버스는 아직 몰입감을 느끼는 환경이나 경제사회 활동을 규율하는 제도가 마련되어 있지 못하다. 콘텐츠도 더욱 많이 구축되어야 한다. 특히 몰입을 위한 실감기술이 완성되지 못한 상황이라 메타버스의 완성에는 이르지 못하고 있다고 볼 수 있다.

현재 메타버스 세계를 가장 잘 보여주는 사례는 <레디 플레이어 원>이란 영화다. 헤드셋(HMD, Head Mounted Display)과 햅틱(Haptic)을 착용한 주인공이 현실과 가상세계를 오가면서 체험하는 내용이다. 현실에 발을 디디고 있으나, 매력적인 가상세계에서 현실과 똑같은 활동을 할 수 있는 세계가 그려지고 있다. 메타버스 플랫폼, 접속기기, 다양한 콘텐츠, 아바타와 더불어 몰입 환경이 구현되고 있다.

지금까지 메타버스의 개념과 구성요소를 살펴보았다. 메타버스를 가상의 세계와 다를 바 없다고 보는 시각, 아바타로 살아가는 가상세계라는 시각, 실제세계를 모사한 복제된 세계라는 시각, 현실세계와 가상세계와 융합되어 상호작용하는 세계라는 관점, 모든 사람들이 아바타를 이용하여 사회, 경제, 문화적 활동을 하는 가상세계라는 시각 등 다양한 관점이 존재한다. <메타버스>의 저자인 김상균 교수는 메타버스를 디지털 미디어에 담긴 새로운 세상, 디지털화된 지구라고 부르고 있다[6]. 윤기영 교수는 몰입형 가상현실 기기 등을 이용해 아바타가 또 다른 자아정체성을 가지고 활동하는 플랫폼으로 정의하였다[7]. 이승환 박사는 가상과 현실이 상호작용하며 공진화하고 그 속에서 사회·경제·문화활동이 이루어지면서 가치를 창출하는 세상으로 정의하였다[8].

4. 메타버스의 주 사용자는 미래세대

메타버스가 미래에도 영향을 미칠 것이라고 보는 또 다른 이유는 메타버스의 주 이용자가 다음 세대라는 점이다. 현재 메타버스에 10대들이 열광하고 있다. 그들이 메타버스에 심취해 있는 것은 디지털 세대라는 특징과 관련된다.

6 김상균(2020). 메타버스. 디지털 지구, 뜨는 것들의 세상. 플랜비디자인.
7 윤기영(2021a). 메타버스와 미래전략. 소프트웨어정책연구소.
8 이승환(2021). 로그인(Log In) 메타버스 : 인간 × 공간 × 시간의 혁명. 소프트웨어정책연구소.

태어날 때부터, 적어도 어릴 때부터 디지털 세계에 익숙한 그들이 게임을 하면서 자연스럽게 메타버스 플랫폼과도 가깝게 된 것이다. Z세대 다음 세대인 알파세대와 베타세대는 현실세계, 그리고 여러 개의 가상세계에서 동시에 존재하게 되는 인류의 첫 번째 세대가 될 것이다.

(Base: 만 15~40세 남녀, n=900, 복수 응답)

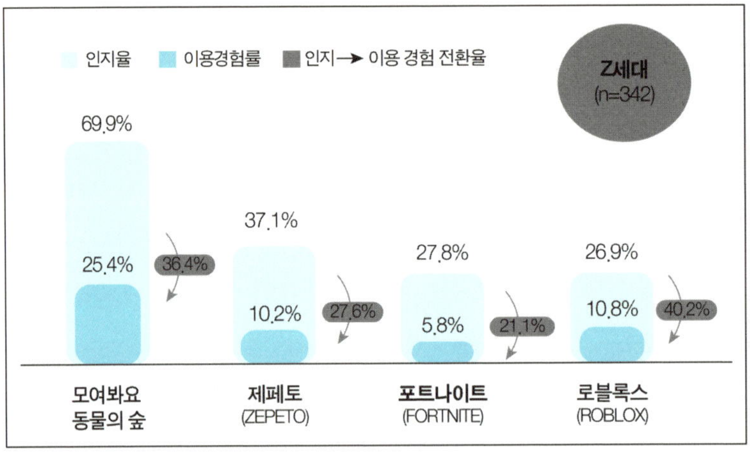

| 그림 1-4 | 주요 메타버스 플랫폼 인지율 및 이용 경험률

출처: 사례뉴스(2021.10.5.).

디지털 세대는 성인들보다 디지털 미디어 사용에 익숙하기도 하지만, 동시에 디지털 세계에서 체류하는 시간이 많다. SNS, 유튜브, 게임 등에 성인보다 많은 시간을 보내고 있다. 이러한 세대가 미래세대가 되는 것이다. 메타버스는 미래세대에게 어떤 매력을 갖고 있는 것일까? 메타버스의 매력 포인트 일곱 가지를 살펴보자.

첫째, 내가 원하는 나를 창조할 수 있는 환경이 만들어진다는 점이다. 메타버스 안에서는 누구나 아바타(Avatar)를 갖게 된다. 아바타는 가상적 존재(virtual being)이고, 자신의 분신이다. 아바타를 통해 나를 새롭게 디자인할 수 있다. 현실세계에 존재하는 나의 능력보다 뛰어난 나, 내가 원하는 모습의 나, 사람들이 좋아하는 모습의 나, 명품으로 치장한 모습의 나를 디지털 공간 안에서 창조할 수 있다. 메타버스 속에서 나는 운명적 한계(나이, 성, 신체조건 등)를 극복할 수 있다. 주체적으로 자아를 변형시킬 수 있는 것이다. 현실세계에서는 인기가 없는 사람이 가상세계에서는 그 누구보다 인기가 많은 사람이 될 수도 있다. 영화 <레디 플레이어 원>에서 주인공은 다음과 같이 메타버스의 매력을 얘기한다. "메타버스 안에서는 무엇이든 될 수 있으니까 다들 거기에서 살아요. 내가 의미 있는 존재가 된 것 같은 유일한 장소죠."

| 그림 1-5 | 제페토와 패션 브랜드의 패션 아이템과 3D 월드맵

출처: 아이뉴스 24(2021.07.21).

둘째, 새롭게 만들어진 나인 아바타를 기반으로 새로운 삶의 기회를 만들 수 있다는 점이다. 가상존재인 아바타는 메타버스 플랫폼마다 다르게 만들 수 있다. 현실세계의 본캐(본래 캐릭터)와 더불어 가상세계의 부캐(서브 캐릭터, 보조캐릭터)를 갖게 되는데, 이는 자신을 다양하게 표현할 수 있는 매력 포인트가 된다. 아바타와 함께 그들은 메타버스 안에서 제2의 삶(second life), 제3의 삶(third life)을 살게 되는 것이다.

셋째, 내가 원하는 사회적 환경을 만들 수 있다는 점이다. 태어날 때부터 규정된 생활환경과 사회적 지위를 넘어, 새로운 지위, 신분을 만들어 낼 수 있다. 자신이 원하는 인종, 국가, 지역을 선택할 수 있다. 기존의 가치, 문화, 관념에서 자유로워지고, 익명의 디지털 환경 속에서 현실의 제약을 넘어 새로운 삶의 주인공이 될 수 있는 것이다.

넷째, 내가 원하는 공간을 창조하고, 그 안에서 생활할 수 있다는 점이다. 메타버스 세계는 디지털 세계이기 때문에 공간의 확장과 공간의 창조가 가능하다. 공간의 제약, 시간의 제약, 환경의 제약 등 현실의 모든 제약을 뛰어넘을 수 있다. 시공간의 경계를 넘어 자유롭게 자신이 하고 싶은 행동을 할 수 있다. 열린 공간(open world), 열린 시간(open time), 열린 캐릭터(open character) 속에서 경계를 넘으며 자유를 만끽할 수 있는 것이다. 현실세계에서는 한강이 보이는 아파트에 살 수 없지만, 가상세계에서는 뉴욕의 스카이라인이 보이는 펜트하우스에서 살 수 있다. 현실세계에서는 BMW 자동차를 살 수 없지만, 가상세계에서는 람보르기니도 살 수 있다. 이렇게 나만의 우주, '마이 유니버스(My Universe)'를 구축하는 것이 가능하다.

다섯째, 미지의 세계를 몰입감 있게 체험할 수 있는 매력이 있다. 메타버스는 현실세계를 디지털세계에 그대로 재현한 것이다. 따라서 메타버스에서도 현실과 똑같이 실감 있게 콘텐츠를 체험할 수 있다. 2차원 평면 세계와는 달리 3차원 입체 세계는 몰입감을 갖게 한다. 이러한 실감 콘텐츠는 다음 세대에게 현실보다 더 매력적인 세계로 다가올 수 있다. 현실과 같은 세계에서 마음껏 자신이 체험하고 싶은 것들을 실감 나게 체험할 수 있기 때문이다. 향후 몰입도가 더욱 높은 콘텐츠가 개발되면, 미래세대는 더욱 메타버스 세계에 빠질 것으로 전망된다.

여섯째, 탐험하고, 성취하고, 게임하면서 표현욕구, 창조욕구를 실현할 수 있다. 표현활동과 창조활동은 인간의 원초적인 충동이다. 아바타를 만들고 꾸미는 것이 표현활동, 창조활동의 일환이다. 내가 원하는 세계(집, 학교, 왕국)를 건설하는 것도 가능하다. 샌드박스형 가상세계를 비롯하여 많은 메타버스 서비스들은 이용자가 상상력과 창의력을 구체화하여 재현할 수 있는 개방적인 창작 툴을 제공하고 있다. 현재의 Z세대는 어릴 때부터 메타버스 플랫폼(예: 마인크래프트)에서 제작하는 경험을 축적하였다. 메타버스가 신기하고 낯선 것이 아니라, 어릴 때부터 메타버스를 만들면서 살아왔던 것이다. 그들에게 메타버스는 컴퓨터 모니터를 VR 헤드셋이 대체하는 형태로 진화한다. Z세대 다음 세대인 알파세대 역시 제페토 등 메타버스 플랫폼을 많이 사용하는데, 그들이 성인이 되면 메타버스는 더 이상 낯선 세계가 아닐 것이다.

일곱째, 디지털 친구 관계를 맺는 것이 매력적이라는 점이다. Z세대는 아바타의 모습으로 낯선 사람들과 만나 교제하고 소통하는 것을 좋아한다. 전혀 모르는 사람과 만나서 사귀고 함께 놀이하는 것을 매우 흥미 있게 생각한다. 서로 모르는 사람들이 로블록스에서 만나 '오징어 게임'을 즐겁게 한다. 메타버스 안에서는 새로운 디지털 사회성이 중시된다. 재미있는 영상을 올려 '좋아요'를 받는 사람, 나의 사생활을 노출하여 관심을 획득하는 브이로거, 챌린지에 적극 참여하고 동영상을 올리는 사람, 온라인 커뮤니티를 활발하게 하는 사람, 인기 콘텐츠, 베스트 댓글, 유명 짤(meme, 밈) 생성자, 좋아요, 댓글, 팔로우를 많이 받는 사람이 주목을 받는다. 더 나아가 메타버스 사회에서의 관심은 곧 돈을 버는 것과 연결된다. 게임 잘 하는 사람이 더 높은 위치에 있고, 인기 있는 사람(사교성)이 더 높은 위치에 서게 된다.

종합하면, 다음 세대가 메타버스를 좋아하는 이유는 첫째, 그들의 문화적 특성과 잘 연관되기 때문이고, 둘째, 인간의 기본적 욕구들을 만족시켜 주기 때문이고, 셋째, 무한한 경험의 세계로 안내해 주기 때문이라고 할 수 있다.

이렇게 메타버스는 미래세대의 생활, 문화, 가치체계 변화에 강력한 영향을 미칠 것이다. Z세대/알파세대/베타세대는 미래 새로운 메타버스 세계(하이브리드 세계, 혼합세계)를 경험하고 만들어가게 될 것이다. 메타버스가 그들의 생활을 지배하면서 그들은 완전히 다른 세계의 존재가 될 것이다. 생활세계가 달라지고, 경험이 달라지고, 표현이 달라지고, 꿈이 달라지고, 진로선택이 달라질 것이다. 특히, 향후 태생부터 여러 개의 가상세계를 오가며 생활하는 메타버스 네이티브 세대(베타세대)가 등장한다면, 메타버스는 커뮤니케이션 채널을 넘어 생활 그 자체, 미래 그 자체라고 할 수도 있을 것이다. 이러한 성향을 가진 미래세대가 10년 후 대학에 입학하는 것이다.

5. 디지털 기술의 급속한 발전

메타버스 세계가 도래하기 위해서는 앞으로 더 많은 기술적 진보가 필요하다. 하드웨어, 소프트웨어, 네트워크/통신기술(6G), 컴퓨터 그래픽, 실감기술 등 전방위적인 기술 발전이 요구되고 있다.

메타버스가 보편화되기 위해서는 첫째, 인터넷에 상시 연결된 사회가 되어야 한다. 글로벌 메타버스가 실현되려면, 전 세계가 인터넷으로 연결되고, 낮은 지연(latency)을 보장하는 인프라가 필수적이다. 낮은 수준의 인터넷 연결망은 가상세계의 몰입도를 심각하게 저해하기 때문이다. 전 세계 모든 곳으로 고품질의 네트워크를 보장하는 메타버스 플랫폼이 개발될 때 메타버스 세계가 도래하였다고 말할 수 있을 것이다. 현재 전 세계 인구의 60%가 인터넷 유저이고, 그중에 90% 이상이 모바일을 통해 인터넷에 연결되어 있다. 즉, 전 세계 인구의 50% 이상이 스마트폰으로 늘 연결되어 있는 것이다. 그 비율이 80% 이상이 되면 글로벌 메타버스 플랫폼이 활성화될 것이다. 둘째, 그래픽 처리 기술의 진화가 필요하다. 메타버스는 가상의 그래픽으로 만든 세계이기 때문에, 가상의 그래픽 처리 기술 발전이 매우 중요하다고 할 수 있다. 셋째, 하드웨어 기술의 고도화가 필요하다. 메타버스의 포인트는 기계장치를 이용한 높은 몰입감이다. 이를 위해 고성능의 하드웨어가 필요하다. 현재는 컴퓨터, 스마트폰 등을 통해 2D 스크린을 기반으로 한 디지털 경험을 주로 하고 있다. 2차원의 디지털 경험을 3차원의 입체적 가상세계로 확장해 나가기 위해 VR 헤드셋, 홀로렌즈, AR 글래스 등 새로운 디바이스들이 개발될 필요가 있다. 넷째, 인간의 오감을 극대화해 실제와 유사한 경험을 제공하는 실감기술, 즉 가상세계가 진짜 세계처럼 실감 나게 만드는 기술도 필요하다. 메타버스 플랫폼이 상용화된다면 일상과 관련된 대부분의 경험에서 시공간의 물리적인 제한이 사라진 새로운 디지털 세상이 열리게 되는 것이다. 다섯째, 클라우드 서비스이다. 메타버스가 제대로 구현되기 위해서는 빠른 인터넷을 통해 개개인들에게 초고화질의 세상을 실시간으로 전송해야 한다.

최근 메타버스가 부상하면서, 관련 기술이 급속도로 발전하고 있다. 하드웨어, 소프트웨어, 클라우드, 네트워크 통신기술 등 관련 기술의 개발이 활발히 이루어지고 있다. 기술의 발전으로 메타버스의 몰입감은 더욱 높아질 것이라는 점을 고려한다면, 메타버스의 미래는 밝다고 할 수 있다.

6. 글로벌 IT 기업이 주도

메타버스의 가능성을 보고 글로벌 IT기업이 뛰어들고 있다. 구글(Google), 애플(Apple), 마이크로소프트(MS), 페이스북(Facebook), 네이버 등 글로벌 기업들이 시장을 선점하기 위해 노력하고 있다.

글로벌 IT기업이 메타버스에 뛰어드는 이유는 첫째, 어마어마한 경제 효과 때문이다. 메타버스 시장은 2025년까지 현재의 6배가량인 2,800억 달러(314조 원)로 성장할 것으로 전망되고 있다. 특히, AR/VR 시장은 2030년까지 크게 확대될 것으로 전망되고 있다. 둘째, 메타버스가 미래세대의 놀이터이기 때문이다. 포트나이트, 마인크래프트, 로블록스, 제페토 등 메타버스 플랫폼 고객의 70% 이상이 Z세대이다. 미래 경제세대인 Z세대를 잡기 위한 전략인 것이다. 셋째, 메타버스가 인터넷을 대체할 기술이기 때문이다. 인터넷을 통한 2차원 경험과 메타버스 속의 3차원 경험은 차원이 다른 것이다. 인터넷이 등장한 이후 쇼핑하는 방식, 친구를 만나는 방식, 일하는 방식이 바뀌었듯, 메타버스도 우리가 살아가고 소통하는 방식 전체를 바꿀 것으로 전망된다. 넷째, 코로나19로 인해 메타버스로의 전환이 빨라지고 있다는 점이다. 언택트 상황 속에서 끊임없이 관계를 유지하기 위한 통로로 메타버스가 주목받고 있는 것이다. 미래는 영화 <아바타>, <레디 플레이어 원>처럼 가상과 실제가 뒤섞이는 세상이 올 것으로 전망되고 있다. 포트나이트의 제작사인 에픽게임즈의 팀 스위니(Timothy D. Sweeney) CEO는 "메타버스는 인터넷의 다음 버전"이라고 규정하고 "미래 사람들은 메타버스로 일을 하러 가거나 쇼핑을 하면서 시간을 보내게 될 것"이라고 전망했다. 미래학자인 로저 제임스 해밀턴(Roger James Hamilton)은 "2024년에 우리는 현재의 2D 인터넷 세상보다 3D 가상세계에서 더 많은 시간을 보낼 것"으로 예측하였다.

facebook	Microsoft	NVIDIA	ZEPETO
"우리의 다음 장은 소셜미디어 회사에서 메타버스 회사로 전환하는 것"	"게임이 메타버스 경제로 진화하고 있다. 마인크래프트는 크리에이터 이코노미의 선두주자"	"메타버스의 시대가 오고 있다"	"제페토 내 게임 기능 추가 예정"
마크 저커버그 페이스북 CEO	사티아 나델라 MS CEO	젠슨 황 엔비디아 CED	박상진 네이버 CFO

| 그림 1-6 | 국내외 테크 기업들의 메타버스 관련 주요 발언

출처: pressreader(2021.7.26).

엔비디아의 CEO 젠슨 황(J. Huang)은 메타버스가 엔비디아의 미래라고 말하였다. 그는 2020년 10월 6일 열린 GTC(GPU Technology Conference) 기조연설에서 "지난 20년이 놀라웠나요? 앞으로의 20년은 공상과학과 다를 바 없을 것입니다."라고 말했다. 그러면서 "메타버스(Metaverse)의 시대가 오고 있다."라고 했다. 젠슨 황은 "메타버스가 인터넷의 뒤를 잇는 가상현실 공간이 될 것"이라면서 "미래의 메타버스는 현실과 아주 비슷할 것이고 'Snow Crash'에서처럼 인간 아바타와 AI가 그 안에서 같이 지낼 것"이라고 말했다. 더 나아가 젠슨 황은 "메타버스는 게임 속의 세상에 그치지 않는다."면서 "메타버스에서 우리의 미래를 만들 것"이라고 말하였다. 그리고 메타버스인 옴니버스 플랫폼을 만들고 실제와 똑같은 물리법칙이 지배하는 가상공간을 구현하겠다고 선언하였다. 메타버스를 AI, 로봇, 자율주행차의 시뮬레이션 공간으로 활용할 예정이다. 자동차 제조 회사는 옴니버스를 활용해 새로운 자동차 생산라인을 디지털 트윈으로 가상세계에 구현한 시뮬레이션을 통해 비효율적인 부분이나 오류를 미리 파악할 수 있다.

페이스북은 메타버스를 가장 빠르게 구현할 회사이다. 2021년에 사명을 페이스북에서 '메타'로 바꾸었다. 현재 페이스북 직원은 4만 5천 명 정도인데, 6천 명(15% 이상)을 가상현실 기술에 투입하고 있고, 메타버스를 구현하는 데 있어 필요한 요소를 모두 개발하고 있다.

| 그림 1-7 | 메타의 소셜 VR 서비스 – 호라이즌 월드

출처: 게임뉴스(2022.2.28.).

페이스북은 실감기술의 핵심인 하드웨어 상당 부분을 직접 개발하고 있다. 가상현실(VR) 기기 '오큘러스 퀘스트 2'를 2020년 10월에 출시하여 한 분기만에 110만 대를 판매(299달러)하여 가상현실 대중화에 앞장서고 있다. 인간 눈의 해상도가 9000만 픽셀인데, 오큘러스 2는 400만 픽셀(한쪽)로서 몰입감을 주기에는 아직 부족하다. 증강현실 기술과 가상현실 기술에도 투자 중이다. 프로젝트 아리아를 통해 안경 하나만으로도 몰입감을 높여서 가상세계와 상호작용할 수 있는 스마트글래스를 출시하는 것을 목표로 하고 있다. 이를 통해 스마트폰을 대체하는 것이 목표이다. 뇌가 근육에 보내는 신호를 감지해 사람의 손동작을 읽어내는 기기를 개발하고 있다. 골격근에서 발생하는 전기신호를 측정하고, 기록하는 의료기술인 '근전도 검사법(EMG)'을 활용한 하드웨어 장치인데, 근육의 미세한 변화까지 감지해서 가상 스크린을 조작할 수 있게 한다. 마우스나 조이스틱 없이 맨손으로 가상현실 안의 사물을 조작하면 가상과 현실 간의 이질감이 사라지도록 하고 있다. 페이스북은 핸드 스캐닝 알고리즘도 개발하고 있다. 가상의 키보드나 컨트롤러 없이 손으로 자유롭게 조작할 수 있게 된다. 페이스북의 최종목표는 사람 몸(신경, 근육 등) 자체를 디바이스로 이용하는 것이다.

소프트웨어와 콘텐츠 개발에도 열심이다. 페이스북의 VR 소셜 플랫폼 '호라이즌'은 아바타 중심의 SNS 서비스이다. 오큘러스 퀘스트 2를 착용하여 접속한다. 먼 거리에 있는 친구와도 아바타끼리 만나서 실감 나게 대화하고 여행하고 게임도 할 수 있는 서비스가 될 예정이다. 저커버그(Mark zuckerberg)는 멀리 있어도 물리적으로 가깝게 느껴지는 '사회적 존재감'을 중시한다. 시선 추적, 얼굴 추적 기술을 적용하여 아바타가 현실 모습을 잘 구현하도록 개발 중이다.

VR 기기를 이용한 가상 사무실인 '인피니트 오피스'도 개발하였다. VR 기기를 착용하면 가상 모니터와 키보드가 눈앞에 떠오르면서 이 가상화면을 터치해 조작할 수 있다. 마치 사무실처럼 멀티 모니터상에서 업무를 볼 수 있는 환경을 구축하고 있다. 출근하지 않고 원격으로 집에서 머무르며 사무실에 있는 것과 똑같은 방식으로 근무하는 것이 가능해진다. 회의 시간에 자신의 아바타를 보내고 집에서 기기를 착용한 채 회의에 참석하는 것이다. 아바타끼리 모여서 회의를 할 수도 있는 '페이스북 스페이셜'을 공개하기도 하였다.

메타버스 안에서 경제활동을 지원하기 위해 암호화폐 디엠(Diem)도 개발하였다. 미국 달러화에 가치를 고정한 가상화폐로써 현실세계와 메타버스 세계 모두에서 사용 가능하다.

메타버스 기술 개발 연구를 집중적으로 하기 위해 저커버그는 'reality labs'를 설치하였다. 페이스북을 통해 세상을 연결하는 것이 그의 비전이요 임무라고 말한다. 완벽한 소셜네트워킹 서비스를 제공하는 것과 더불어, 메타버스 교실 안에서 전 세계의 학생과 교사들이 만나 공부하는 세상도 제안하였다.

마이크로소프트(MS)도 메타버스에 뛰어들었다. 2014년에 메타버스 게임 플랫폼 마인크래프트를 인수하였다. 마이크로소프트는 서로 다른 곳에 있어도 같은 공간 안에 있는 것처럼 가상공간에서 여러 사용자들이 소통할 수 있는 새로운 형태의 증강현실(AR)·가상현실(VR) 플랫폼인 '마이크로소프트 메시(Microsoft Mesh)'을 개발하였다. 원격 협업 플랫폼, '메시'는 서로 다른 지역에 있는 사용자들이 아바타를 통해 같은 공간에서 일하는 것처럼 느끼도록 지원하는 혼합현실(Mixed Reality, MR) 기반의 메타버스 플랫폼이다. 현실 객체와 가상 정보를 동시에 볼 수 있어, 환자 수술, 장비 수리, 의료, 제조, 디자인 등 다양한 영역에서 시공간적 제약을 극복한 협업이 가능해진다[9]. 마이크로소프트가 개발한 기기인 '홀로렌즈 2'를 착용하면 각종 디지털 정보를 물리적 현실 위에 구현하는 것이 가능하다. 비대면 회의가 일상화되고 있는 가운데 만나지 않고도 마치 실제 현실세계에서 마주 보고 대화하는 듯한 느낌을 줄 수 있어 온라인 비대면 소통의 단점을 최소화하는 데 기여할 수 있다. 수술실에 들어간 의사들이 착용할 경우, 눈앞에 환자 상태가 모두 표시되고 수술을 환자의 몸 위에 시뮬레이션해 본 뒤 실제 수술에 들어갈 수도 있다. 이 기술은 가상현실 세상을 만드는 기술은 아니지만 현실과 가상현실을 결합하는 기술이다. 이외에도 영화, 도시설계, 건축설계 등 다양한 산업에서 응용할 수 있다. 특히 현실세계에서 하기 어려운 대형 시뮬레이션이나 상품 디자인 등에 적극 활용되고 있다. 마이크로소프트는 최근 홀로렌즈 외에도 휴대폰에서도 작동하는 AR을 연구하고 있다.

9 한상열(2021).

메타버스 파급력 높이려면, 방대한 데이터 처리, 실시간 데이터 송·수신, 가상세계와 현실세계 간 이질감을 최소화해야 한다. 데이터 처리를 위한 클라우딩 컴퓨팅이 중요해지면서 아마존 AWS, 마이크로소프트 Azure 등 클라우드 서비스의 중요도가 제고되고 있다. 그래픽 처리를 위한 기술경쟁도 치열해질 전망이다.

미래에는 메타버스에 접속하기 위해 컴퓨터를 켜는 것이 아니라, 글래스를 통해 시공간의 제약 없이 언제 어디서든 자유롭게 가상세계와 현실세계를 넘나들게 될 것으로 전망된다. 구글과 애플은 증강현실(AR) 기반의 메타버스를 쉽게 구현할 수 있도록 개발자 플랫폼, AR코어(ARCore)와 AR키트(ARKit)를 각각 발표하였다. 제조, 디자인, 교육, 유통 등 다양한 분야에서 본 플랫폼을 활용한 메타버스 애플리케이션 개발이 진행되고 있다. 특히, 애플은 고수준의 AR 구현을 위해 주변 환경을 정밀하게 스캔할 수 있는 라이다(Lidar) 센서를 자사 스마트폰 및 태블릿 제품에 장착하고 있으며, 향후 VR/AR 글래스를 출시할 가능성도 제기되고 있다. 2023년에는 대중에게 공개할 예정이다.

| 그림 1-8 | 애플 글래스

출처: 위키트리(2021.01.13.). - 사진: 트위터 @appleinsider

메타버스 기술의 발전은 전화기와 인터넷이 가져온 변화보다 더 큰 변화를 가져올 것으로 전망된다. 사람 몸(신경, 근육 등) 자체를 디바이스로 이용하게 될 경우에는, 별도의 디바이스의 도움 없이 현실세계와 가상세계를 언제든지 자유롭게 드나드는 시대가 올 것이다.

7. 메타버스 생태계 구축 요인

메타버스를 다양한 관점에서 규정하고 있으나, 메타버스라는 개념의 뚜렷한 정의는 아직까지 확립되지 않고 있다. 현재 메타버스와 완성된 형태가 아니고, 계속 진화하기 때문에 개념을 정의하기 어려운 점이 존재한다. 그럼 메타버스는 언제쯤 완성도 높은 모습으로 구현될 것인가?

메타버스 생태계가 구축되었을 때 메타버스는 지속가능한 플랫폼이 될 것이고, 우리 생활에 가까이 왔다고 할 수 있다. 메타버스 생태계를 구성하는 핵심 요인 세 가지는 기술적 진보, 수요, 경제적 가치로 규정할 수 있다.

첫째, 메타버스 플랫폼을 구축하는 데 있어 기술적 요인이 중시되기 때문에 기술의 성숙도는 메타버스 생태계 구축의 관건이다. 메타버스를 작동하기 위한 기본 인프라(하드웨어, 네트워크 통신), 메타버스에 접속하기 위해 필요한 기술(HMD, 햅틱), 메타버스 세계를 구성하는 콘텐츠 기술(실감콘텐츠, 3D 애니메이션 콘텐츠 등) 등이 주요 요인이다. 전문가들은 이 모든 기술이 완성도에 이르러 수요자를 적극 끌어들이려면 앞으로 5~10년 정도의 시간이 소요될 것으로 보고 있다. 메타버스 투자에 가장 적극적인 페이스북의 CEO 저커버그는 10년 후쯤 도래할 것으로 전망하고 있다. 애플은 2023년 증강현실 안경을 출시할 예정이며, 페이스북과 삼성도 증강현실 안경을 개발하고 있다. 글로벌 컨설팅기업 프라이스워터하우스쿠퍼스(PwC)의 전망에 따르면 메타버스 시장은 2030년에 이르면 최대 1조 5,429억 달러(약 1,741조 원) 규모로 성장할 것으로 분석했다(AI

Times, 2021.7.1). 미국의 유명 투자회사 Ark Invest는 지금의 메타버스를 여러 플랫폼이 공존하는 멀티버스로 규정하고, 미래의 통합된 플랫폼을 메타버스로 규정한다. Ark Invest는 2021년 보고서에서 2030년이 되면 증강현실 안경 등이 스마트폰 정도로 대중화될 것으로 전망했다[10].

둘째, 메타버스 생태계 구축의 핵심 요인은 수요이다. 지속적 수요가 있어야 지속적 투자가 이루어진다. 3차원 공간 안에서 다양한 콘텐츠를 즐길 사람은 앞으로 큰 폭으로 증가할 것으로 보인다. 기술의 발달과 함께 콘텐츠가 증가하면 할수록 수요는 더욱 많아질 것이다. 게임, 소셜, 엔터테인먼트 분야 외에도 현재 다양한 분야에서 메타버스를 활용하고자 하는 수요가 국내외에서 급증하고 있는 점이 메타버스의 미래를 밝히고 있다. 특히, 현재 메타버스의 주 이용자가 10대들인데, 그들이 미래 경제생활의 주역이 될 것임을 고려할 때, 메타버스의 미래를 밝다고 할 수 있다.

셋째, 메타버스 경제생태계 구축도 중요하다. 현재 로블록스 안에서는 7백만 명의 콘텐츠 개발자가 있고, 등록된 게임 수는 5천만 개가 넘고, 개발자들 가운데 수익을 창출하는 개발자들이 40만 명으로 알려지고 있다. 제페토의 경우 누적 창작자만 6만 명에 이른다. 제페토 스튜디오 이용자는 이미 70만 명을 넘어섰고, 제출된 아이템 수는 200만 개에 달한다. 제페토 전체 아이템 가운데 80% 이상이 이용자 제작 아이템이며, 아바타 의상 아이템의 경우 하루 7~8천 개의 신제품이 만들어지고 있다. 이용자가 제작한 아이템도 2500만 개 이상 팔렸다. 로블록스와 제페토의 아이템 거래는 전용 가상화폐를 통해 이루어진다. 로블록스의 경우, 자체 가상화폐 로벅스(Robux)를 통해 게임이나 아이템 구매가 가능하다. 제페토 내 가상화폐인 '코인'과 '젬'을 통해 거래가 이뤄지면서 수익을 올리는 이용자가 늘어나고 있다. 이러한 사례는 메타버스 안에서 경제 생태계가 만들어지고 있고, 미래에 더욱 활성화될 수 있는 가능성을 보여준다.

종합하면, 메타버스 생태계는 현재 구축 중이다. 가상현실, 증강현실 등 메

10 윤기영(2021b). 메타버스가 캠퍼스에 몰려온다. 한국대학신문, 2021. 8.16.

타버스를 구성하는 주요 기술들도 개발되었거나 개발 중이다. 로블록스, 제페토 등 일부 서비스들도 시작하였다. 그러나 기술, 수요, 경제 생태계를 포괄하는 메타버스 생태계가 구축되기에는 5~10년 정도의 시간이 더 필요하다고 할 수 있다.

8. 메타버스 대학교육의 의미와 가치

메타버스가 완벽한 기술로 구현되고, 현실지구를 완벽히 구현해 낸다면, 현실의 교육과 메타버스의 교육은 어떤 관련을 맺을까? 메타버스 교육은 어떤 의미와 가치가 있는가?

메타버스는 공간개념이다. 현실세계가 가상세계로 확장된 개념이다. 따라서 공간의 변화가 가장 중요한 변화이다. 학교와 교실을 가상공간에서 만들 수 있다. 더 나아가 가상공간 전체가 교육의 공간이 될 수 있다. 수많은 교육 콘텐츠를 담고 있는 교육과 학습의 장이 될 수 있다. 이러한 측면에서 교육 기회가 확장되는 효과를 가져올 수 있다. 이는 학교와 교실이 유형의 공간에서 무형의 공간으로 확장되는 것을 의미한다.

메타버스는 디지털 공간이다. 언제든지 접속할 수 있고, 언제든지 교육을 받을 수 있다. 마치 온라인 화상회의를 언제나 개최할 수 있는 것과 유사하다. 따라서 교육시간의 유연성을 높인다. 더 나아가 평생 언제든지 쉽게 접근하여 학습할 수 있는 기회가 확장된다.

메타버스 속 교육은 지식교육이라기보다는 수많은 체험을 할 수 있는 기회가 제공되는 교육의 모습을 하게 될 것이다. 현재 메타버스에서 수많은 체험을 할 수 있는 것이 장점으로 작용하고 있다. 수많은 교육콘텐츠가 담길 것이고, 전공과 교양 수업 모두를 체험 방식으로 수행할 수 있다. 따라서 메타버스 교육의 가장 큰 특징은 지식중심교육에서 체험중심교육으로의 변화를 의미한다.

체험중심교육은 대학생의 관심과 흥미를 제고하고, 주체적인 참여를 촉진하게 된다. 대학생들에게 동기를 부여하고 몰입을 촉진시켜 교육적 효과를 높일 수 있다. 이것이 메타버스 교육이 갖고 있는 가장 큰 가치라고 할 수 있다. 현실에서는 수동적인 대학생들이 메타버스 속에서는 적극적인 참여자로 변하는 것이다. 흥미와 관심을 갖게 되고, 동기가 부여되고, 집중과 몰입이 높아지고, 적극 참여하는 학습자가 될 것이다. 대학생이 살아 활발히 움직이는 생명의 교육이 가능해질 것이다. 학생중심교육이 실현되는 것이다. 이를 통해 학생의 성장과 발전을 도모하는 교육의 본질을 구현할 수 있다는 점에서 그 가치를 인정받을 수 있다.

메타버스 교육은 교수에게는 도전이다. 지식중심 교육과정에서는 교수가 주도하는 교육이 이루어지나, 경험중심 교육과정에서는 교수는 계획하고, 안내하고, 지원하는 역할이 더욱 강조될 것이다. 학생과의 관계에도 변화가 있게 된다. 교수-학생 관계는 보다 수평적이 될 것이다. 수평적 관계가 형성되면서 소통도 활발해질 것이다. 이 모든 점이 교수에게는 새로운 부담이나, 학생의 참여와 동기를 불러일으킬 수 있다는 점에서 교육의 새로운 기회가 될 수도 있다.

메타버스 교육에서 주목하여야 할 사항이 인공지능이다. 메타버스 속 모든 활동은 디지털 활동이고, 그것은 데이터화할 수 있고, 결국 인공지능이 발달할 토양을 제공한다는 것이다. 인공지능 교육을 기초 데이터(학생데이터, 교수데이터, 교수–학습데이터 등)가 확보되는 것이다. 따라서 메타버스 교육이 시작된다는 것은 인공지능 교육이 본격 시작된다는 것과 같은 이치이다.

종합적으로 볼 때, 메타버스는 교육에게 새로운 기회이다. 현실의 제약을 넘어 새로운 가능성들이 무한 제공되는 공간이다. 기회를 잘 사용하면 더 가치 있는 교육을 실현하는 것이 가능해질 것이다.

생각할 문제

1 미국 미래학협회에서는 메타버스를 크게 네 가지로 구분하였습니다. 그 내용은 무엇일까요?

2 디지털 세계와 메타버스 세계의 차이점은 무엇일까요?

3 글로벌 기업 메타는 왜 사명을 바꾸고(페이스북에서 메타로) 메타버스에 집중 투자하고 있는 것일까요?

4 메타버스가 우리 일상생활을 변화시킨다면, 어떻게 변화시킬까요?

METAVERSE
UNIVERSITY

Chapter

02

메타버스의 핵심 요소와 기술 세계

1. 메타버스를 구성하는 주요 기술 요소

2006년 5월 미국미래학협회(ASF, Acceleration Studies Foundation) 주관으로 메타버스 로드맵 서밋(Metaverse Roadmap Summit)이 개최되었으며, 행사에서 토론된 메타버스 개념과 전망에 대한 내용이 2007년에 메타버스 로드맵(MetaVerse Roadmap, 이하 MVR) 보고서로 발표되었다.

MVR에서는 메타버스 개념이 매우 복잡한 것이라 인정하며 메타버스는 단순히 가상세계가 아니라 현실세계와 가상세계가 결합되거나 연결된 것이라 제안하고 있다. 즉, 메타버스는 현실세계와 가상세계의 융합을 의미한다.

MVR에서는 메타버스 개념의 구체화를 위하여 두 가지 스펙트럼을 정의했다. 하나의 스펙트럼은 현실 중심(Augmentation, 현실에 정보가 추가된 환경)에서 가상환경 시뮬레이션(Simulation, 새로운 가상환경)에 이르는 것이며, 또 하나의 스펙트럼은 개인-유저 중심(Intimate)에서 개인을 둘러싼 외부 환경-세상(External)에 이르는 것이다.

이 두 가지 스펙트럼이 결합되어 메타버스의 미래에 대한 네 가지 주요 요소가 도출되었다.

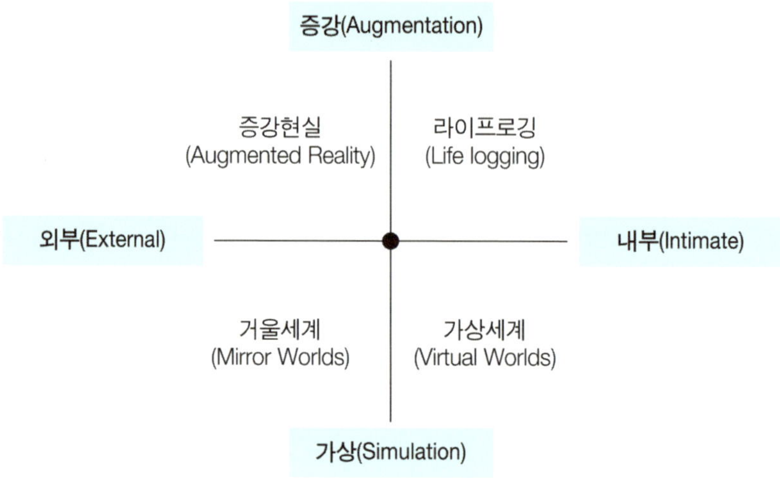

| 그림 2-1 | 메타버스의 핵심 요소

출처: Metaverse Roadmap Overview.

가상세계(Virtual Worlds)는 현실과 유사하거나 전혀 다른 대안적 세계로 모든 것이 디지털로 창조된 공간, 라이프로깅(Life logging)은 인생에 대한 기록 공간으로 사람과 사물에 대한 일상적인 경험과 정보를 기록, 저장 및 공유하는 것, 증강현실(Augmented Reality)은 현실 세계에 가상의 정보나 물체를 추가하여 보여주는 것, 거울세계(Mirror Worlds)는 현실 세계를 사실적으로 보여주면서 정보적으로 확장되어 추가 정보를 제공하는 가상세계를 말한다.

표 2-1 메타버스 핵심 요소(시나리오)별 특징 및 주요 기술

구분	Augmented Reality (증강현실)	Mirror Worlds (거울세계)	Life logging (라이프로깅)	Virtual Worlds (가상세계)
개념 정의	현실세계에 가상의 사물 또는 정보를 추가하여 원래 존재하는 사물처럼 인지하는 환경	현실세계의 정보가 사실 그대로 투영된 디지털 환경	개인 일상생활의 다양한 이벤트 및 정보를 기록, 공유하는 환경	디지털 기반 3D 중심으로 창조된 세계로 현실과 유사 또는 대안적인 세계
사례	포켓몬고, 이케아 플레이스, 스노우 등	구글어스, 업랜드, 에어비앤비, 배달의민족 등	싸이월드, 페이스북, 인스타그램 등	세컨드라이프, 가상 Conference (Hopin), 포트나이트 등
주요 기술	GPS, IoT, AR 인터페이스 및 Device, Display 기술 등	GIS, 센서 기술, 3D 모델링 및 3D SW/HW 기술 등	네트워크, 데이터 저장, 센서 기술, 웨어러블 디바이스 등	아바타, 컴퓨터 그래픽, 광대역 네트워크, 컴퓨팅 파워, VR Device (HMD), 인공지능, 개발엔진, 전자상거래 기술 등

출처: 소프트웨어정책연구소(SPRi)(2021.03.17.). 로그인(Log In) 메타버스: 인간×공간×시간의 혁명. 이슈리포트, IS-115.

단, 메타버스의 주요 네 가지 요소(시나리오)들은 독립적으로 발전하다가 최근 융복합이 이루어지고 있다. Hopin과 같은 플랫폼이 제공하는 가상 컨퍼런스 공간에서 진행되는 회의와 활동이 라이프로깅으로 연계되며(가상세계와 라이프로깅의 융합), Google Earth VR(거울세계와 증강현실의 융합) 등 다양한 융복합이 이루어지면서 미래 메타버스가 형성될 전망이다.

1) 복합된 범용 기술(General Purpose Technology)이 메타버스 기술의 핵심

메타버스는 다양한 범용 기술이 복합되고 적용되어 구현된다. 이와 같은 복합된 범용 기술로 현실 세계와 가상세계가 혼합되어 그 구분이 불가해지게 된다. 이렇게 메타버스를 구축하는 범용 기술은 증강현실(AR), 가상현실(VR), 확장현실(XR, eXtended Reality), 데이터, 5G 네트워크, 인공지능(AI), 사물 인터넷(IoT) 등이 사용되고, 이 기술들은 메타버스뿐 아니라 전체 디지털 산업에서 다양한 용도로 사용되고 혁신을 이끌고 있다.

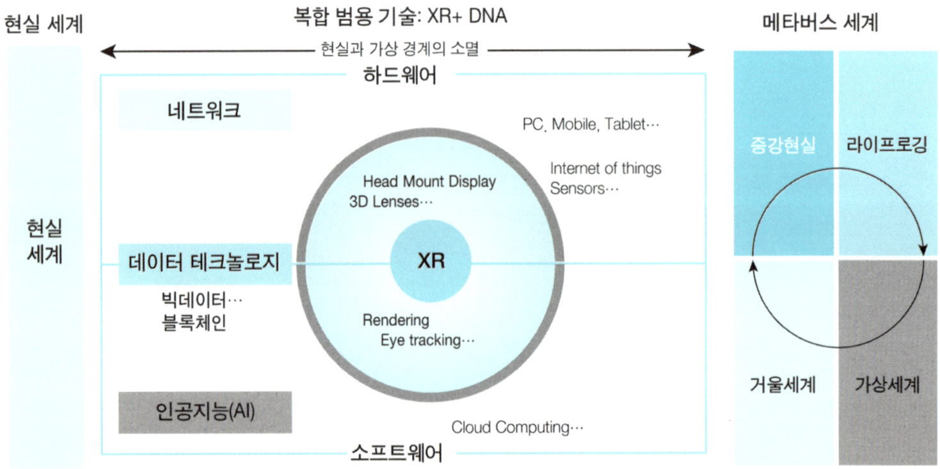

그림 2-2 메타버스와 복합 범용기술

출처: 정보통신기획평가원(2021.11). "메타버스 플랫폼 현황과 전망" 및 "주간기술동향" 자료에 정의된 내용을 기반으로, 저자가 사례, 주요 기술 추가 등 재구성.

2) 메타버스 기술 생태계는 인프라-플랫폼-콘텐츠-IP 관점으로

지금까지의 IT 산업 기술의 생태계를 분류하는 데에는 'C-P-N-D' 분류를 사용했다. 'C-P-N-D' 분류는 콘텐츠(Contents), 플랫폼(Platform), 네트워크(Network), 디바이스(Device)의 앞글자를 딴 약어로써, IT 산업 기술을 구성하는 대부분의 요소 기술들을 이 네 가지 구분에 의해 분류하였다. 하지만 이 같은 전통적 IT 산업 기술 생태계의 분류 방법은 수많은 사용자 경험과 상호작용 서비스를 기반으로 사회적 교류를 넘어 비즈니스 산업 영역으로 확장되고 있는 최근의 메타버스 가상세계를 설명하는 데에 한계가 존재한다. 그래서, 메타버스 가상세계의 경제적 확장을 추가 반영하여 분류하는 '인프라(D·N)-플랫폼(P)-콘텐츠(C)-지식재산권(IP, Intellectual Property)' 분류가 메타버스 산업의 요소 기술을 분류하는 체계로써 제시되고 있다.

표 2-2 인프라-플랫폼-콘텐츠-IP로 구성되는 메타버스 산업의 요소 기술 생태계 분석 체제

구분	주요 내용	주요 기업/서비스
인프라(Device - Network)	[네트워크/클라우드] 초연결 네트워크 환경(5G), 클라우드 등 컴퓨팅 파워	AWS(아마존), Azure(MS) 등
	[디바이스] 몰입을 지원하는 실감형 디바이스	Google Glass, Oculus 등
플랫폼 (Platform)	[운영/서비스 기반] 실감형 콘텐츠의 개발, 유통, 서비스를 구현하고 경험하게 해주는 운영 기반	Microsoft, Meta, UNITY 등
콘텐츠 (Contents)	[실감형 장착물] VR · MR · XR 등을 통해 즐길 수 있는 문화, 교육, 의료, 산업 분야 등의 실감형 창작물	Fortnite, Roblox, ZEPETO 등
지식재산권 (IP)	[브랜드 가치] 패션, 엔터테인먼트, 게임, 캐릭터 등 독창성과 브랜드 가치를 보유한 IP	SM, YG, GUCCI, NIKE, DKNY 등

출처: 과학기술정책연구원(2021.12.22.). 메타버스 가상세계의 진화전망과 혁신전략. STEPI Insight 제284호.

3) 다양한 기술의 융·복합체인 메타버스의 기술 생태계 표준은 아직 부재

앞서 설명한 바와 같이 메타버스에 사용되는 다양한 요소 기술은 여러 가지 IT 기반 요소 기술들이 복합적으로 융합되어 사용되기 때문에 이 모든 요소 기술들의 융합을 포괄하는 기술 생태계에 대한 확정적인 표준은 아직 부재한 상황이다. 현재 일부 기관·연구자들에 의해 메타버스 기술 및 연관 생태계 표준안에 대한 연구를 통해 표준안이 제시되고 있지만, 기술 표준화는 아직 더딘 상황이다. 특히 XR·디바이스 등 이미 상용되고 있는 일부 하드웨어적 기술 표준은 이전에 해당 기술에 사용되었던 기술 생태계 표준이 사용되고 있으며, 네트워크, 클라우드 등 인프라 기반적 요소 기술의 경우는 유사한 표준안이 제시되고 있다. 그렇지만 수많은 기술이 하드웨어, 소프트웨어, 플랫폼, 콘텐츠와 연계된 메타버스 전반적 기술을 특정한 분류 틀에 위치시키는 것은 매우 광범위하고 어려운 작업이다. 그래서 대안으로 메타버스 실현에 필요한 기술과 기술 간의 영향 범위에 대해 나열하여 제시하는 방법이 사용되기도 한다.

즉, 메타버스는 단일 기술로 구현되는 것이 아니고, 증강현실(AR), 가상현실(VR), 인공지능(AI), 사물 인터넷(IoT), 확장 현실(XR), 대체 불가 토큰(NFT, Non-Fungible Token) 등 다양한 최신 기술이 융복합된 디지털 컨버전스(Digital Convergence)의 결정체로 아직 현재 단계에서는 특정 기술로서의 위치를 단정하기 어렵다.

표 2-3 연구자에 따른 메타버스 기술 생태계

<table>
<tr><th>기술 7계층
(Jon Radoff, 2021)</th><th>생태계 지도
(newzoo, 2021)</th><th>가상현실 &
메타버스 생태계
(윤기영, 2021)</th><th>산업생태계
(메리츠증권, 2021)</th></tr>
<tr><td>[Experience] Contents</td><td>[Platform] metaverse gateway</td><td rowspan="7">VR HMD/AR 글래스, 메타버스 플랫폼, 컴퓨터 파워, 디스플레이 장치, 센서, 4D 물리컴퓨팅, 네트워크, GPU, 3D Engine, 아바타, 콘텐츠 제작 툴, 공간정보, 인공지능, AR/VR/메타버스 표준</td><td>[플랫폼]</td></tr>
<tr><td>[Discovery] Social, Curation</td><td rowspan="2">Avatar, User Interface & Immersion, Economy, Social tech</td><td rowspan="4">[소프트웨어/콘텐츠] 개발 엔진, 인공 지능, 디지털 트윈</td></tr>
<tr><td>[Creator Economy] Desing Tools, Asset Markets</td></tr>
<tr><td>[Spatial Computing] 3D Engine, AR/VR/XR</td><td rowspan="4">[Infrastructure] Cloud, Visualization & Digital Twin, Al, Decentralized Infra, Network, Adtech</td></tr>
<tr><td>[Decentralization] Edge Computing, Al, Blockchain, NFT</td></tr>
<tr><td>[Human Interface] Wearable, Haptic, Neural</td><td>[하드웨어] VR HMD, AR 글래스, 디스플레이</td></tr>
<tr><td>[Infrastructure] 5G, 6G, Cloud, GPU</td><td>[인프라] 5G, 6G, 클라우드, 데이터센터</td></tr>
</table>

출처: 한국과학기술정보연구원(2021.11.15.). "비대면이 일상으로, 메타버스(Metaverse)의 부상과 새로운 기회". KISTI ISSUE BRIEF, 제36호.

2. 메타버스 구현을 위한 기술 빌딩 블록 (Technical Building Block)

메타버스는 광범위하고 다양한 기술들이 유기적으로 융복합되고 연계되어야 구현이 가능한 매우 복잡성이 높은 디지털 컨버전스 기술이다. 또한, 증강현실, 가상현실, 확장 현실, 거울세계 등과 같은 메타버스 관련 주요 기술은 아직 초기 단계로 지적되고 있으며, 이들의 기술적 단계는 그 기술을 바라보는 관점에 따라 다양하게 분류된다. 여기서는 메타버스 구현을 위한 기술요소를 단순화하고, 직관적 이해를 돕기 위해 “몰입 지원 기술”, “가상세계 구현 핵심 기술”, “기반(Infrastructure) 기술” 세 가지로 분류한다.

❙그림 2-3❙ 메타버스 구현을 위한 기술요소(Technical Building Block)

표 2-4 메타버스 구현을 위한 기술요소 세부 내역

분류		세부 내역	관련 주요 기술
몰입 지원 기술	채널 및 Device	• 메타버스 세계로 몰입을 위해서는 기존 PC, 스마트폰 등으로는 한계 • 실감나는 3차원(3D) 구현이 가능한 확장현실(XR) 기기 필요성이 높아지며 현재는 시각 중심이나, 향후 인간의 오감에 관련된 다양한 Device가 개발될 것임	PC, 스마트폰 및 다양한 XR (eXtended Reality) Device 등
가상세계 구현 핵심 기술	실감형 콘텐츠	ICT를 기반으로 인간의 감각과 인지를 유발하여 실제와 유사한 경험 및 감성을 확장하는 기술	몰입형/지능형/융복합 콘텐츠
	거래/디지털화폐	사용자에 대한 인증 및 다양한 콘텐츠 유통을 위한 거래 기술	블록체인, NFT 등
	엔진 및 플랫폼	게임과 같이 가상공간을 CG로 구현하고 현실공간을 가상세계에 잘 투영시킨 형태로 제작하기 위한 엔진 및 플랫폼	게임엔진(Unity, Unreal) 및 AR/VR 플랫폼 등
기반 기술	컴퓨팅 파워	방대한 데이터 저장 및 연산 처리를 위한 컴퓨팅 파워(H/W, S/W)	클라우드, 인공지능 등
	네트워크	초고속, 저지연, 초연결을 지향하는 무선 이동통신 기술	5G 및 6G 이동통신

1) 몰입 지원 기술

"메타버스는 이미 존재한다. 우리는 그것을 인터넷이라고 부른다."

2021년 10월 영미권의 게임 매체 <PC 게이머>는 "메타버스는 헛소리야"(Wes Fenlon, The metaverse is bullshit, October 30, 2021, https://www.pcgamer.com/the-metaverse-is-bullshit/)라는 제목의 칼럼에서 최근 떠오르고 있는 메타버스가 기존 게임이나 채팅에 견줘 더 나은 상호작용이나 몰입감을 제공하지는 않는

다고 지적했다. 이것이 일각에서 산업계의 핫이슈인 메타버스를 회의적인 시선으로 바라보는 이유 중의 하나이다. 업계에선 기업들의 메타버스 열풍에 견줘 실제 이용자들의 체감도가 낮은 원인 중 하나로 실감 나는 3차원(3D) 구현이 가능한 확장현실(XR) 기기가 대중화되지 못한 점을 꼽는다. 2차원(2D)에 기반한 개인용 컴퓨터(PC)와 스마트폰으로는 현실과 구분하기 어려울 만큼의 수준 높은 사용자 경험(UX)을 제공하기 어렵다. 이 때문에 메타버스와 기존 플랫폼의 차이를 느낄 수가 없다는 지적이다. 이것이 2022년 글로벌 빅테크 기업들이 확장현실(XR) 기기 시장을 선점하기 위한 경쟁에 본격적으로 뛰어드는 이유다[1].

이와 같은 수준 높은 사용자 경험을 구현하는 기술인 확장 현실(eXtended Reality, XR)은 증강현실(Augmented Reality, AR), 가상현실(Virtual Reality, VR), 혼합 현실(Mixed Reality, MR)을 포괄하여 통칭하는 개념으로 사용자가 넓고 다양한 범위의 가상세계를 경험하게 하고 이 경험을 현실로 인지할 수 있도록 하는 초실감형 기술과 서비스를 일컫는다. 가상현실, 증강현실, 혼합 현실은 각각 독자적인 디바이스 및 기술과 콘텐츠를 시장에 출시하면서 발전되어 왔으나 현재는 영역 간 융합과 결합을 통해 상호 보완되고 있다.

가상현실과 증강현실을 구현하는 핵심기술로는, 우선 가상현실의 경우 몰입 가시화 기술, 실감 상호작용 기술, 가상현실 환경생성 및 시뮬레이션 기술을 꼽을 수 있으며, 증강현실의 경우 실제와 가상의 이미지가 서로 합성되어 현실 공간에 3차원 가상세계가 정합되고 실시간 상호작용을 가능하게 하는 센싱 기술, 트래킹 기술, 영상합성 기술, 실시간 증강현실 상호작용 기술 등이 핵심기술로 꼽히고 있다.

1 한겨레(2021.12.6.). "메타버스의 꽃 'XR 기기'…빅테크들 선점경쟁 뜨겁다".

표 2-5 가상현실(VR)과 증강현실(AR)의 핵심기술

기술 분류		주요 내용
가상 현실 기술	몰입가시화	• 사용자에게 가상현실 몰입환경을 제공하는 기술 • HMD와 프로젝션 등 가시화 장치 기술, 영상가시화 기술SW
	실감 상호작용	• 사용자의 오감을 기반으로 가상현실 참여자와 시스템과의 입출력에 해당하는 기술 • 모션기반 시뮬레이터, 가상현실 참여자 위치추적, 촉각, 햅틱, 후각, 미각 관련 기술
	가상현실 환경생성 및 상호작용	• 360도 파노라마 이미지나 복원을 기반으로 가상현실 환경을 생성하는 기술 • 가상현실 참여자를 위한 시나리오 기반 몰입 가시화 및 상호작용 환경 제공
AR 기술	센싱 및 트래킹	가상 물체에 대해 실제 공간에 정밀하게 위치를 제공하는 기술 마커와 같이 미리 알고 있는 정보를 이용하는 방법과 비주얼처럼 새로운 공간에 대한 트래킹을 지원하는 기술 등 다양한 방법으로 개발
	영상합성	• 가상의 물체를 실제 공간의 영상과 일치하게 표현하는 기술 • 증강현실 환경을 사용자에게 제공하는 장치기술과 실제 공간과 심리스(seamless)하게 영상을 합성하는 기술을 포함
	실시간 증강현실 상호작용	실제 공간에 합성된 가상의 물체를 증강현실 참여자가 실시간 상호작용을 통해 증강현실 공간을 체험할 수 있게 하는 기술 (예: 포켓몬고)

출처: 주간기술동향(2019.1.16). "VR·AR·MR 관련 기술 및 정책 동향". 정보통신기획평가원(IITP).

증강현실과 가상현실을 구현하는 기술로써 국내에서는 삼성 VR 디바이스 'Gear VR', 'Odyssey+' 및 광학계 회사 레티널의 '핀미러' 글래스, 암수술용 AR 기기 개발(2020년) 등 일부 사례 존재하지만 추가 개발 미정 및 시장 상황 등 때문에 디바이스 분야 성장은 정체 중이나 해외에서는 많은 기업들이 다양한 증강현실, 가상현실은 물론 확장 현실의 구현이 가능한 디바이스를 속속 개발하고 있다.

표 2-6 다양한 XR 디바이스 현황

제조사	제품명	상세 내역	
메타 (Meta) ※(구)페이스북	Oculus Quest2		• 2개의 Touch 컨트롤러 사용하는 올인원 VR 게이밍 헤드셋 (스마트폰앱 필요) • 프로세싱: Qualcomm Snapdragon XR2 • 저장공간: 128GB or 256GB • LCD 디스플레이, 1832×1920 해상도 • 헤드셋에 3D 위치 기반 오디오 내장
	Oculus Rift S		• 2개의 Touch 컨트롤러 사용하는 PC 지원 VR 게이밍 헤드셋 (PC 필요) • LCD 디스플레이, 2560×1440 해상도 • 헤드셋에 3D 위치 기반 오디오 내장
	Oculus Go	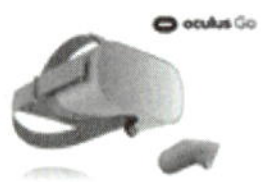	• 싱글 컨트롤러 사용하는 독립형 VR 헤드셋 • PC/스마트폰 없이 독립적으로 작동 ※현재 Oculus Go는 생산 중단
애플 (APPLE)	AR GLASS		• 애플은 AR Glass 개발 중(출시 전) • Direct retinal projector 방식 예상 (직접 사람의 눈에 이미지 투영) • 또한, 시선 추적 시스템(gaze tracking system) 포함될 것으로 추정
구글 (Google)	Glass Enterprise Edition 2		• 구글 글래스는 2013년 처음 발표됐을 때는 일반 사용자 대상 기기였으나 실패 후 산업용 AR Glass로 전환 • 멀티코어 CPU와 인공지능 엔진을 갖춘 퀄컴 스냅드래곤 XR1 적용
마이크로소프트 (MS)	HoloLens 2	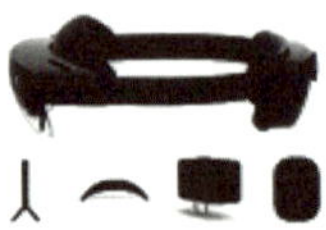	• 기존 Stand-alone AR 기기 홀로렌즈를 개선함 • 현실 공간에 3D 사물을 덧씌우는 방식으로 혼합현실 구현, HMD 형태 레이저 스캐닝 기술을 도입하여 50도 이상(기존 34도 수준)의 화각 해상도 2K로 향상, 고밀도 영상을 제공하는 등 성능이 개선됨(2019 MWC)

제조사	제품명	상세 내역	
Nreal (미국)	Nreal Light		• 일상 생활에서 착용 가능한 경량화 AR Glass인 Nreal Light (스마트폰 유선연결) 2019 CES 'Best Startup Award' 수상 • 실시간 위치 인식 및 Mapping을 위한 2개의 SLAM 카메라와 객체 인식용 카메라를 탑재, 6 DoF 트래킹 지원
HTC (대만 스마트폰 및 VR 전문 개발 및 제조사)	VIVE Focus		• 2016년에 출시된 VR 디바이스 • 고해상도 3K AMOLED 스크린, 퀄컴 스냅드래곤 835 프로세싱 무선 VR (PC, 베이스스테이션, 또는 센서 등 불필요)
	VIVE Pro 2		• 기존 VIVE에서 사양 개선 • 고급 사용자 위해 2448×2448 해상도, 90/120Hz가 적용된 VR 디바이스
Alpha MOS (프랑스)	Astree		• 디지털 전자혀 장치 - 시료의 맛 분석에 있어 꼭 필요한 관능 분석을 과학적 원리를 이용해 객관적인 데이터를 제공하는 관능 분석 장비
	IRIS		• 디지털 전자눈 장치 - 색에 대한 데이터 측정, 각 시료의 상대적 차이점을 쉽게 확인 - 제품개발 및 품질관리(원료부터 제품까지)에 주로 활용

출처: 각 제조사 홈페이지 참조.

2) 가상세계 구현 핵심 기술

메타버스 구현을 위해서는 가상세계의 구현이 가장 중요한 핵심 요소인데 이를 개발하기 위해서는 가상세계 구현과 운영을 위한 "엔진 및 플랫폼"이 필수이다. 이 "엔진 및 플랫폼'을 사용하여 인간의 감각과 인지를 유도하여 실제와 유사한 경험 및 감성을 이끌어내는 "실감형 콘텐츠"가 제작되고 제공되어야 하며, 사용자에 대한 인증 및 다양한 콘텐츠 유통을 위한 "거래/디지털화폐" 기술이 필요하다.

(1) 엔진 및 플랫폼

게임과 같이 가상공간을 컴퓨터 그래픽(CG)으로 구현하여 현실 공간, 혹은 상상의 제3의 공간인 가상세계를 모델링하여 사용자에게 제공하기 위해서는 가상세계 저작 도구(게임엔진 SW)를 필요로 한다. 이와 같은 가상세계 저작 도구가 가장 활발히 사용되고 있는 분야는 게임분야로써 최근 게임 제작을 위한 엔진은 컴퓨터 그래픽(CG: Computer Graphics)뿐만 아니라 가상공간 설계 모델링 엔진, 3차원 그래픽 렌더링 엔진, 물리 법칙 구현 엔진 등의 다양한 요소 기능을 구현할 수 있는 엔진들을 통합하여 제공하는 형태로 변화하고 있는데, 이들 엔진을 사용하여 완성된 소프트웨어를 생산하는 소프트웨어 저작 툴도 게임 엔진으로 일부 대체되는 중이다.

현재의 PC 게임 엔진 시장은 유니티(Unity)와 언리얼(Unreal)사의 엔진이 가장 많이 사용되고 있다. 그러나 모바일 게임의 경우는 모바일 게임의 절반이 유니티를 활용해 제작되고 있다는 보고서도 있다[2]. 유니티는 삼성중공업, LG CNS 등의 우리나라 기업과도 활발히 협업을 하고 있는데 거울세계의 전 단계로 볼 수 있는 디지털 트윈 구축을 위해 많이 활용된다. 반면 에픽게임즈가 개발한 언리얼 엔진은 에픽게임즈에서 운영 중인 포트나이트[3]의 제작에 사용되면서 유명해졌다.

또 그래픽 관련 디바이스 개발사로 전 세계적으로 유명한 엔비디아(Nvidia)[4]는 3D 애니메이션 개발사인 픽사(Pixar)의 기술을 활용하여 실시간 3D 시각화 협업 플랫폼인 옴니버스(Omniverse)를 개발하였는데, 이 옴니버스를 사용하여 전 세계 아티스트들이 언제 어디서나 공동으로 작업할 수 있는 플랫폼을 제공

2 디지털데일리(2018.05.02). '모바일게임 절반이 유니티로 개발돼'…비게임 활용도 증가.
3 애픽게임즈 홈페이지, https://www.epicgames.com/fortnite/ko/home
4 엔비디아 홈페이지, https://www.nvidia.com/ko-kr/

하였다. 이후에도 유니티나 언리얼 엔진은 다양한 소프트웨어 파트너사들과의 협업을 통해 많은 게임과 가상 공간을 만들어내고 있다[5].

이와 같이 메타버스 제작 및 구현을 위한 엔진, 플랫폼들이 지속적으로 확장되고 있는 추세이다. 단, 서비스 플랫폼 측면에서 볼 때 아직까지는 게임 플랫폼이 메타버스 서비스 플랫폼을 주도할 것으로 예상되며, 그 중심에는 유니티(Unity)와 언리얼(Unreal)이 당분간 기술적 우위를 차지할 것으로 판단된다.

표 2-7 메타버스 구현을 위한 주요 엔진/플랫폼

엔진/플랫폼	세부 내역	확대 방향
Unity	• 2004년 설립되었으며, 스마트폰에서 구동되는 모바일 게임은 절반 정도가 Unity 엔진으로 제작되며, Unity를 이용해서 만든 게임은 매달 전 세계 50억 건 이상 다운로드 중 • 닌텐도 스위치 게임의 70%, 엑스박스, 플레이스테이션에서 구동되는 게임의 30~40%가 Unity로 제작되며, PC게임 시장에서는 Unity 점유율이 40%, 홀로렌즈를 이용하는 AR SW시장에서 Unity 점유율은 90%를 차지	가상게임 제작의 플랫폼 경쟁력을 건설, 엔지니어링, 자동차 설계, 자율주행 등 타 산업으로 확대 중
Unreal	에픽게임즈가 개발한 게임엔진으로 현실과 구분하기 어려울 만큼의 고품질 그래픽 구현이 가능하여 대작 게임용으로 활용. 엔씨소프트의 리니지2M, 넥슨의 V4, 카트라이더 드리프트 등이 언리얼 엔진으로 제작됨	디즈니+ '스타워즈 만달로리안', HBO '왕좌의 게임' 사전시각화, 해운대 등 CG · 시각효과, 웨더채널 버추얼 스튜디오, 평창동계올림픽 개회식 '증강현실(AR) 효과' 등 방송 분야 등 타 산업 확대
Omniverse	엔비디아(NVIDIA)에서 실제와 같은 가상세계를 협업으로 쉽고, 빠르게 구현하는 옴니버스(Omniverse)를 발표('20. 10), 전 산업의 활용 가능성 시사	자사의 그래픽카드의 성능을 최대한으로 끌어올려 시뮬레이션 작업을 지원 및 다양한 협업 체계 확대 중

5 한국전자통신연구원(ETRI)(2021.8). 메타버스 비즈니스 모델 및 생태계 분석. 전자통신동향분석, 36(4).

엔진/플랫폼	세부 내역	확대 방향
ARCore	2017년 구글이 발표한 모바일에서 증강현실을 만들기 위한 플랫폼, 구글이 인증한 기기에서만 구동	다양한 모바일 AR서비스 출시의 기반이 되며, 다양한 스마트폰 기기와 연동 확대 중
ARKit	2017년 애플이 발표한 모바일에서 증강현실을 만들기 위한 플랫폼, 2016년에 애플이 인수한 플라이바이(Flyby) 미디어가 근간이 되어 개발됨, 애플 인증한 기기에서만 구동	다양한 모바일 AR서비스 출시의 기반이 되나, 자사 기기에 제한적이라는 한계 존재
Mesh	Microsoft사가 메타버스 시대를 이끌어 나갈 협업 플랫폼 Mesh 공개('21.3), Azure를 기반으로 구축된 Mesh는 사용자로 하여금 다른 지역에 있어도 서로 같은 방에 있는 것처럼 느끼도록 지원하는 혼합현실 플랫폼	기존 2D 기반의 MS 협업 플랫폼이 3D 기반의 Mesh와 통합되어 진화되면서 다양한 산업 분야와 융합 중

출처: 소프트웨어정책연구소(SPRi)(2021.03.17.). "로그인(Log In) 메타버스: 인간×공간×시간의 혁명". 이슈리포트 IS-115, 참조 자료 기반 저자가 일부 재구성.

(2) 실감형 콘텐츠

실감형 콘텐츠는 증강현실, 가상현실, 확장 현실 등의 몰입 지원 기술을 활용하여 실제와 유사한 경험 및 감성을 느낄 수 있도록 구현하는 콘텐츠를 말한다. 지금까지의 IT 콘텐츠는 주로 컴퓨터 모니터나 모바일 기기의 액정 화면을 매체로 활용하는 2차원 평면적 디지털 콘텐츠였지만 실감형 콘텐츠는 이와는 대비되는 3차원적 현실적 입체감, 시각 외의 감각적 인지를 구현하고 사용자와 사용자, 사용자와 콘텐츠 간의 상호작용을 통하여 스토리를 전개해 나가는 다이내믹한 형태의 콘텐츠라는 점에서 기존의 콘텐츠와는 대비된다.

표 2-8 실감형 콘텐츠 분류 및 기술범위

<table>
<tr><th>분류</th><th colspan="2">세부내용</th></tr>
<tr><td rowspan="4">몰입형 콘텐츠</td><td rowspan="4">사용자에게 몰입감이 극대화된 콘텐츠 서비스를 제공하기 위한 기술</td><td>가상현실(Virtual Reality): 사용자의 오감을 가상공간으로 확장, 공유하여 실질적으로 경험하지 못하는 상황을 간접 체험할 수 있게 하는 총체적 기술을 의미
3D 가시화, 가상 시뮬레이션, 제스처 및 햅틱 상호작용, HMD 기반 기술 등이 포함</td></tr>
<tr><td>증강/혼합현실(Augmented Reality/Mixed Reality): 디지털 콘텐츠를 현실 공간과 사물, 동적 인체 등에 증강/혼합하여 사용자에게 보다 많은 체험과 정보 서비스를 제공하는 기술</td></tr>
<tr><td>홀로그램 융합: 빛의 고유 특성인 회절, 간섭, 반사, 굴절 등을 이용하여 3차원 공간 위상정보를 획득, 이를 가공하여 제공하는 기술</td></tr>
<tr><td>오감/감성 콘텐츠: 인간의 오감(시각, 청각, 촉각, 미각, 후각) 감각 정보를 인지하여, 이를 정보를 기반으로 사용자의 감성에 맞는 실감 콘텐츠를 제어, 제작, 제공하는 기술</td></tr>
<tr><td rowspan="2">지능형 콘텐츠</td><td rowspan="2">다양한 콘텐츠 데이터에 대해 자가 학습에 기초한 객체 검출, 식별, 분석 등으로 맞춤형 콘텐츠 정보 제공하는 기술</td><td>인터랙티브 콘텐츠(Interactive Contents): 사용자와 시스템 간 상호작용의 중심이 되는 기술</td></tr>
<tr><td>콘텐츠 검색/분석/인식: 콘텐츠를 구성하는 시각적, 청각적 요소 및 텍스트 등으로부터 콘텐츠의 내용과 속성, 콘텐츠 내 객체 위치, 종류 및 속성 등 콘텐츠를 종합적으로 분석하는 기술로 자율창작 콘텐츠, 인포 콘텐츠, 개인화/상황인지 콘텐츠 기술 등이 포함</td></tr>
<tr><td>융복합 콘텐츠</td><td colspan="2">엔터테인먼트, 공공, 안전・복지, 국방, 의료, 제조 등 산업분야와 ICT기술을 융합한 디지털 콘텐츠 서비스를 제공하기 위한 기술</td></tr>
<tr><td>콘텐츠 유통</td><td colspan="2">문서, 음원, 멀티미디어, 방송, 게임 등 다양한 온라인/오프라인 콘텐츠를 개발자/판매자로부터 사용자/구매자에 이르기까지 벌어지는 일련의 활동을 지원하는 기술이며 유통 플랫폼, 콘텐츠 생산 저작 및 관리, 콘텐츠 배포, 구매 결제 등이 주요 기술</td></tr>
<tr><td>콘텐츠 품질/신뢰</td><td colspan="2">빅데이터 기반 인공지능 기술을 활용하여 콘텐츠의 변형 여부 식별 및 콘텐츠 분류, 보호를 수행하는 기술</td></tr>
</table>

출처: 정보통신기획평가원(2018.12). "중소기업 전략기술로드맵 2021-2023, 실감형콘텐츠". 중소벤처기업부/중소기업기술정보진흥원(TIPA), "ICT R&D 기술로드맵 2023".

(3) 거래/디지털화폐

최근 메타버스 서비스는 외부 지식재산권(Intellectual Property, IP) 사업자들과의 제휴를 통한 '양면 시장형 생태계 구축', 이용자가 아이템 등 콘텐츠를 직접 제작할 수 있는 '창작 도구 도입', 창작물의 수익화를 지원하는 가상화폐 등 '거래 시스템 구축' 등의 기술적 요소와 협력함으로써 단순 서비스 제공 플랫폼에서 경제 생태계를 포함하는 플랫폼 비즈니스로 발전 중이다.

이미 대부분의 메타버스 플랫폼에서는 그 내부에서 통용되는 디지털 화폐들이 존재하는데, 이들 플랫폼에서 거래가 이루어질 수 있는 매개체를 생산하는 저작 도구를 제공한다. 제페토의 경우, 다양한 외부 IP 사업자와의 협력관계를 확대하거나 제페토 내에서 아바타를 꾸미는 데 사용하는 다양한 아이템을 만들 수 있는 '제페토 스튜디오'를 제공하고, 로블록스에서는 이용자가 직접 게임을 제작할 수 있는 '로블록스 스튜디오(Roblox Studio)'라는 창작 도구를 제공한다. 이들 저작도구에서 생산한 아이템과 게임들은 각각의 플랫폼에서 통용되고 있는 디지털 화폐를 통해 자유롭게 거래되는데 제페토의 경우 '젬(Zem)'과 '코인(Coin)'이라는 디지털 화폐를, 로블록스는 '로벅스(Robux)'라는 디지털 화폐를 통용시키고 있다[6].

이러한 메타버스의 경제 생태계는 기본적으로 그 안에서 통용되는 거래의 디지털화폐가 가장 중요한 요소이다. 이들 디지털 화폐들은 블록체인 기술에 기반하여 그 무결성과 신뢰성을 확보할 수 있다.

이러한 디지털 화폐들로 거래된 다양한 아이템들은 디지털 매체의 특성상 그 소유권을 인증하는 데 한계가 있다. 따라서 이에 대한 해결책으로 활용되는 수단이 대체 불가능한 토큰(Non Fungible Token, NFT)이다. NFT를 활용하면 자산의 희소성 보장 및 원본성 증빙이 가능하고, 소유자 정보와 거래 이력 등 데이터의 위·변조가 불가능하여 무결성 확보가 가능하다.

현재 메타버스와 NFT의 결합을 통해 다양한 콘텐츠 거래가 현실화되

6 과학기술정책연구원(2021). 미래연구 포커스: 메타버스, 가상과 현실의 경계를 넘어. FUTURE HORIZON+, Vol. 49.

고 있다. 메타버스(Metaverse)에서 NFT를 활용하는 사례로, "디센트럴랜드(Decentraland)", "더샌드박스(The Sandbox)", "업랜드(Upland)" 등이 있다.

디센트럴랜드는 게임 가상공간 내 토지의 소유권을 NFT로 기록하여 구매·판매 가능하며, 디센트럴랜드 암호화폐("MANA")를 사용한다. 더샌드박스는 사용자들이 게임 내 가상공간과 아이템을 NFT로 제작하여 소유권을 확보하고, 더샌드박스 암호화폐("SAND")로 거래 가능하다. 업랜드는 가상의 부동산 시장 게임 서비스로, 실제 현실 주소를 바탕으로 가상의 부동산 증서를 NFT로 만들고 업랜드 암호화폐("UPX")로 거래가 가능하다.

또한, 메타버스와 융합한 NFT 게임 등 다양한 영역에서 NFT를 도입하는 국내 실증사례 및 국내기업의 해외 진출이 증가하고 있다[7].

3) 기반 기술

메타버스 서비스를 일상 생활에서와 같이 자연스럽게 이용하기 위해서는 고도화된 네트워크(특히, 무선)와 컴퓨팅 파워가 필요하다. 네트워크는 현재 3.5GHz 대역과 28GHz을 사용하여 기존 이동통신망의 20Gbps[8] 속도를 내는 5G 이동통신의 확대가 진행 중이며, 향후 1000Gbps의 속도를 내는 6G로 발전할 것이라 예상된다. 또 최근 클라우드 기술의 발달로 인해 대부분의 게임 및 영상미디어 서비스는 클라우드 기반으로 이루어지고 있다. 아마존의 클라우드 서비스인 AWS는 인공지능(AI) 및 빅데이터가 포함된 클라우드를 통하여 강력한 컴퓨팅 파워를 제공하고 있으며, 이미 포트나이트와 로블룩스 등 대표적인 메타버스 서비스가 AWS 기반으로 구현되어 있다. 마이크로소프트는 자사 클라우드인 Azure 기반으로 홀로렌즈를 통한 협력 애플리케이션을 지원하며, 소니의 플레이스테이션 등과 클라우드 서비스 관련 협력을 진행 중이다.

7 한국인터넷진흥원(KISA)(2021.09.10.). NFT 기술의 이해와 활용, 한계점 분석. KISA Insight, 2021, Vol.3.

8 Gbps : 초당 1기가(10^9)비트를 전송하는 속도

이렇게 메타버스를 구현하는 데는 메타버스를 원활히 작동시키기 위한 기반 기술의 지원이 무엇보다 중요하다.

(1) 컴퓨팅 파워

일반적으로 컴퓨팅 파워라고 말하면 고성능의 서버 등 하드웨어 관점의 IT 장비를 생각하는 것이 일반적이다. 그러나, "Cloud First" 시대에 접어들면서 컴퓨팅 파워는 단순히 물리적인 고성능 서버가 아니라 인공지능 및 빅데이터 등 서비스가 포함된 클라우드 서비스가 담당하게 되었다.

현재 기업들은 클라우드 서비스를 이용하는 것은 당연하고, 하나의 클라우드 기업에 종속되는 것을 피하고자 2021년에는 본격적으로 하이브리드와 멀티클라우드 또는 조인트 클라우드 서비스를 활용해 특정 클라우드 벤더에 종속되는 것에서 벗어나려고 하고 있다. 2021년 봄에 SaaS(Software-as-a-Service) 기반 IT 관리 솔루션 제공업체인 플렉세라(Flexera)의 2021년 클라우드 현황(2021 State of the Cloud) 설문 조사에 따르면 기업의 92%가 멀티클라우드 전략을 보유하고 있으며, 응답자 80%는 프라이빗 클라우드와 퍼블릭 클라우드로 분리되면서 연결된 하이브리드 아키텍처를 선택하는 것으로 나타났다[9].

클라우드를 가장 잘 활용하고 있는 분야는 게임 산업이다. 아마존은 최근 클라우드 게이밍을 제공하는 서비스를 공개했다. 이제 음악이나 영상을 클라우드에서 스트리밍하는 것처럼, 클라우드 게이밍은 게임을 즐기는 방식을 크게 바꾸어 놓을 것이며, 방대한 게임 라이브러리를 월 가입비를 통해서 접근할 수 있게 만들 것이다. 2020년에는 구글, 마이크로소프트, 엔비디아, 소니 등이 서비스를 제공했으며, 고비용을 지불하는 게임 콘솔 기기를 구매하는 방식의 게임 서비스보다는 클라우드 게이밍 방식이 주력 서비스가 될 것이라고 대부분의 전문가가 예측하고 있다.

---

9 OSC Tech News(2022.03.21.). "2022년 클라우드 네이티브 트렌드에 대처하는 방법".

(2) 네트워크

5G 이동통신은 사람, 사물, 정보의 유기적인 연결을 위하여 이론적으로는 개인당 최대 20Gbps급 전송속도와 1ms 이하의 지연시간 단축을 제공하는 차세대 이동통신으로 초고속, 저지연, 초연결로 축약될 수 있다.

국내에서는 KT가 5G 이동통신 단독모드와 비단독모드(NSA · Non-Standalone) 서비스를 동시에 수용할 수 있는 '5G 통합 코어 기술'을 개발하고 구축을 완료했으며, SK텔레콤과 LGU+도 경쟁적으로 기지국을 설치하여 서비스 제공 중이다.

또한, 5G보다 50배 빠르고, 무선 지연시간이 10분의 1로 줄어드는 6G 개발 착수 및 준비 중이다.

겐비드 테크놀로지스(Genvid Technologies)의 CEO 제이콥 나보크(Jacob Navok)는 초현실 사회 참가자가 완진 실시긴 소통을 하려면 최소 5G, 또는 6G 초고속 통신이 필수적이라고 강조했으며, 세컨드라이프 개발자 필립 로즈데일(Philip Rosedale)도 초고속 통신으로 현실 속 인간의 움직임을 가상세계로 전달하는 데 걸리는 시간을 0.05초 미만으로 낮출 수 있다면 가상과 현실 간 이질감은 대부분 사라질 것이라고 밝혔다.

즉, 앞으로 예상되는 사람, 사물, 정보 간 연결의 폭발적인 증가에 대응하기 위해서 이동통신 기술을 비약적으로 발전할 것이라 판단된다.

3. 종합

메타버스 로드맵(MetaVerse Roadmap, 이하 MVR)에서는 메타버스 개념이 매우 복잡한 것이라 인정하며 메타버스는 단순히 가상세계가 아니라 현실세계와 가상세계가 결합되거나 연결된 것이라 제안하고 있다. 즉, 메타버스는 현실세계와 가상세계의 융합을 의미한다. 메타버스의 미래에 대한 주요 요소로 다음의 네 가지가 도출되었다. 첫 번째는 가상세계(Virtual Worlds)로 현실과 유사하거나 전혀 다른 대안적 세계로 모든 것이 디지털로 창조된 공간을 말한다. 두 번째로는 라이프로깅(Life logging)으로 인생에 대한 기록 공간으로 사람과 사물에 대한 일상적인 경험과 정보를 기록, 저장 및 공유하는 것을 말한다. 세 번째로 증강현실(Augmented Reality)로 현실 세계에 가상의 정보나 물체를 추가하여 보여주는 것이며 마지막으로 거울세계(Mirror Worlds)는 현실 세계를 사실적으로 보여주면서 정보적으로 확장되어 추가 정보를 제공하는 가상세계를 말한다.

1) 복합 범용 기술이 메타버스 기술의 핵심

기술적으로 메타버스는 다양한 범용 기술이 복합되고 적용되어 구현된다. 이와 같은 복합된 범용 기술로 현실 세계와 가상세계가 혼합되어 그 구분이 불가해지게 된다. 이렇게 메타버스를 구축하는 범용 기술은 증강현실(AR), 가상현실(VR), 확장 현실(XR, eXtended Reality), 데이터, 5G 네트워크, 인공지능(AI), 사물 인터넷(IoT) 등이 사용되고, 이 기술들은 메타버스뿐 아니라 전체 디지털 산업에서 다양한 용도로 사용되고 혁신을 이끌고 있다.

2) 메타버스 기술 생태계는 인프라-플랫폼-콘텐츠-IP

최근의 메타버스 가상세계를 설명하는 데에 한계가 존재한다. 그래서, 메타버스 가상세계의 경제적 확장을 추가 반영하여 분류하는 '인프라(D·N)-플랫폼(P)-콘텐츠(C)-지식재산권(IP, Intellectual Property)' 분류가 메타버스 산업의 요소 기술을 분류하는 체계로써 제시되고 있다. 하지만 메타버스에 사용되는 다양한 요소 기술은 여러 가지 IT 기반 요소 기술들이 복합적으로 융합되어 사용되기 때문에 이 모든 요소 기술들의 융합을 포괄하는 기술 생태계에 대한 확정적인 표준은 아직 부재한 상황이다.

3) 메타버스 구현을 위한 기술빌딩블록

증강현실, 가상현실, 확장 현실, 거울세계 등과 같은 메타버스 관련 주요 기술은 아직 초기 단계로 지적되는데 메타버스 구현을 위한 기술요소를 "몰입지원 기술", "가상세계 구현 핵심 기술", "기반(Infrastructure) 기술" 세 가지로 분류할 수 있다.

몰입지원 기술은 사용자가 넓고 다양한 범위의 가상세계를 경험하게 하고 이 경험을 현실로 인지할 수 있도록 하는 초실감형 기술과 서비스를 말한다.

가상세계 구현 핵심 기술은 가상세계 구현과 운영을 위한 "엔진 및 플랫폼"이 필수이다. 이 "엔진 및 플랫폼"을 사용하여 인간의 감각과 인지를 유도하여 실제와 유사한 경험 및 감성을 이끌어내는 "실감형 콘텐츠"가 제작되고 제공되어야 하며, 사용자에 대한 인증 및 다양한 콘텐츠 유통을 위한 "거래/디지털화폐" 기술이 필요하다.

메타버스 서비스를 일상 생활에서와 같이 자연스럽게 이용하기 위해서는 고도화된 네트워크(특히, 무선)와 컴퓨팅 파워가 필요한데 이와 관련된 기술이 기반 기술이다. 메타버스 구현을 위해서는 클라우드 기반의 고사양 컴퓨팅 파워, 5G를 넘어선 6G급의 네트워크가 필요하다.

생각할 문제

1 메타버스의 네 가지 기술적 요소(증강현실, 거울세계, 라이프로깅, 가상세계)로 만들어진 프로그램에 접속해 보았을 때, 각각의 장단점은 무엇일까요?

2 자신이 경험해 본 VR, XR 기기는 무엇이고 어떤 부분에서 개선이 필요할까요?

3 현재까지 상용화된 메타버스의 요소 기술 외에 추가적으로 개발이 필요한 기술은 무엇일까요?

메타버스 유니버시티

METAVERSE
UNIVERSITY

Chapter

03

교육 메타버스에서의 NFT의 활용

1. NFT란

지난 2021년 3월 12일, 미술학계에서는 역사적인 사건이 벌어진 날이었다. 이날 뉴욕 크리스티 경매소에서 거래된 한 작품이 무려 $69,346,250, 우리 돈으로 약 780억 원에 거래된 것이다. 이 금액은 지금까지 미술사에서 경이로운 금액으로 생존한 작가의 작품 중 세 번째로 높은 금액으로 거래된 작품이었다. 이 작품의 이름은 'Everydays: The First 5000 Days'라는 작품으로 Beeple이라는 작가의 작품이었다. 이 작품은 작가가 5000일간 자신의 매일을 기록한 디지털 이미지를 사용하여 만든 작품이다.

| 그림 3-1 | 크리스티 경매소의 Everydays: The First 5000 Days 경매 결과 화면

출처: 크리스티 경매 온라인 사이트.

하지만 금액적 차원을 넘어서 이 작품이 가지는 의미는 이 당시까지의 NFT로 구현된 거래액 중 가장 고액이라는 점이었다. 사실 블록체인 업계에서 반신반의하게 여겨진 NFT 작품의 가치가 최고가로 인정받았다는 점에서 큰 의미가 있었고 일반인들에게 NFT라는 기술이 널리 알려지게 된 계기였다. 하지만 'Everydays: The First 5000 Days'의 기록은 그리 오래가지 않았다. 지난 10월 크립토펑크 트위터는 크립토펑크 9998이 5억3200만 달러(한화 6225억 원)에

팔렸다고 트윗했다. 크립토펑크는 2017년 발행된 NFT 시리즈로 NFT 프로젝트 중에 가장 오랫동안 지속된 프로젝트이다. 발행 당시에는 무료로 제공되었지만 단 1만 개만 발행하는 탓에 그 희소성이 인정받았고 가장 오랫동안 이어지고 있는 프로젝트라는 역사성이 더해지면서 그 가치가 점점 높아지고 있다. 크립토펑크는 사람의 얼굴을 24*24픽셀로 표현한 이미지로 알고리즘에 의해 생성되어 중복적이지 않은 1만 개의 캐릭터 아이콘이다. 하지만 크립토펑크를 본 사람들은 '이게 왜 그리 비싼가?'라는 물음을 던질 수밖에 없다. 사실 크립토펑크는 그 예술적 가치보다는 NFT의 시초라는 의미로써 그 가치가 높다. 특히 최초로 시작된 NFT가 단 1만 개에 불과하다는 것은 컬렉터들에게는 매우 관심 있는 소장품이 될 수밖에 없다.

그렇다면 NFT는 무엇인가?

NFT는 Non Fungible Token의 준말로 대체 불가한 토큰으로 해석된다. 블록체인 기술을 통해 위조가 불가능한 형태로 기록되는 디지털 장부에 절대적으로 유일한 토큰을 기록해 둠으로써 해당 토큰의 소유자가 유일하게 인식되는 디지털 인증방법을 말한다. 정의는 항상 어렵다. 다음의 예를 생각해 보자. 당신에게 5만 원권이 하나 주어졌다. 이 5만 원권은 한국은행에서 발행한 5만 원의 가치가 있는 화폐이다. 이 화폐는 나의 지갑에 있든 내가 지출해서 남의 지갑에 가든 어디서나 5만 원의 가치를 가진다. 그런데 만약 당신이 지금 가장 유명한 가수(BTS)를 만나서 그 5만 원권에 직접 사인을 받았다고 가정해보자. 이 화폐를 다른 5만 원권과 바꾸자면 바꾸겠는가? 또 이 5만 원권은 이제 액면가인 5만 원보다 훨씬 가치가 있는 5만 원이 될 것이다. BTS의 사인이 이

| 그림 3-2 | 크립토펑크 트위터

출처: twitter.com/cryptopunksbot

5만 원권을 대체 불가능(Non Fungible)하게 만들었다. 하지만 오프라인상에서야 실물이 존재하기 때문에 특정한 표기를 통해 실물을 대체 불가능하게 만드는 것이 쉽게 이해되지만 실물이 존재하지 않는 디지털 개체를 어떻게 대체불가능하게 만든다는 것인가? 디지털 개체는 손쉽게 복사가 가능하다. 앞서 예로 살펴본 BTS 사인이 담긴 5만 원권도 스캔하여 디지털화하면 수백, 수천 장의 디지털 복제품이 생성되는 데 시간이 오래 걸리지 않을 것이다. 그렇기 때문에 NFT는 디지털 개체의 원본을 인식하기 위한 중요한 기술로 발전해왔다. 디지털 개체의 저작권을 소유한 작가는 자신의 디지털 개체에 붙여진 NFT를 제3자에게 양도할 수 있다. 이 과정에서 저작권 보유자와 NFT의 구매를 통해 디지털 개체를 소유하는 소유자 간의 계약 행위가 발생하게 된다. 현재는 저작자와 소유자를 맺어주는 과정이 주로 경매를 통해 이루어진다. 이렇게 구매된 NFT는 이제 저작권자에서 제3자로 이동했다. 이제 이 디지털 개체에 대한 소유권은 NFT를 보유한 사람에게 이동했다.

2. 소유권, 저작권, 희소성 그리고 MZ 세대

디지털 개체에 NFT를 구매한 사람은 이제 원본 디지털 개체에 대한 소유권을 획득했다. 이 정보는 블록체인 기술을 이용해 위조가 불가능한 디지털 장부에 기록된다. 그렇기 때문에 이 디지털 개체는 복사되어 배포된다고 해도 그 안에 기록된 NFT로 인해서 소유권자를 구분할 수 있게 된다. 그럼 해당 디지털 개체를 또 다른 사람이 사용할 때 발생되는 저작권료는 어떻게 될까? 이해하기 어렵겠지만 저작권료는 다시 원저작자에게 돌아간다. 그럼 거액(혹은 소액)을 지급하고 구매한 소유권은 무엇인가? NFT를 구매하여 소유권을 보유하는 이유는 단순한 경제적 논리만으로는 설명하기 어렵다. 이는 희소성 있는 무언가를 보유하고자 하는 욕구, 미래 기술을 대표한다는 NFT의 대표작을 보유하고 있다는 뿌듯함, 남들이 아직 발견하지 못한 보석을 처음 발견했다고 하는 미래 예견에 대한 기쁨, 예술가를 후원한다는 자긍심 등이 복합적으로 작용한 것이다(성소라 외, 2021). 사실 이러한 행위는 NFT가 등장함으로써 새롭게 등장한 행위가 아니다. 역사상 가장 유명한 그림 몇 개를 꼽는다면 많은 사람들이 레오나르도 다빈치의 '모나리자'를 꼽을 것이다. 이 '모나리자'는 현재 프랑스 파리의 루브르 박물관에 전시되어 있다. 결국 루브르 박물관이 '모나리자'의 소유권을 가지고 있는 것이다. 루브르 박물관이 '모나리자'를 전시하고 있다고 해도 '모나리자'의 저작권은 여전히 레오나르도 다빈치에게 있는 것이다. 다른 예를 들어보겠다. 과거 70~90년대까지만 해도 일반인이 수집하는 물품 중에 매우 보편화되어 있던 수집품이 우표였다. 한정판 우표가 발매될 때면 이 우표를 갖기 위해 밤새 줄 서서 기다리던 사람들이 많았고 희귀한 우표가 매물로 등장하면 매우 높은 값에 낙찰되곤 했다. 잘 알려지지 않아서 그렇지 아직도 우표는 인기가 많다. 이 우표를 가지고 있는 사람은 그 우표에 대한 전시, 대여 등을 통해 수익을 발생하겠지만 저작권은 여전히 가지고 있지 못하다. 이렇게 저작권과 소유권은 명확히 구분되기 때문에 NFT를 구매하는 사람들을 컬렉터(Collector)라고 부른다.

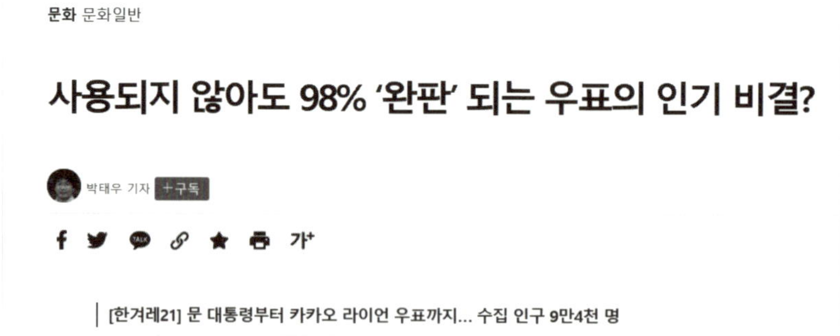

문화 문화일반

사용되지 않아도 98% '완판' 되는 우표의 인기 비결?

박태우 기자 +구독

가+

[한겨레21] 문 대통령부터 카카오 라이언 우표까지… 수집 인구 9만4천 명

그림 3-3 사용되지 않아도 98% '완판' 되는 우표의 인기비결

출처: 한겨레(2020.1.15 입력, 2020.1.26 수정)

이러한 NFT는 앞서 언급한 바와 같이 경제 논리로는 이해될 수 없다. 특히 오프라인 물건이 아닌 온라인상의 개체에 대한 소유권은 더더욱 관리가 어렵기 때문에 온라인 개체를 수집한다는 것은 큰 의미가 없었다. 하지만 NFT가 등장하면서 자신이 소유할 수 있는 수집품이 온라인상의 개체로 확장되었다는 것은 무언가를 배타적으로 소유하고자 하는 인간의 욕망을 매우 자극하는 것임에 틀림없다. 특히 "NFT는 기존 질서와의 탈피, 제작 방식과 내용의 다양성이라는 면에서 MZ세대와 결을 같이하며 디지털 인증을 통해 '세상에서 유일하다'라는 것도 한정판·희소성 등에 열광하는 MZ세대에게 매력적으로 작용할 것"[1]이라는 해석이 매우 의미 있게 다가온다.

3. NFT의 교육적 활용

앞서 설명한 바와 같이 MZ세대를 대표하는 몇 가지 기술 중에 손꼽히는 기술이 메타버스와 NFT이다. 이 책의 전반에서 메타버스의 교육적 활용을 언급하고 있으니 이번 장에서는 메타버스 환경에서 이루어지는 교육에 NFT가 어떻게 활용될 수 있는가에 대해 논하겠다.

1) Study To Earn 환경의 시작

현재 메타버스 환경이 가장 활발하게 구축 운영되는 곳이 바로 게임 분야이다. 이러한 메타버스 환경에서의 게임에서 최근 가장 핫(hot)한 문구는 바로 'Play To Earn' 일 것이다. 이는 게임을 하면서 돈을 번다는 의미로 NFT 업계

1 영남일보(2021.10.12). NFT 작품 컬렉터 조은래씨 "한정판·희소성에 열광하는 MZ세대에겐 매력적 시장".

에서 가장 확실한 마켓플레이스로 떠오르고 있다. 게임 사용자는 게임에 사용되는 각종 아이템을 자체 제작하여 NFT를 달아 거래를 하면 그 이익금은 비트코인으로 지불되는 방식이다. Play to Earn의 가장 대표적인 예는 크립토키티와 베트남 게임인 엑시 인피니티이다. 크립토키티는 가상 고양이를 구매, 수집, 번식 및 판매할 수 있도록 한다. 이 게임에서 사용되는 엑시라는 캐릭터는 캐릭터 간의 교배를 통해 새로운 캐릭터가 나오도록 만들었고, 새로 생성된 캐릭터는 NFT를 붙여 이더리움으로 매각이 가능하도록 하였다.

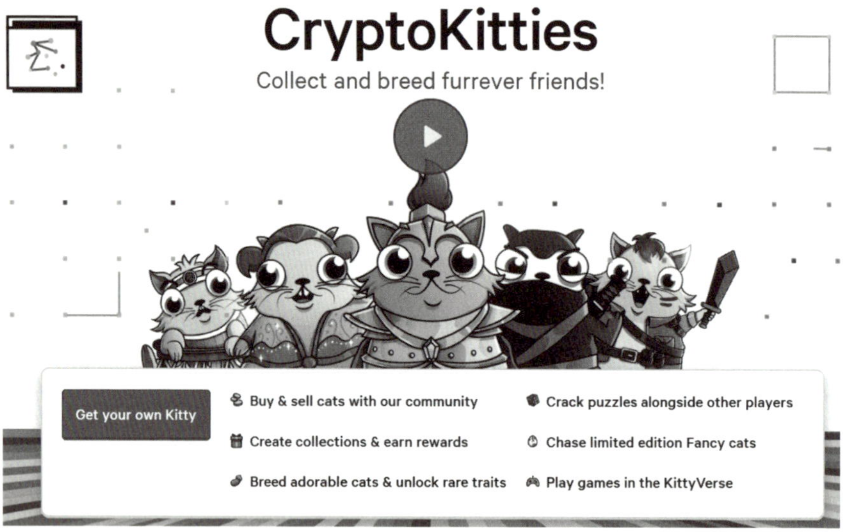

| 그림 3-4 | 크립토키티

출처: 크립토키티 홈페이지

엑시 인피니티도 이와 유사한데 엑시라고 하는 캐릭터가 교배가 가능하며 교배에 따라 새로운 엑시가 탄생하게 된다. 따라서 게임을 진행할수록 새로운 엑시 캐릭터를 계속 생성하게 되고 생성된 캐릭터가 희귀한 캐릭터가 생성되면 큰돈을 벌 수도 있다. 실제 동남아에서는 이 게임으로 생계를 유지하는 사람도 많다고 한다[2].

| 그림 3-5 | 엑시 인피니티 화면[3]

최근 우리나라의 위메이드의 미르4 글로벌 버전에도 게임 내에서 채굴하는 자원을 위메이드 코인으로 환전하는 시스템을 구현했다. 위메이드를 포함한 컴투스, 엔씨소프트 등 게임 업체들은 NFT 관련 사업의 진출을 본격화하자마자 주가가 급등하는 현상을 보이고 있다. 게임 업계에서는 NFT가 비즈니스 모델로서 매우 전망이 밝다고 여겨지기 때문이다. 하지만 아쉽게도 우리나라에서 앞서 설명한 P2E 시스템을 통한 게임아이템 거래는 법적으로 금지되어 있다.

그러면 게임 환경을 학교 환경으로 옮겨오고 게임 아이템을 학교 학습 과정에서 만들어진 다양한 과제물로 치환해보면 어떨까? 메타버스 학교 안에서 학생들이 미술시간에 만든 자신만의 그림들이, 음악시간에 만든 자신만의 음악들이 온라인으로 배포되어 유명세를 탈 수도 있겠다. 예술 교육뿐 아니라 국어, 영어 수업 시간에 만들어 본 습작 시, 수필, 소설들이, 수학 수업 시간의 문제 해결에 사용한 자신만의 고유한 풀이법이, 데이터 분석을 위해 작성한 각종 표와 그래프가, 각종 발표에 사용하기 위해 만든 프레젠테이션 템플릿이,

2 나무위키, Play to Earn.

3 코인데스크(2021.2.3.). 크립토키티 드래곤카드 한 장에 10억 원, NFT란?. (그림: NFT 활용 수입형 게임 엑시인피니티. 출처=스카이마비스).

각종 아이콘들이 온라인 환경에 배포가 가능해질 것이다. 이것들이 NFT와 결합되면 온라인 마켓플레이스에 등록되어 거래되는 것을 막을 수는 없을 것 같다. 이렇게 학습을 위해 만든 다양한 결과물들이 아이템화되어 NFT로 인증된다면 학생들은 어쩌면 공부를 하면서 돈을 버는 상황이 벌어질 수도 있다. 물론 이 과정이 교육적인가에 대한 논의는 필요하겠다. 하지만 교육환경이 온라인 메타버스로 옮겨가면 그동안 오프라인에서는 상상하지 못했던 사이드 이펙트가 발생할 것이고 이에 대한 고민을 시작할 필요가 있다.

2) 자격 증명의 고유성 확보

최근 우리나라는 대학에서 발행한 표창장 하나로 인해 커다란 사회적 비용을 지불해야 했다. 필자가 집필하는 시기에는 아직 법원에서 진위여부에 대한 3심 결과가 나오지 않았다. 하지만 이 표창장의 진위여부에 따라 또 다른 사회적 비용을 다시 지불해야 할 수도 있다. 여기서 중요한 것은 만약 쉽게 진위여부가 판명되었다면 이렇게 많은 사회적 비용을 치르지 않았을 수도 있다는 것이다. 사실 지금과 같이 컴퓨팅 파워가 고성능이 되기 전에도 졸업 증명서나 성적 증명서의 위조는 흔한 일이었고 컴퓨터가 보편화된 최근에는 누구나 사용할 수 있는 이미지 편집툴을 사용하면 이를 위조하는 것은 크게 어렵지 않은 작업이다. 그러다 보니 문제는 어떤 게 원본인지, 위조된 문서인지를 가려낼 수 없다는 점이다. 앞서 언급한 표창장으로 인한 사회적 비용도 이로 인한 것이다. 그 표창장이 진본이라 하더라도, 위조본이라 하더라도 우리 사회가 치러야 할 사회적 비용은 엄청나다.

NFT는 이 사회적 비용을 0으로 만들어 줄 수 있는 가장 효과적인 대안이다. 각 학교와 대학에서 발행한 각종 증명서들에 NFT를 붙여 발급하면 진본과 위조본을 간단히 확인할 수 있게 된다. 특히 이 기능은 대학입학이 전 인생을 좌지우지할 수 있는 우리나라의 특수한 교육환경에 매우 필요한 기능이다.

대학입학과 입사지원에 사용되는 각종 문서들은 블록체인과 NFT로 관리되면 그 투명성이 높아지게 된다. 또한 메타버스 환경에서 이루어지는 각종 교육 활동에 대한 증명은 기본적으로 온라인으로 발행되기 때문에 이를 증명하기 위한 NFT는 필수가 아닌 의무가 되어야 할 부분이다.

3) 학습의 증거

우리가 학습을 통해 이룬 것은 마지막에 학업 성취도에 해당하는 성적으로 발현된다. 수학능력시험 성적, TOEIC, TOEFL 성적 등 우리는 학습의 최종 결과로 그간 학습의 모든 활동을 평가받는다. 하지만 교육에서 결과만큼 중요한 것이 과정이다. 그 학생이 교육을 진행하는 과정에서의 다양한 활동들도 평가받아야 하지만 이를 평가할 만한, 기록할 만한 방법이 마땅치 않았다. 하지만 NFT를 사용하면 학생이 학습을 진행하는 과정의 순간순간을 캡쳐하고 저장하여 그 과정의 경험적 증거로써 활용이 가능하다. 이 증거는 학생의 성적으로 모든 학생의 학습 과정을 평가하는 것이 아니라 그 학습 과정에서의 다양한 경험들을 증명할 수 있다. 학생뿐만 아니라 영업 사원이 처음으로 거래를 성사시킨 시간, 외과 의사의 첫 수술, 조종사의 첫 비행 등이 포함될 수 있다. 이러한 학습의 과정에 대한 기록은 학습 성과를 평가하거나 직원의 업무평가를 해야 하는 관리자에게 판단 과정에 결과와 과정을 모두 고려할 수 있는 중요한 요소가 될 수 있다.

4) 수업자료에 대한 정당한 대가의 지급 수단

교육을 현장에서 직접 수행하는 교사나 교수들은 수업용 프레젠테이션 자료, 자가 학습용 과제물 자료, 학업 평가를 위한 시험 문제 등 교육을 위한 매우 다양하고 많은 학습 자료들을 생산하고 있다. 또 일부 교사나 교수들은 학생들이 수업시간에 사용하는 교과서(디지털 포함)의 제작에 참여하고 있다. 하지만 이러한 수많은 콘텐츠의 제작에 들어가는 교사의 노력은 정당하게 보상되고 있는지를 생각해 볼 필요가 있다. 교육자가 자신이 교육하는 학생들을 위해 다양한 자료를 만들어서 충실한 교육을 해야 하는 것은 당연한 의무일지라도 해당 자료들이 온라인상에서 떠돌아다니는 것에 대해서까지 당연하게 생각하는 것에는 무리가 따를 수 있다. 특히 메타버스상에서 이루어지는 교육콘텐츠는 당연히 디지털 매체이기 때문에 복사와 배포가 무한정 이루어질 수 있는 상태이다. 또 교과서에 관해 언급해 보자면 교과서에 수록된 다양한 자료들은 교과서 제작 업체에 의해 저작권료를 받을 수 있다. 하지만 디지털 교과서의 경우는 그 복사와 배포를 막을 수 있는 방법이 마땅치 않다. 그렇다면 이에 대한 보상 체계는 고려되고 있는가?

이에 대한 해답이 NFT에 있다. 교육자는 자신의 교육자료를 NFT화하여 자신이 사용하고 난 이후 학교나 여러 플랫폼을 통해 판매할 수 있다. 이로 인해 본인이 사용하는 것 외에 타인의 사용을 제한하거나 이로 인한 이익창출을 꾀할 수 있다. 이는 단순한 이익 창출을 떠나 교사들이 그들의 수업자료를 보다 충실히 제작할 수 있는 열정을 제공할 수 있다. 또 교과서의 경우도 2차 저작물 사용에 대한 명확한 보상 체계를 운영할 수 있다는 점에서 교과서의 질 또한 더욱 높아질 수 있을 것이다.

5) 새로운 저작권과 경제 활동에 대한 교육

사람이 자신의 노동력을 제공하여 재화를 획득하는 행위, 획득한 재화를 소비하여 물건을 구매하거나 서비스를 소비하는 행위, 자신의 재화를 금융기관에 저축하거나 대출받는 행위, 획득한 재화에 대한 세금을 내는 행위 등 일상생활의 대부분이 활동이 경제, 금융활동이다. 2017년 한국개발연구원(KDI)이 중고등학생(995명), 사회과 교사(533명), 전국 만 19세 이상의 성인(1,000여 명)을 대상으로 실시한 조사 결과를 살펴보면 먼저 '경제를 아는 것이 일상생활에 얼마나 도움이 된다고 생각하십니까?'라는 질문에 중고등학생 90.3%가 도움이 된다고 답했고 학생들이 필요하다고 느끼는 경제교육 분야는 '생활에 도움이 되는 금융지식'(50.4%)과 '경제 현실에 대한 이해'(21.6%)로 나타났다[4].

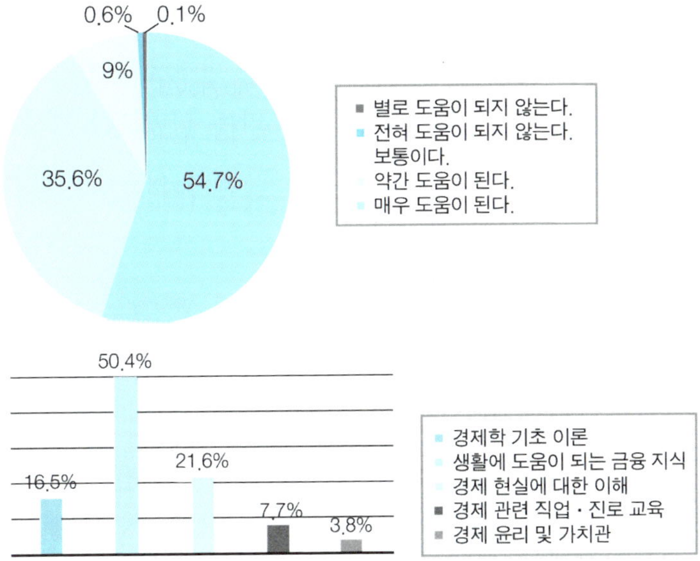

| 그림 3-6 | 경제교육에 대한 설문조사 결과

출처: 기획재정부.

하지만 교육부에서 최근 발표한 '2022 개정 교육과정 총론'에는 생태 전환, 민주시민 교육을 강조하고, 디지털을 언어·수리와 함께 기초소양으로 봐, AI(인공지능) 등 정보교육을 강화했지만 경제, 금융 교육은 이번에도 밀렸다는 주장이 제기된다[5]. 설명한 바와 같이 경제 활동에 대한 교육은 학교에서 가르치는 여러 학문 중에서도 생활에 직접적으로 도움이 되는 지식이기 때문에 그 중요성이 강조되는 분야이다. 게다가 앞으로 MZ세대와 그 후 세대의 경제 활

4 기획재정부 경제배움e. 경제교육, 왜 필요할까?.
5 한경 오피니언(2021.11.29). [박성완 칼럼] '개정 교육과정'서 드러난 경제교육 현실.

동은 오프라인에서만큼, 아니 오프라인보다 온라인에서 더 활발하게 이루어질 것이 틀림없다. 그렇다면 앞으로의 경제교육은 지금까지의 경제교육과는 다른 방향으로 진행되어야 할 것이다. 지금까지의 경제교육은 실물 경제, 생활에 도움이 되는 경제를 글로 배웠다면 앞으로의 경제교육은 온라인상에서 직접 재화를 거래하며, 자신의 노동력으로 만든 여러 가지 물품, 서비스를 온라인상에서 거래함으로써 직접 체험하고 경험하는 교육으로 이어져야 할 것이다. 오프라인에서는 어려웠던 경제 체험 교육은 학생들 누구나가 전자지갑을 가지고 온라인 환경에서, NFT가 활용되는 메타버스 안에서 충분히 체험하고 경험해 볼 수 있다. 이를 통해 온라인과 오프라인의 금융 환경의 조화를 배우고 활용할 수 있을 것이다.

미국 페퍼다인 대학의 보 브레넌 교수는 자신의 linkedin 포스팅을 통해 '곧 학위증명서와 이력서는 NFT로 대체될 것'이라고 하면서 교육적 NFT는 교육을 보다 평등하고 개방적으로 만들면서 교육이 민주적으로 바뀔 것이라고 하였다. 교사는 자신이 교육 시에 제공한 다양한 교육자료에 대한 정당한 대가를 받을 수 있을 것이며 자신의 브랜드 또는 "기관"이 되기 시작한 것이라고 하였다. 또한 학생들은 교육 과정에서 새로운 수요를 만들어내고 교육 결과에 대한 더 많은 소유권을 가지게 되어 학습에 더 열심히 참여하고 학습 과정의 경험을 '수집'하는 방법을 가질 수 있다고 하였으며 학습의 경험들이 효과적인 이력서를 만들고 회사와의 더 많은 접촉 기회를 만들 수 있다고 하였다[6].

물론 현재의 NFT에 대해 거품이라고 경고하는 전문가들도 많다. 미국의 가트너 그룹에서 매년 발표하는 '떠오르는 기술의 하이프 사이클'을 보면 NFT는 2021년 초 과잉의 기대 정점에 매우 빠르게 도달했다고 평가하고 있다. 이후 다소 부정적 구간인 환멸의 계곡에 접어들 것이라고 예측하고 있으며 이 구간을 지나야 안정기에 들어갈 수 있을 것이다.

---

6 보 브레넌(Beau Brannan)(2021.5.20). Education NFTs Will Replace Diplomas and Resumes.

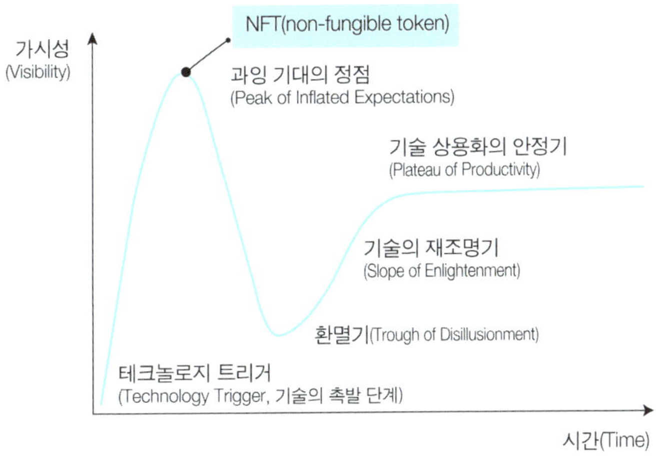

| 그림 3-7 | 가트너 Hype Cycle상에서의 NFT[7]

또 다른 전문가들의 경고는 대부분 NFT를 통해 거래되는 각종 디지털 개체들이 그 가치를 측정할 명확한 지표가 아직은 갖춰지지 못한 상황에서 고가의 투자는 위험하다는 점에 위험성을 두고 있는 듯하다. 하지만 대부분의 전문가들이 언급하는 공통적인 의견은 NFT 시장은 앞으로 계속 증가할 것이라는 것이다. 또한 NFT는 메타버스의 발전과 비례하여 발전한다고 전망된다. 결국 메타버스가 활성화되어 현재 모든 사람이 메타버스에서 일상을 영위할 정도로 메타버스가 발전되면 그 메타버스 안에서 무엇인가를 소유하고, 경제활동을 하기 위해서는 NFT 생태계가 필수적이라는 것이다. 이는 학교가 메타버스 안으로 들어가는 학교의 미래를 상상해보면 NFT는 미래 학교에서 사용되는 자신의 이름과 같은 역할을 할 것이다.

7 가트너 그룹(Gartner)(2021.8.23). 3 Themes Surface in the 2021 Hype Cycle for Emerging Technologies (Contributor: Kasey Panetta).

생각할 문제

1 NFT가 거래되는 사이트에 들어가서 어떤 작품들이 거래되는지 살펴보고 자신이 관심 있는 작품은 무엇인지 살펴볼까요?

2 NFT로 판매하기 위한 방법(민팅, minting)을 알아보고 주의해야 할 점에 대해 알아볼까요?

3 자신의 창작품 중 NFT로 판매할 수 있는 창작품이 어떤 것이 있는지, 어느 정도 가격을 책정할지 생각해 볼까요?

메타버스 유니버시티

METAVERSE
UNIVERSITY

Chapter

04

메타버스 플랫폼과 활용사례

1. 메타버스 플랫폼과 활용사례

"대학 교육은 학생들에게 불확실하고 급변하는 미래를 살아갈 수 있는 힘을 실어주어야 한다. 정보나 지식은 언제든 배울 수 있어야 하고, 배워야 할 지식들은 계속 시대마다 바뀌고 있다. 대학 교육은 학생들에게 생각하는 법, 계속 무언가에 적응하는 법을 가르쳐야 한다. 한 가지를 통달하는 것보다 더욱 넓게 볼 수 있는 힘을 길러주고, 꼭 리더나 혁신가가 되지 않아도 리더십이 무엇인지 혁신이 무엇인지 이해하게 만들어야 한다.

세계 최대의 민간 우주로켓 '팰컨 헤비(Falcon Heavy)'를 쏘아 올린 일론 머스크 스페이스엑스·테슬라 최고경영자(CEO)는 "AI 상용화로 인간의 20%만 의미 있는 직업을 갖게 될 것"이라고 말했다. 옥스퍼드 마틴 스쿨(Oxford Martin School)이 발표한 '20년 이내에 사라질 가능성이 높은 직업' 10위 안에는 판사·경제학자·금융전문가·회계사 등 고소득 전문직이 다수 포진해 있다.

1) 가상공간의 메타버스 활용사례

메타버스 플랫폼은 로블록스, 포트나이트, 제페토 등과 같이 콘텐츠산업을 중심으로 형성되고 있으나, 메타버스의 근간이 되는 XR기술의 발달과 정부의 적극적인 정책지원 등으로 다양한 산업에서 메타버스가 활용될 것으로 전망된다. 가상공간에서의 메타버스 활용사례를 구체적으로 살펴보면 다음과 같다.

(1) 포트나이트

포트나이트(FORTNITE)는 에픽게임즈에서 개발 및 유통하고 있는 배틀로얄식 온라인 비디오 서바이벌 슈팅 게임이다.

포트나이트는 자신의 캐릭터, 즉 아바타를 조종해 요새를 구축하고 상대방과 싸우는 배틀 장르의 게임으로, 최근 게임 속에서 아바타끼리 친목을 다질 수 있는 소셜 네트워킹 기능을 강화하면서 '파티 로얄 모드'가 생겼다. 파티 로얄에서 가수들의 공연도 이루어지며, 이러한 공연들이 메타버스의 사례이다. BTS가 메타버스에서 뮤직비디오(다이너마이트)를 공개하는 행사를 진행하였다. 스콧도 자신의 아바타로 공연을 하여 2,770만 관객이 참여하였다. 가수가 직접 노래 부르는 것도 아닌데, 관객이 몰린 이유는 가상세계만의 특별한 무대연출이 가능했기 때문이며, 관객들도 함께 날아다니며 무대와 음악을 즐길 수 있는 메타버스의 콘텐츠 환경 구축 및 서비스로 가능한 것이다.

(2) 닌텐도의 인기 게임 <모여 봐요 동물의 숲>

"동물의 숲"은 이용자들이 자신의 아바타를 이용해서 마을을 꾸미는 게임인데, 마을마다 부여되는 코드를 입력하면 다른 사람의 마을로 놀러 갈 수 있으며, 이를 통해 지역 소통 및 선거 홍보 유세에도 활용될 수 있다. 닌텐도(Nintendo [영])는 소니와 함께 세계 휴대용 게임기 시장을 주도하고 있는 일본의 대표적 게임산업 분야 기업이다. 닌텐도는 1889년 화투 제조업체로 출발해 1980년대 가정용 게임기 시장에 진출했다. 이후 게임보이를 비롯해 슈퍼마리오, 젤다의 전설, 포켓몬스터, 동물의 숲, 스플래툰과 같은 널리 알려진 프랜차이즈 게임을 생산했고, 전 세계의 비디오 게임 전문 회사 가운데 시가총액이 가장 큰 기업이다.

(3) 마인크래프트(온라인판 레고)

마인크래프트는 스웨덴의 게임 개발사 모장 스튜디오가 제작한 샌드박스 비디오 게임이다. 마르쿠스 페르손(노치)이 자바 프로그래밍 언어로 개발해 2009년 5월 처음 대중에 공개했으며, 옌스 베리엔스텐이 총괄 디자이너직을 이어받으면서 2011년 11월 18일 정식판이 출시됐다. 처음에는 윈도우, macOS 및 리눅스 운영 체제를 사용하는 가정용 컴퓨터용으로 발매됐으나 이후 가정용 및 휴대용 콘솔 등 다양한 기기로 이식됐다. 마인크래프트는 2020년 기준으로

월간 1억 2600만 명의 이용자가 사용하고 2억 장의 판매량을 기록해 역대 가장 많이 팔린 비디오 게임 중 하나이다.

마인크래프트에서 플레이어는 무한히 펼쳐진 3차원 세계를 무대로 채집, 물품 제작, 건축, 토공 등의 활동을 한다. 게임 진행 방식으로서 여러 모드를 선택할 수 있어, 세계 속 자원으로 생존을 도모하는 '서바이벌 모드', 자유롭게 세계를 가꾸는 '크리에이티브 모드' 등을 지원한다. 사용자가 제작한 전용 모드를 통해서 새로운 게임플레이 요소들을 삽입할 수 있다.

COVID19 사태로 등교가 어려워지자 UC 버클리 학생들은 힘을 모아 가상공간의 UC 버클리 캠퍼스를 만들고, 메타버스 내에서 가상 졸업식을 개최하였다. 메타버스 내에서 총장, 연사, 학생대표 등이 모두 마인크래프트 캐릭터로 참여하여 연설을 진행하였다.

(4) 로블록스

로블록스(Roblox)는 사용자가 게임을 프로그래밍하고, 다른 사용자가 만든 게임을 즐길 수 있는 온라인 게임 플랫폼 및 게임 제작 시스템이다. 데이비드 바수츠키가 2004년에 설립하고 2006년에 출시한 이 플랫폼은 루아 프로그래밍 언어로 코딩된 여러 장르의 사용자 제작 게임을 호스팅한다.

로블록스는 2010년대 하반기에 빠르게 성장하기 시작했으며, 이러한 성장은 2020년대에 코로나19 유행으로 인해 더욱 두드러졌다. 로블록스는 무료로 플레이할 수 있으며, '로벅스(Robux)'라는 가상현실 게임 플랫폼으로, 자신의 아바타로 게임에 접속하여 반려동물과 산책을 하거나 친구들과 수다를 떨다가 재밌어 보이는 게임이 있으면 게임으로 이동해 게임을 진행하기도 한다. 게임 플랫폼 안에서 또 다른 게임 플레이를 할 수도 있다. 게임 개발자들도 로블록스에 접속한 뒤 아바타를 조종해서 게임을 개발하는 등 가상현실 안에서 이루어지는 또 다른 세상을 만들어 나갈 수 있다.

(Base: 만 15~40세 남녀, n=900, 복수 응답)

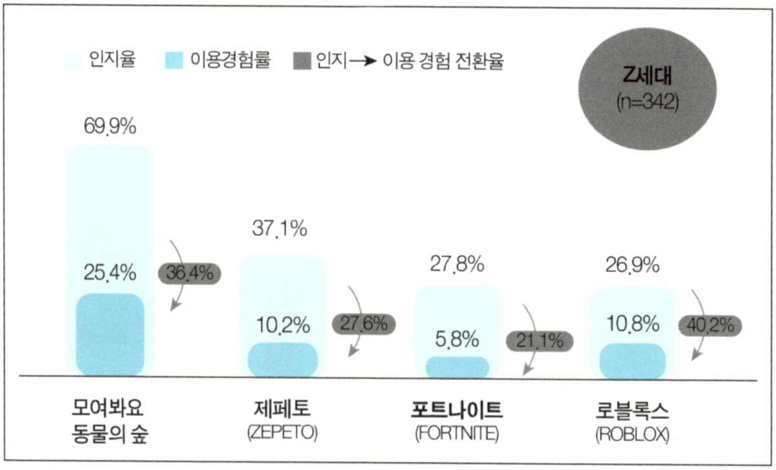

| 그림 4-1 | 주요 메타버스 플랫폼 활용 인지율 및 이용률

출처: 대학내일 20대연구소 홈페이지 연구자료 - '[데이터베이직] 미디어·콘텐츠(2021년 7월)'

2) 일상생활 속 메타버스 활용사례

지금까지 주로 가상공간에서의 활용을 살펴보았다면, 일상생활 속에서의 메타버스는 어떻게 활용되고 있을까?

(1) 게더타운

기존의 온라인 화상회의에 추가로 메타버스 가상 공간을 구성하여 아바타를 통한 채팅 및 이동 만남이 가능하도록 구현하였다. 현실에 존재하는 다양한 형태의 소통을 가상세계 내에서 온전히 구현하는 것을 목표로 한다. 대형 세미나에서부터 팀별 회의, 그리고 1:1 대화까지 가능하다.

게더타운은 화상회의 플랫폼에 메타버스 요소가 결합한 플랫폼이다. 게더타운에 들어와 있는 사람들은 본인이 원하는 순간에만 카메라와 마이크를 켜고 상대방과 소통할 수 있다. 게더타운은 가상의 공간에서 실제 사람을 만나는 것처럼 아바타를 통해 서로 대화하고 소통하게 해주는 서비스이다.

목적에 맞게 공간을 꾸밀 수도 있고 카메라를 켜서 화상회의나 강연회도 가능하다 COVID-19 시대에 최근 많은 회사에서는 게더타운으로 가상오피스를 만들어 재택근무도 한다. 또한 대학들에서는 입학식이나 오리엔테이션, 체육대회나 동아리 박람회를 게더타운에서 진행하기도 한다.

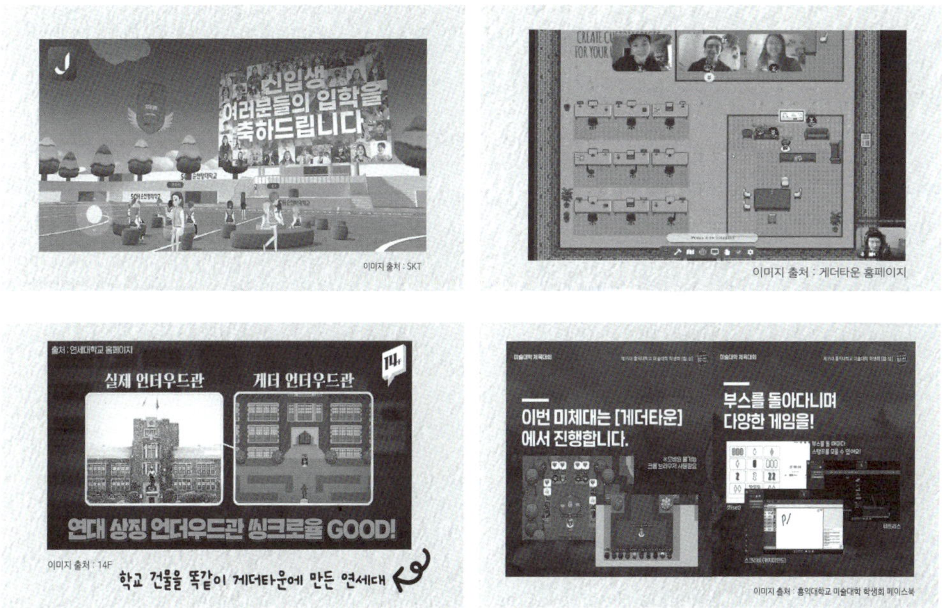

| 그림 4-2 | 게더타운

출처: SKT(1), 게더타운 홈페이지(2)
https://m.post.naver.com/. 연세대학교 홈페이지(3),
https://m.post.naver.com/. 홍익대학교 미술대학 학생회 페이스북(4)

(2) 페이스북

세계 최대 사회관계망서비스 기업은 페이스북은 메타버스를 가장 빠르게 구현하고 있다. 페이스북(Facebook, 약칭 페북 FB)은 미국 캘리포니아주 멘로파크에 본사를 둔 소셜네트워크서비스(SNS)이다. 2004년 마크 저커버그가 하버드대 동문이나 룸메이트인 사람들과 함께 웹사이트를 개설하였다. 2020년 기준 웹 실 사용자의 수는 약 27억 명이다. 사용자가 활동 중인 전 세계 최대의 소셜네트워크서비스로 사람들이 친구들과 대화하고 정보를 교환할 수 있도록 도와주는 사이트이다. 페이스북은 실감기술의 핵심인 하드웨어 상당 부분을 직접 개발하기도 한다. VR기기를 이용한 가상 사무실인 'Infinite Office'를 개발하였다. VR기기를 착용하면 가상 모니터와 키보드가 눈앞에 떠오르면서 이 가상화면을 터치해 조작할 수 있다. 마치 사무실처럼 멀리 모니터상에서 업무를 볼 수 있는 환경을 구축하고 있다. 즉 원격으로 출근하지 않고 집에서 재택근무가 가능하고 회의시간에 자신의 아바타를 보내고 기기를 착용한 채 회의에 참석하는 것이다.

(3) 마이크로소프트 홀로렌즈 2(VR과 AR을 통합한 기기)

마이크로소프트(MS)는 서로 다른 곳에 있어도 같은 공간 안에 있는 것처럼 플랫폼인 것처럼 가상공간에서 여러 사용자들이 소통을 할 수 있는 새로운 형태의 증강현실(AR), 가상현실(VR) 플랫폼인 '마이크로소프트 메시(Microsoft Mesh)'를 개발하였다. 원격 협업 플랫폼, '메시'는 서로 다른 지역에 있는 사용자들이 아바타를 통해 서로 같은 공간에서 일하는 것처럼 느끼도록 지원하는 혼합현실 기반의 메타버스 플랫폼이다. 마이크로소프트(MS) 혼합현실(MR · Mixed Reality) 헤드셋 '홀로렌즈2(HoloLens 2)' 홀로렌즈2는 물리적 공간과 물체 위에 홀로그램 이미지를 결합해, 이 기기를 착용한 사람이 홀로그램 이미지와 상호작용할 수 있게 해준다.

이 기기를 착용하면 각종 디지털 정보를 물리적 현실 위에 추가 구현이 가능하다. 예를 들면, 수술실에 들어간 의사들이 착용할 경우, 눈앞에 기록된 환자의 상태가 표시되고 수술하기 전에 먼저 환자의 몸 위에 시뮬레이션해 본 뒤, 실제 수술에 들어갈 수도 있게 되는 것이다. 이 기술은 가상현실 세상을 만드는 기술은 아니지만 현실과 가상현실을 결합하는 기술로 활용 가능하다.

MR기기라는 표현은 가상현실(VR·Virtual Reality)·증강현실(AR · Augmented Reality)의 특징을 동시에 부분적으로 취하고 있다는 뜻이다. VR 전용기기는 상호작용 가능한 가상공간을 구현하는 대신 물리적 공간에 대한 감각은 차단되고, AR 전용기기는 물리적 공간에 디지털 이미지를 덧입혀 주지만 그에 대한 세밀한 상호작용은 지원되지 않는다. MR 기기인 홀로렌즈2는 물리적 공간에 대한 감각을 유지하면서도 가상의 사물과 상호작용이 가능하다[1].

홀로렌즈2 기기는 앞쪽에 '바이저(Visor)'라 불리는 디지털 스크린, 뒤통수에 쿠션이 있는 머리띠 형태의 헤드셋이다. 디지털 스크린은 반투명으로, 시야를 가리지 않도록 설계됐다. 사용자가 선캡 모자를 쓰듯 홀로렌즈2를 머리에 쓰고 바이저를 아래로 내리면, 디지털 이미지가 현실의 사물·공간 위에 겹쳐 표시되는 식이다. 홀로렌즈2 사용자는 손에 별도 입력장치를 쥘 필요가 없다. 맨손으로 지시하고 가리키는 동작부터 물건을 누르고 짚고 쥐고 돌리는 등 일상적인 동작을 그대로 적용할 수 있다. 사용자가 조작에 익숙해지기 위해 새롭게 뭔가 배워야 할 필요가 거의 없다는 뜻이다.

이 외에도 영화, 도시설계, 건축설계 등 다양한 산업에서 응용 및 융합 특히 현실 세계에서 직접 진행하기 어려운 대형 시뮬레이션이나 상품 디자인 등에 활용되고 있다.

그렇다면 글로벌 기업인 페이스북은 사명을 메타로 바꾸면서까지 왜 많은 주요 기업들이 메타버스에 뛰어들고 있을까?

그 이유로 첫째, 어마어마한 경제 효과가 있다. 2025년까지 현재 시장 규모

---

1 최형욱(2021). 메타버스가 만드는 가상경제 시대가 온다. 한스미디어.
한상열(2021). 메타버스 플랫폼 현황과 전망. Future Horizon+ 49(2021.01·02호).

의 약 6배인 US$ 2,800억(314조 원)으로 성장 전망이 예상되며, AR/VR의 경제 기여도는 2030년까지 폭증할 것으로 예상되고 있으며, 둘째, Z세대의 놀이터이며 미래 경제세대인 Z세대를 잡기 위한 전략(포트나이트, 마인크래프트, 로블록스 등 고객의 70% 이상이 Z세대)이다. 셋째, 메타버스가 인터넷을 대체할 기술로 인식되고 있으며, 인터넷이 나온 이후 쇼핑하는 방식, 친구를 만나는 방식, 일하는 방식이 바뀌었듯이 메타버스도 우리가 살아가고 소통하는 방 전체를 바꿀 것이라고 전망되고 있다. 끝으로, COVID-19로 인해 메타버스를 통해 언택트 상황 가운데서도 끊임없이 관계를 유지하기 위한 하나의 수단으로 다양한 분야로 확대 적용되어 나가고 있기 때문이다.

3) 메타버스 환경 활용 요구조사

메타버스를 어떻게 하면 보다 나은 사회로 활용되고, 보다 나은 교육 기반 환경 구축을 통해 발전해 나갈 수 있도록 제도적 사회적 보완을 병행 진행하여 나가야 한다. 글로벌 경쟁 시대에 산업혁명에 뒤처져서 국가적 부흥이 단절되는 일이 없도록 메타버스의 기술적 생태계 구축과 제도적 정비 및 미래 인재 양성에 더욱 힘써야 할 것이다. 이러한 중요성을 인식하여, 메타버스 산업 생태계 육성을 위한 2022년 1월 20일 범부처 합동으로 메타버스 신산업 선도전략을 발표하였다. 과학기술정보통신부는 메타버스 육성을 위한 목표로 2026년까지 글로벌 점유율 5위, 전문가 4만 명 양성, 공급기업 220개 육성, 모범사례 50개 발굴 등을 달성할 계획으로 진행하고 있으며, 4대 추진전략과 24개 세부 과제를 통해 메타버스 플랫폼 구축, 인재 육성, 인프라 확충, 안전한 제도적 메타버스 환경 구축 등으로 진행하고 있다.

또한, 2021년 11월 디지털콘텐츠학회논문지에 '메타버스 활용 교육에 관한 대학 교수자 인식 연구' 논문이 발표되었는데, 위 연구에서는 메타버스 기반 교육에 대한 대학 교수자의 인식과 요구사항을 종합적으로 분석하고 이를 통해 메타버스의 교육적 적용 가능성을 연구 조사한 것으로, 메타버스를 도입 구축 활용하려는 대학 교수자 및 관련 부서에 참조 자료로 활용될 수 있는 기초 자료를 제시하고 있다. 주요 연구 조사 항목은 메타버스에 대한 인식, 메타버스 활용 수업을 위한 지원 및 제도, 메타버스 활용 수업 설계에 대하여 진행되었으며, 설문 조사 응답 결과, 메타버스를 학습자 중심활동 수업에서 수업내용 및 학습활동의 보조적 전달 도구로 활용되는 것이 적절하다고 인식하고 있었고, 메타버스 기반 수업을 고등교육 현장에서 실행하기 위해서는 학교 차원에서 메타버스 수업을 위한 교수·학습방법 관련된 교육 및 정보 제공을 비롯하여 수업환경 구축에 대한 제도 및 지원이 필요하다는 결과로 나타났으며, 주요 요약 현황은 아래와 같다[2].

표 4-1 메타버스 활용 교육관련 대학 교수자 인식도

	내용	상	중	하
1	메타버스 기반 수업 학생 수	20명 이하 (46.6%)	30명 이하 (30.0%)	50명~100명 (13.3%)
2	메타버스 기반 수업 실행시 예상되는 어려움	교육기관의 지원 사항 미흡 (19.0%)	메타버스 관련 교수-학습방법의 부재 (19.0%)	교수자 역량의 한계(19.0%)
3	메타버스 활용 수업을 통한 학습자 역량	의사소통능력 (16.5%)	문제해결능력과 인지적 유연성 (12.4%)	비판적 사고력과 인지관리능력 (6.5%)
4	메타버스 활용 교육기대효과	언택트 시대 아바타 활용 상호작용 학습(25.0%)	일방적인 강의식 수업 아닌 학생참여 수업방법(18.7%)	메타버스를 통한 흥미유발(16.6%)
5	메타버스 기반 수업 필요한 요소	수업환경 지원(16.9%)	수업설계 지원(15.7%)	학습자의 의지(6.2%)

출처: 한송이·노양진(2021). 디지털콘텐츠학회논문지, 제22권 11호 재구성.

2 한송이·노양진(2021). 메타버스 활용 교육에 대한 대학 교수자 인식 연구. 디지털콘텐츠학회논문지(J. DCS), 22(11), 1793-1806.

교수자들은 메타버스는 수강 인원에 그다지 영향을 받지 않는 것으로 나타난 것으로 볼 때 이론식 수업보다는 학습자의 활동 중심으로 구성된 수업에 적절하다고 인식하고 있음을 보여주고 있다.

메타버스 활용 수업 실행에 예상되는 어려움 중에서 응답자가 가장 많았던 항목은 '교육기관의 지원 사항 미흡', '메타버스 관련 교수-학습방법의 부재', '교수자 역량의 한계'라고 응답을 하였다. 연구 참여자들이 메타버스를 활용한 수업을 통하여 향상되기를 기대하고 있는 학습자들의 역량은 '의사소통능력, '문제해결능력'과 '인지적 유연성' 순으로 높게 나타났다. 연구 참여자들은 메타버스를 오프라인 교수·학습 현장보다 학습자들이 동료 학습자 혹은 교수자와 활발하게 의사소통을 할 수 있는 공간이며 이와 같은 소통을 통하여 문제해결능력을 향상시키고 관점을 넓힐 수 있는 기회로 기대하고 있다고 판단된다.

연구 참여자들의 메타버스 활용 교육을 통해 기대할 수 있는 교육효과에 대한 응답은 '언택트 시대 아바타를 활용한 상호작용 기반 학습 및 '일방적인 강의식 수업이 아닌 학생이 참여할 수 있는 수업 방법, '메타버스를 통한 흥미유발 순으로 높게 나타났다. 메타버스 기반 수업에 필요한 요소 및 조건으로써 '수업환경 지원', '수업설계 지원', '학습자의 의지 순으로 제시하였다. 즉, 연구 참여자들은 메타버스 활용 수업 구성원들의 심리적 요소보다 메타버스 활용 수업을 위한 플랫폼과 같은 수업환경 구축 및 수업 컨설팅과 같은 전문가의 지원에 대한 요구가 높다고 할 수 있다.

2. 메타버스 국내외 대학 활용사례

2022년 현재 국내 대학에서 메타버스 활용은 주로 입시와 신입생 입학 오리엔테이션, 일부 캡스톤디자인 교과목, 그리고 실험 보조 자료로 활용되고 있음을 알 수 있다. 또한 서강대학교는 메타버스전문대 학원을 설립 직접 메타버스 전문 인재 양성에 나섰으며, 대학원 세부 전공은 '메타버스 비즈니스, 테크놀로지, 엔터테인먼트' 3개 전공으로 진행한다. 국내 대학별 메타버스 활용사례를 제시하면 다음과 같다.

표 4-2 메타버스 활용 국내 대학 사례 현황

NO.	유형별	메타버스 활용 요약	비고
1	VR 활용 메타버스	VR 활용 건국유니버스 메타버스 축제 개최	건국대학교
2		퓨처VR랩 활용 전자기학 수업 활용	산업기술대학교
3		심혈관 및 흉부외과 수술 시연 메타버스 시범 적용 VR 활용 해부신체구조 교과목 메타버스 활용	서울대학교
4		생물하 실험 VR 콘텐츠 도입	연세대학교
5		신입생 입학 오리엔테이션	순천향대학교
6	게더타운 메타버스	케냐-카이스트 캠퍼스 메타버스 구축 준비	카이스트 (KAIST)
7		메타버스 전문대학원 설립	서강대학교
8		메타버스 "게더타운" 활용 봄 축제	숭실대학교
9		신입생 정시모집 메타버스 1:1 상담	광운대학교
10		세계성균한글백일장 행사, 취업박람회 메타버스 활용	성균관대학교
11	메타버스 플랫폼 활용	시각디자인 캡스톤강의에 메타버스 활용	동명대학교
12		메타버스 활용 비교과 프로그램 운영 성과 공유 행사	한국해양대학교
13		패션디자인학과 메타버스 활용 소통 공간	영산대학교
14		캡스톤디자인 메타버스 페스티벌	강원대학교
15		5개의 전공과 2개의 교양 강좌에 메타버스 플랫폼 활용	동신대

건국대학교는 VR게임 기업인 플레이파크와 함께 '건국 유니버스'를 통하여 2021학년도 1학기 학교 봄 축제를 메타버스로 운영하였으며, 숭실대학교에서는 '게더타운(Gather Town)'을 활용하여 학교 캠퍼스를 구현하고, 단과대학별로 동아리별 부스를 만들어 운영하였다. 강원대에서는 KNU 메타버스 플랫폼에서 '2021년도 2학기 강원대학교 캡스톤디자인 메타버스 페스티벌'을 개최했으며, 행사에는 총 26개 팀이 참가, 각자 아바타를 설정해 가상의 공간에서 과제물 시연 동영상 발표와 질의응답을 진행하였다. 광운대학교는 오프라인 정시 박람회 참여가 어려운 수험생을 대상으로 '2022학년도 신입학 정시모집 메타버스 1:1 입시상담'을 진행하였다. 수험생들은 메타버스 플랫폼에 접속하여 아바타를 생성하고, 상담 대기 시간에 가상의 대기실에서 정시모집 동영상 및 모집 요강을 확인할 수 있다. 한국해양대 비교과지원센터는 메타버스 플랫폼을 활용하여 130여 개 비교과 프로그램의 운영 성과를 공유하는 행사를 진행하였으며, 동명대학교는 '디자인프레젠테이션' 수업과 '캡스톤강좌'를 메타버스를 활용하여 진행하였다.

1) 국내 대학별 사례

(1) 건국대학교 VR 활용 건국유니버스 메타버스 축제 개최

메타버스란 가상을 초월하는 '메타(Meta)'와 현실을 뜻하는 '유니버스(Universe)의 합성어로 3차원 가상세계를 뜻한다. 보다 구체적으로는 정치·경제·사회·문화의 전반적 측면에서 현실과 비현실 모두 공존할 수 있는 생활형·게임형 가상세계라는 폭넓은 의미를 지닌다. 다음은 건국대학교의 VR 활용 건국유니버스 메타버스 축제이다.

2021년 5월 3일간 비대면으로 'Kon-Tact 예술제'를 진행

- 건국대학교 가상공간 캠퍼스인 '건국 유니버스'를 구축해 학교 모습을 그대로 구현한 공간에서 모두가 화합하는 자리를 만드는 시도 : 코로나19로 잃어버린 학교를 되찾고 모두가 한 공간에서 함께하는 축제를 만들기 위해 가상공간 캠퍼스를 만드는 도전 진행
- 대학 축제 최초 메타버스 구축 : 온전한 예술제를 즐길 수 있게 준비하여 다양한 문화 콘텐츠를 선보이고자 노력

건국 유니버스에서 진행됐던 프로그램

- VVS(vivid vr showroom)인 1인칭 가상공간 갤러리
- 가상공간 방 탈출 콘텐츠
- 다양한 종목으로 진행되는 e스포츠 대회
- KEF(konkuk e스포츠 festival) 비대면으로 만나보는 동아리들의 열정
- 각종 전시회 및 공연 등

| 그림 4-3 | 건국대학교 메타버스 축제

출처: CIVIC뉴스(2021.5.22.).

(2) 숭실대학교 메타버스 "게더타운" 활용 봄 축제

- 유튜브 및 메타버스 소통 게더타운 활용
- 2021년 봄 축제 운영
- 숭실대학교에서는 '게더타운(Gather Town)'을 활용하여 학교 캠퍼스를 구현하고, 단과대학별로 동아리별 부스를 만들어 운영하였다.

| 그림 4-4 | 숭실대학교 메타버스 축제

출처: 대학저널(https://www.dhnews.co.kr)

숭실대도 봄축제에 메타버스 플랫폼 '개더(Gather)'를 활용했다. 개더는 공간을 꾸미고, 캐릭터를 만들어 서로 대화하도록 한 실리콘밸리의 가상공간 영상회의 솔루션이다. 이를 통해 공학관, 중앙분수 등 학내 주요 시설과 단과대·동아리별 홍보 부스를 구현했다. 학생들의 아바타가 서로 마주하면 캠과 마이크를 통해 실시간 영상 대화가 가능하다. 주요핵심은 기존에 유튜브 생중계로만 진행하던 온라인 행사를 넘어, 학교에 오지 못하는 학생들이 직접 캠퍼스를 돌아다니고 서로 상호작용하며 놀 수 있도록 메타버스 축제를 기획했다는 점이 특징이다.

신종 코로나바이러스 감염증(코로나19)의 여파로 대면 만남이 어려워지면서 대학가에는 '메타버스' 열풍이 불고 있다. 축제, 입학식 등 기존에 대면으로만 진행했던 대규모 행사가 메타버스를 통해 가상 공간에서 이뤄지고 있는 것이다. 대학가에 따르면 글로벌 트렌드로 부상하는 메타버스를 기반으로 가상의 대학 캠퍼스를 구축하는 사례가 늘고 있다. 코로나19의 지속으로 비대면 활동이 일상화된 상황 속에서 메타버스가 시너지를 발휘한다.

(3) 서울대학교

- 심혈관 및 흉부외과 수술 시연 메타버스 시범 적용
- VR 활용 해부신체구조 교과목 메타버스 활용

코로나19의 지속으로 비대면 활동이 일상화된 상황 속에서 메타버스가 시너지를 발휘한다. 서울대학교 의과대학은 최근 의대 커리큘럼에 메타버스를 적용한 실습 교육을 도입했다. 국내 의대 커리큘럼에 청음으로 메타버스를 구현한 사례다. 교과과정에는 의료영상을 3D로 구현하고 가상현실(VR)을 통해 인체내부를 분석하는 해부학 콘텐츠 활용 실습 등이 포함되었다.

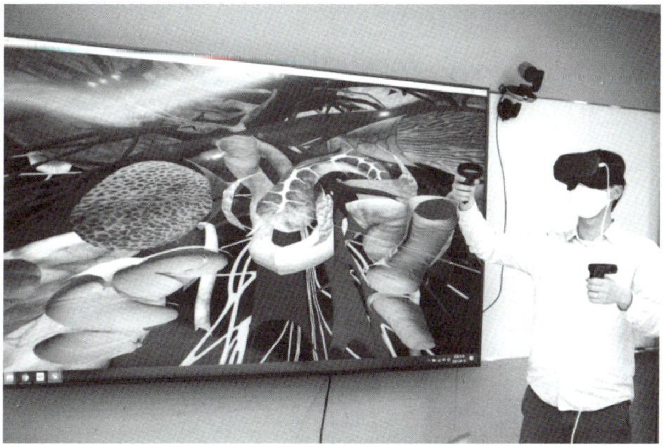

그림 4-5 서울대학교 메타버스 실습

출처: 교수신문(2021.07.09.)

해당 교과는 '해부신체구조의 3D 영상 소프트웨어, 3D프린팅 기술 활용 연구 및 실습'으로, 수강생들은 의료영상을 가상세계로 확대 적용하며 의료영상을 활용하는 법을 익히게 된다. 학생들은 인공지능(AI) 소프트웨어를 활용한 CT 영상의 3D모델링 및 분석을 비롯해 ▲3D모델링 기반 인체영상 분할(Segmentation) ▲분할 데이터 기반 VR, AR 해부학 콘텐츠 활용 실습 ▲3D프린팅해부학 모델 제작 등, 수술이 필요하거나 재수술이 필요한 환자의 실제 데이터를 토대로 해부학 구조물을 직접 분할 및 추출하고 이를 가공하는 것을 배우게 된다. 특히 경제적이고 윤리적 한계를 지닌 카데바(해부실습용 시신) 실습교육을 대체할 수 있는 장점이 있는 것으로 나타났다.

분당서울대병원 학술대회에서 메타버스 플랫폼 활용: 2021년 개최됐던 아시아 심장혈관흉부외과학회(ASCVTS) 메타버스를 적용한 아웃리치 프로그램(ATEP 6th Outreach Program)을 진행하였다.

프로그램 참석자들이 각자의 아바타를 설정해 가상의 강의실에 입장, 폐암수술 기법과 가상융합기술 트렌드를 주제로 한 강의를 수강했고 가상의 환경 속에서 수술 과정을 참관하였다. 3D XR 이머시브 사운드 기술을 통해 고품질의 음성 대화도 더욱 현장감 있게 할 수 있는 것이 특징, 분당서울대병원은 향후 세계 유수의 병원들과 '가상의 종합병원'을 구축하는 것을 목표로 한다.

출처: 네이버 블로그. 의료계도 '메타버스' 도입,
서울대학교 의과대학 커리큘럼 '메타버스' 적용한 실습 교육 도입

(4) 순천향대학교

세계 최초! 2021 순천향대 메타버스 입학식, 새내기들 버추얼 입학식에서 만나다!

순천향대학교는 2021년 입학식을 메타버스에서 거행하였는데 SKT가 만든 플랫폼 안에서 진행되었다. 코로나19로 인해 대학생활의 첫 시작점인 입학식과 오리엔테이션이 온라인으로 축소 진행되거나 취소되어 많은 아쉬움을 가질 신입생들을 위해 메타버스를 통해 가상의 대학 캠퍼스에서 만나 직접 체험하고 실감할 수 있는 색다른 프로그램이 기획되었다.

세계 최초 버추얼 입학식 개최를 위해 순천향대는 SKT와 협력하여 '점프 VR' 플랫폼을 이용하였다. 대학과 SKT는 먼저, 실감 나는 입학식을 위해 점프 VR '소셜월드'에 대학 대운동장을 실제와 거의 흡사한 메타버스(Metaverse) 맵으로 구현되었다.

출처: 순천향대학교 홈페이지. - 세계 최초! 2021 순천향대 메타버스 입학식, 새내기들 버추얼 입학식에서 만나다!

| 그림 4-6 | 순천향대학교 메타버스 입학식(유튜브 영상 캡처)

출처: 전자신문 https://www.etnews.com/

순천향대는 SK텔레콤의 '점프VR' 플랫폼에서 입학식 및 신입생 오리엔테이션을 개최해 화제가 됐다. 메타버스 플랫폼을 활용해 운동장을 똑같이 구현하고 학생들은 아바타를 만들어 참석했다. 57개 학과 기준 150여 개 방이 마련돼 학과별 방에 입장해 프로그램에 참여하기도 했다. 입학식에는 학생들과 교직원이 학교를 만들고 아바타를 만들어서 온라인으로 접속하여 이루어졌다. 약 2,500명의 새내기는 자신이 속한 단과대 과 점퍼를 입은 아바타를 만들어 입학식에 함께 참여하였다.

┃그림 4-7┃ 순천향대 메타버스 행사

출처: 전자신문 https://www.etnews.com 순천향대 메타버스 입학식 유튜브 영상 캡처(좌)
대학신문 http://news.unn.net 메타버스에서 피닉스 열린강좌를 진행한 순천향대(우)

(5) 연세대학교 생물학 실험 VR 콘텐츠 도입

연세대학교 생명시스템대학이 2021학년도 여름계절학기 일반생물학 실험수업에 VR 콘텐츠를 도입했다. 앞서 실감미디어 교육 콘텐츠를 활용한 수업들이 진행된 바 있으나 VR 자체가 수업목적이 아닌 완전한 도구로 활용되기는 이번이 처음이다. 주요 수강생은 이공계열 학부 1학년생으로, 단백질 정량, 효소활성 측정, 체세포분열 등 3개 기초실험 콘텐츠 활용하였다. 전년도에 10건의 콘텐츠가 제작돼 품질 고도화 작업을 거치고 있으며, 올해 10건이 추가로 제작될 예정이다. 제작 책임자인 생명시스템대학관계자는 "실험실습 과목조차도 비대면으로 진행될 수밖에 없는 안타까운 현실 속에서 학생들이 최대한 실제에 가깝게 실험을 체험할 수 있도록 완성도를 높이는 데 주안점을 두고 있다"면서 "VR 콘텐츠 활용을 점차 확대해 학습자의 자율성을 높일 계획"이라고 밝혔다.

연세대는 일찌감치 실감미디어를 4차산업혁명 시대 교육혁신 도구로 주목하고 미디어 기반 교육 인프라를 확충하는 데 노력을 기울여 왔다. 연세·삼성학술정보관에 위치한 실감미디어 복합 공간(Media Commons)에는 가상원격교육, 전시체험이 가능한 다목적 미디어홀과 강의 콘텐츠 제작 스튜디오 등 몰입형 체험교육 환경이 조성돼 있다. XR Lab에서는 실감미디어 교육콘텐츠를 활용한 강의 지원 서비스를 제공함으로써 코로나 시대에 교육의 수월성을 높이고 있다.

일반생물학 VR 콘텐츠 제작에 학생 체험단으로 참여하고 있는 연세대 생명공학과 이주희 학생은 "VR 게임에 익숙하기 때문에 더 흥미를 가지고 집중하게 되고, 이해되지 않는 부분을 반복해서 연습해볼 수 있어서 비대면 수업으로 답답했던 부분들이 많이 해소됐다"고 소감을 밝혔다. 연세대는 더 많은 전공에서 가상현실 수업을 접목 실현할 수 있도록 확대해나갈 방침이다.

출처: 연세대학교 보도자료. "생물학 실험, 가상현실로 원하는 만큼 반복해요" 2021.7.5.
https://www.yonsei.ac.kr/sc/intro/pressrel.jsp?mode=view&article_no=196692

| 그림 4-8 | 연세대학교 VR 실습

출처: https://gsm.sogang.ac.kr/gsm/index.html 연세대학교 공식 블로그 https://blog.naver.com/yonseiblog/222428539851

(6) 카이스트(KAIST)대학교 / 케냐-카이스트 캠퍼스 메타버스 구축 준비

이광형 카이스트 총장은 최근 기고 글에서 "디지털 인프라와 인적자원을 가장 잘 갖춘 대학들이 어디에 있든 새로운 지도자로 부상할 것"이라고 강조했다. 그는 "전 세계 192개국 학생 16억 명이 코로나19 팬데믹으로 교육 장애를 겪었다"라고 적었다. 이 숫자는 전 세계 학생의 약 91%다.

또한, 이 총장은 "과학 실험, 공학적 시제품 만들기 및 기타 실습 활동을 지원할 수 있는 온라인 도구나 기술을 개발하는 것은 여전히 어려운 과제"라며 "그러나 가상현실, 증강현실, 영상 · 시선인식 등의 보조기술을 통해 기술적 문제들을 해결해 나갈 수 있다"라고 밝혔다. 예를 들어, 케냐-카이스트 캠퍼스가 나이로비 외곽 60킬로미터 떨어진 콘자 테크노폴리스(Konza Technopolis)에 오는 2023년 9월 문을 연다. 가상 캠퍼스가 실제화하는 것이다. 이 총장은 "온라인 교육을 넘어 수업 운영을 지원하고, 최신 디지털 기술을 활용하면서 캠퍼스 활동의 모든 것을 운영하는 몰입형 학습 환경을 조성하는 메타버스(metaverse)를 구축하고자 한다"고 밝혔다.

출처: 교수신문(2021.7.9). 대학, 메타버스 세계가 열린다.

(7) 서강대학교 메타버스 전문대학원 설립

메타버스전문대학원의 세부 전공은 △메타버스 비즈니스 △테크놀로지 △엔터테인먼트 등 세 개로 나뉜다. 모든 학생은 전공과 관계없이 코딩, 콘텐츠 제작 등 개발자 역량 과정을 필수로 들어야 한다. 개발자 능력을 바탕으로 다양한 분야를 아우르는 융 · 복합한 인재 양성이 목표다.

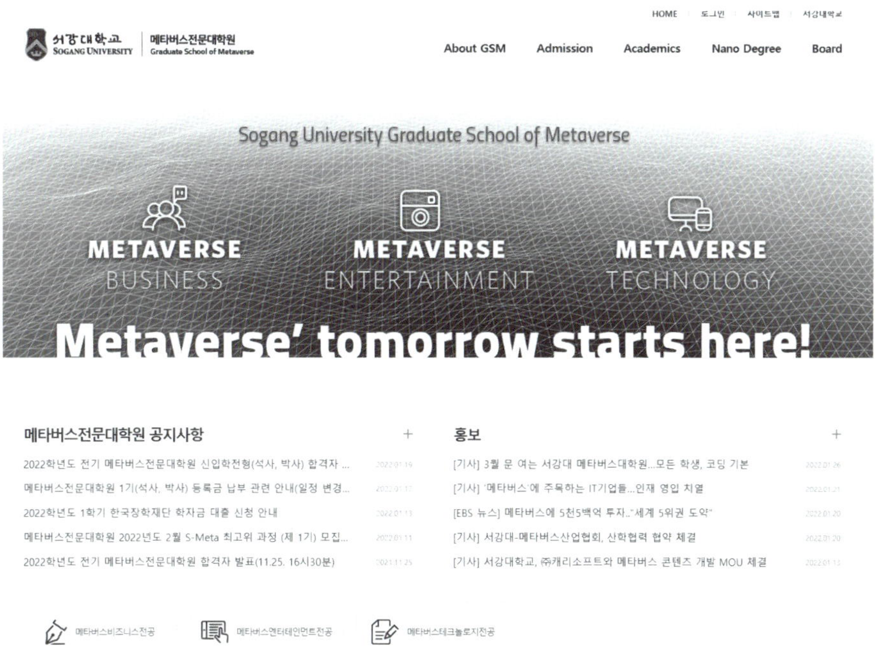

| 그림 4-9 | 서강대학교 메타버스 전문대학원

출처: https://gsm.sogang.ac.kr/gsm/index.html

(8) 강원대학교 캡스톤디자인 메타버스 페스티벌

행사는 26개 팀이 직접 메타버스 아바타를 설정해 가상의 공간에서 과제물 시연 동영상 발표와 질의응답을 진행, 시상식에는 김 총장의 아바타가 등장해 눈길을 끌었다.

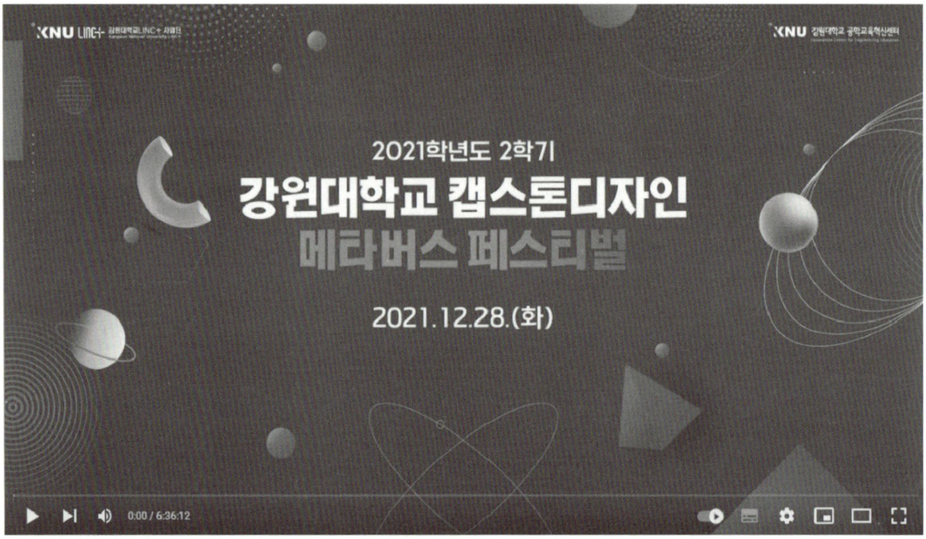

| 그림 4-10 | 강원대학교 메타버스 페스티벌

출처: 대학저널(2021.12.29). 강원대, 캡스톤디자인 메타버스 페스티벌 열어.
강원대학교 갭스톤 디자인 유튜브 채널(2021.12.28).

강원대학교, 춘천시 메타버스 연구용역 착수보고회 개최

강원대학교와 춘천시는 28일 강원대학교 춘천캠퍼스 60주년 기념관 국제회의실에서 '춘천시 메타버스 산업 육성전략 수립'을 위한 연구용역 착수보고회를 개최했다(MTN 뉴스, 2021.9.28.). 이번 연구 착수보고회에서는 김헌영 총장과 이재수 춘천시장, 김흥성 강원정보문화진흥원장 등 관련 기관 관계자 등이 참석해 메타버스 산업의 국내외 시장 동향과 춘천시 메타버스 산업 활성화 방향 등에 대한 의견을 나눴다. 연구 주요내용은 '춘천시 메타버스 산업 중·장기 발전계획' 수립을 위해 마련되었다.

강원대학교는 메타버스 기획위원회를 중심으로 춘천시 메타버스 산업 육성 실현을 위한 비전 및 목표 제시, 디지털 뉴딜 2.0과 연계한 춘천시 디지털 신산업 발전 전략 제시, 비전 및 목표 실현을 위한 계획과제 제시, 핵심이슈 도출 등의 세부 과제를 수행한다.

춘천시장은 “메타버스는 현실과 가상의 세계에서 다양한 산업과 기술이 융합된 무궁무진한 가능성을 가진 미래 먹거리 산업 분야로 주목받고 있다”며 “춘천시가 보유하고 있는 자연환경과 역사, 문화, 관광자원에 메타버스 기술이 활용된다면 시너지 효과는 배가 될 것”이라고 말했다.

강원대 총장은 “이번 연구 수행을 통해 춘천시의 메타버스 산업 발전을 위한 중요한 발판을 마련할 수 있을 것으로 기대한다”며 “지역경제 발전과 주민 삶의 질 향상을 위해 춘천시와 함께 적극 노력하겠다”고 밝혔다.

(9) 성균관대학교 / 메타버스를 활용한 이색 취업박람회 개최

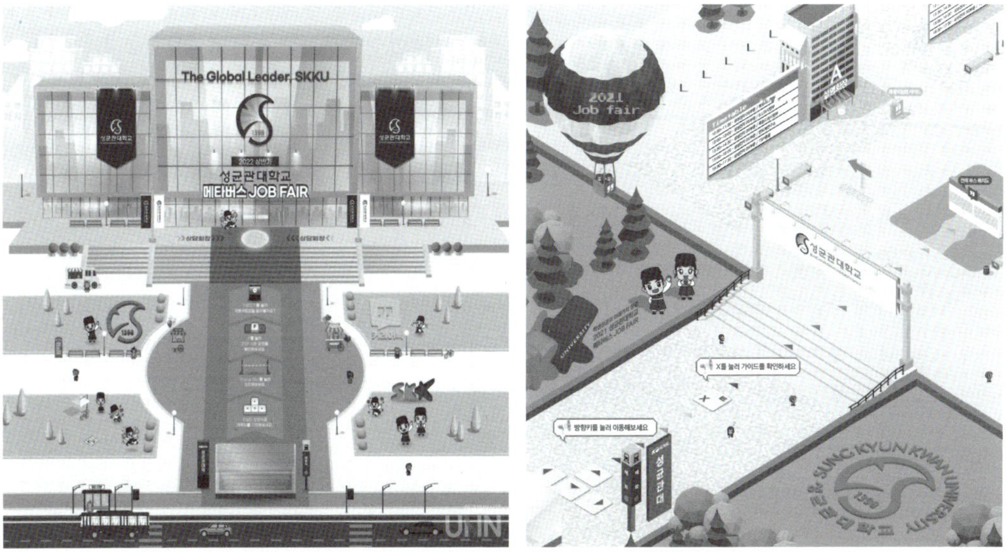

❙그림 4-11❙ 성균관대학교 메타버스 취업박람회

출처: 성균관대 URL : www.skkujobfair2021.com

성균관대는 매년 JOB FAIR를 개최해 기업들의 직무 · 채용 등 취업에 관한 유익한 정보를 학생들에게 제공하고 기업에는 기업 홍보와 우수한 인재를 조기에 확보할 수 있는 기회를 제공하고 있다. 올해는 글로벌기업 · 국내외 우수기업, 유망 Tech기업 등 60여 개 기업이 참가할 예정이다.

성균관대학교는 2021년 9월 1일~15일 2주간 메타버스를 활용해 온라인 JOB FAIR를 개최한다고 밝혔다. 코로나19도 좋은 기업을 찾아 나서는 학생들의 열망과 우수한 학생들을 채용하기 위한 기업의 욕구만큼은 꺾지 못한 것이다.

성균관대는 매년 9월 JOB FAIR를 개최해 기업들의 직무 및 채용 등 취업에 관한 유익한 정보를 학생들에게 제공하고, 기업에는 기업을 홍보하고 우수한 인재를 조기에 확보할 수 있는 기회를 제공하고 있다. 코로나19로 인해 작년에는 화상상담을 중심으로 취업박람회를 추진했으며, 올해에는 메타버스 플랫폼 게더타운(Gather Town)을 활용해 진행한다. 사전신청한 성균관대 학생만 1,500여 명에 이른다.

기존에는 메타버스 플랫폼 게더타운(Gather Town)을 활용했으나 올해는 메타버스 플랫폼 잽(ZEP)을 통해 추진하며 모바일로도 접속 가능해(작년에는 PC만 가능) 더 많은 학생들이 참여할 것으로 기대를 모으고 있다. 메타버스 플랫폼에는 취업박람회 장소가 가상으로 구현되며 학생들은 메타버스에 구현된 학교의 박람회장으로 입장해 희망하는 기업의 취업 담당자와 상담을 진행하거나 기업의 채용설명회를 들을 수 있다. 또한 학생들끼리 채팅으로 소통하며 정보를 교환하는 것도 가능하다.

또한 참가 학생은 온라인 채용 상담 전문 플랫폼 커리어톡을 통해 미리 기업별 상담 부서(리크루터 정보)를 확인할 수 있으며 기업 부스 내에서도 부서별로 상담이 나뉘어 진행되도록 해 학적별 · 전공별 적합한 상담이 진행될 예정이다. 이번 JOB FAIR는 성균관대를 중심으로 8개 대학(성균관대, 경희대, 고려대, 서강대, 서울대, 연세대, 중앙대, 한양대)이 연합해 개최한다.

글로벌기업 및 국내외 우수기업, 유망 Tech 기업 등 100개 이상의 기업이 참가해 열기를 더할 전망이다. 6개 대학의 학생들은 소속 대학의 정해진 URL을 통해 각 대학의 공간으로 입장할 수 있다.

메타버스 플랫폼 게더타운에는 취업박람회 장소가 가상으로 구현된다. 학생들은 메타버스에 구현된 학교의 박람회장으로 입장해, 희망하는 기업의 취업담당자와 상담을 진행하거나 기업의 채용설명회를 들을 수 있다. 또한 학생들끼리 채팅으로 소통하며 정보를 교환하는 것도 가능하다.

한편 성균관대는 이번 JOB FAIR 등 메타버스를 활용해 다양한 사업을 추진하고 있다. 지난 8월에는 메타버스에서 만나 한글 실력을 겨루는 세계성균한글백일장을 성공적으로 개최하였으며, 네이버와 AI 기반 학술정보 통합플랫폼 구축에 관한 협약을 메타버스를 활용하였다.

출처: 한국대학신문 - 409개 대학을 연결하는 '힘'(http://news.unn.net)
성균관대 URL: www.skkujobfair2021.com

(10) 광운대학교 신입생 정시모집 메타버스 1:1 상담

| 그림 4-12 | 광운대학교 메타버스 강의실

출처: 대학신문 http://news.unn.net/ 메타버스에 캠퍼스 강의실을 구현한 광운대 (사진 = 광운대)

광운대학교는 메타버스를 활용해 신입생 정시모집 1:1 상담을 실시하였다.

메타버스 신입생 입시상담은 코로나19로 인해 코엑스 현장에서 진행된 오프라인 정시박람회에 참여하기 어려운 수험생의 편의를 고려하여 접근성이 용이한 메타버스 플랫폼을 통해 생생한 입시정보를 제공하기 위해 마련되었다.

이번 메타버스 입시상담에 참여한 학생들은 별도의 프로그램 설치 및 회원가입 없이 제공된 메타버스 플랫폼 링크(URL)에 접속하는 방식으로 간편하게 접근할 수 있었으며, 아바타를 생성하고 본인 상담 시간을 기다리는 동안 가상공간의 대기실에서 정시모집 동영상과 모집요강을 확인할 수 있도록 준비되었다.

(11) 동명대학교 시각디자인 캡스톤강의에 메타버스 활용

동명대 시각디자인학과는 2학기 4학년 학생들이 수강하는 '디자인프레젠테이션'(3학점)과 3학년 학생이 수강하는 '캡스톤강좌'(3학점)를 메타버스 방식으로 강의한다. 시각디자인학과 정원준 학과장을 비롯한 교수진은 이 강좌를 위해 3개월간 메타버스 수업의 준비를 해왔다. 게더타운이란 미국 스타트업 '게더'가 만든 줌이나 구글 미트와 같은 온라인 화상회의 플랫폼이다.

시각디자인학과 교수진들은 온라인 화상회의 플랫폼으로 메타버스 수업을 적용하고 실제 수업에는 아바타가 들어가지만 실제 학생 모습을 볼 수 있고 학습 피드백도 제공하였다. 졸업반 학생들은 졸업작품전도 메타버스 안에서 진행하였다.

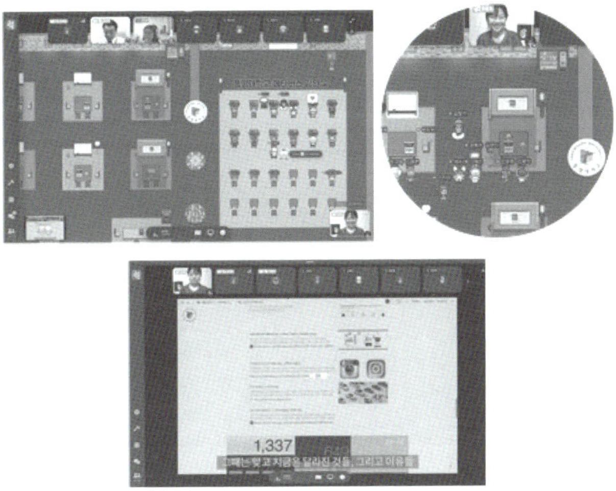

메타버스(게더타운) 강의실, 팀회의실과 강의장면

| 그림 4-13 | 동명대학교 메타버스 강의

출처: 동명대학교 시각디자인학과 홈페이지. https://www.tu.ac.kr

(12) 영산대학교 패션디자인학과 메타버스 활용 소통 공간

영산대는 패션디자인학과에서 'SW융합교과 쇼핑몰앱스토어' 강의에 메타버스를 활용한 대표적으로 비교한 플랫폼은 제페토(ZEPETO)와 이프랜드(ifland), 수업 활용도 측면에서는 이프랜드가 더 적합하였으며, 두 플랫폼은 쌍방향 소통을 제공하지만 △수용 가능 인원 △맵(방) 개설 난이도 △창작자 참여 가능 콘텐츠 여부 △메타버스 내 외부 데이터 활용 가능 등에서 차이점을 보인다. 'SW융합교과 쇼핑몰앱스토어'는 메타버스 내 대형 스크린으로 수업자료를 전송하고 학생들이 각자의 '부캐릭터'를 가지고 음성으로 질문을 던지고 토론하는 등의 방식으로 진행됐다. 팬데믹 초창기 줌(zoom)을 사용한 화상 수업도 여전히 실용성이 높지만, 자신의 얼굴을 직접 보이지 않고 '부캐'로 활동하게 되면 학생 본인이 생각하는 자신의 개성을 구현해 볼 수 있는 경험도 해볼 수 있고 질의응답도 더 활발히 이뤄지는 현상이 나타났다.

출처: 대학신문 http://news.unn.net/ 영산대 패션디자인학과 메타버스 활용

┃그림 4-14┃ 영산대학교 메타버스 소통공간

출처: 김해뉴스(http://www.gimhaenews.co.kr)

(13) 동신대학교 메타버스 강의 도입 적용

2021년 2학기 동신대학교는 메타버스를 활용한 강의를 시작했다.

5개 전공 및 2개 교양과목 강의에 메타버스 플랫폼 '인게이지(ENGAGE)' 활용 시범 수업을 도입했다. 전공 교과목 활용 수업은 토목환경공학과의 수리학, 토지역학 및 실험, 조경학과 조경의 이해, 전기공학과의 신재생에너지공학, 방사선학과의 방사선 치료학에서 메타버스 수업이 시범 적용되었다,

또한, 교양 교과목으로 배드민턴의 이론과 실제, 독서와 토론(역사)에 활용하고 있으며, 주요 활용 특징으로는 360도 강의실, 아바타 활용, VR 활용 가능 인프라 등이 있다. 코로나19로 인해 교육활동이 중단되자 메타버스 안에 교육의 공간이 만들어지고 이 안에서 교육활동이 가능해진 것이다. 메타버스 가상캠퍼스가 구축되면 공간적, 시간적 제약 없이 현실세계에서와 같이 양방향 소통을 하며 강의와 수업, 세미나 등을 진행할 수 있으며 다중참여 행사도 가질 수 있다. 학교교육 외에도 직업교육, 직무교육, 교양교육, 교육훈련 등 교육 전 영역에서 활용될 것으로 전망된다.

┃그림 4-15┃ 동신대학교 메타버스 강의

출처: 동신대학교 https://blog.naver.com/dsublog/222491440583

2) 메타버스(Metaverse) 해외 대학 활용사례

세계 교육이 주목하고 있다. 전 세계 대학, 메타버스 도입이라는 새 출발선에 놓였다. 메타버스가 대학의 진화를 이끌 전망이다, 만족도가 높고, 효율이 극대화되며 미래의 대안이 되는 교육이 이루어지고 있다. 향후 메타버스는 우리 생활 전반에 크게 영향을 미칠 것으로 전망된다, 그야말로 미래적 가치가 실현되고 있는 것이다. 우리의 교육, 학생들에게 미래에 대한 꿈과 희망을 주고 미래적 가치를 실현시키는 데 중요한 통찰과 의미와 시사점을 주는 국외 대학 활용사례이다.

현재 국내·외에서 제페토와 로블록스로 잘 알려진 메타버스(Metaverse)는 초월이라는 뜻의 '메타(meta)'와 현실세계를 의미하는 '유니버스(universe)'를 합성한 용어이다. COVID-19로 인해 비대면 상태가 지속되면서 사람 간의 만남이 줄어들고 있는 상황에서 급부상하는 것이 메타버스이다.

미래를 향한 세계 최첨단의 혁신 교육이 이루어지고 있는 세계적인 대학, 그 혁신의 이야기는 큰 파장을 일으키고 세계에 영향을 주고 있다. 미국 대통령 선거 때 조 바이든은 닌텐도 '동물의 숲' 가상현실 안에서 선거 캠페인을 했고 국내에서는 아이돌 그룹 방탄소년단(BTS)이 온라인 게임 포트나이트 안에서 신곡 '다이너마이트'를 실제 콘서트 현장처럼 발표했다

사람들은 메타버스 내에서 자신의 아바타를 통해 직접 물건을 만들어 팔고, 가상현실에서 통용되는 가상화폐로 쇼핑도 하며 때로는 유명 연예인의 콘서트를 보러 가기도 한다. 메타버스 개념을 영화화한 사례로 1999년 영화 '매트릭스', 2009년 '아바타', 2018년 '레디 플레이어 원'이 있다(이병권, 2021).

국외 대학별 메타버스 활용사례를 제시하면 다음과 같다.

(1) 애리조나 주립대학교 몰입형 가상 생물학 강의 개설

- 몰입형 생물학, 수학, 과학 강의에 인공지능(AI) 맞춤형 학습 프로그램 "ALEKS(알렉스)" 도입
- AI 기능 활용 학생들의 학습능력 평가 및 평가 후 개인의 장점과 약점 능력 맞춤형 문제와 학습방법 제공

> 애리조나주립대는 지난해 가을, VR 기술벤처기업 드림스케이프 이머시브와 파트너십을 체결해 디자이너, 프로그래머, 교육자 등 75명의 애리조나주립대 전문가들과 협업하고 있다. 마이클 크로오 총장은 "기술은 이제 사람들이 상상하는 것을 따라잡았다"라며 "우리는 감성이 주도하는 학습 경험을 정말로 복잡한 과목들에 부여할 수 있다"라고 밝혔다. VR 학습이 강의실 교육보다 훨씬 더 강력하다는 뜻이다. 미국의 애리조나주립대 역시 메타버스를 이용해 몰입형 생물학 교육과정을 개설했다.

출처: 교수신문(http://www.kyosu.net)

애리조나주립대는 할리우드의 스토리텔러가 참여해 재밌는 이야기를 만들어내기 위해 노력하고 있다. 애리조나주립대는 2017년부터 디지털 생물학 강좌를 열었다. 학생들은 VR을 통해 다른 은하계의 야생동물 보호소로 이동한

다. '외계인 동물원'에 멸종된 생명을 보호하기 위해 무엇이 필요한지 수많은 촉각 경험으로 학습할 수 있는 것이다.

2015년만 해도 학생 150명이 강의실에 모여 교과서와 필기구를 꺼내 수업을 들었다. 그러나 지금 강의실엔 교수도, 조교도, 교과서도 없다. 커리큘럼을 마칠 때까지 수업과 평가는 알렉스가 도맡는다. 졸업생인 마이클 루딘(23) 씨는 "모르는 문제를 질문해도 알렉스가 마치 사람처럼 즉각 답해준다. 각자 속도(pace)에 맞춰서 수업을 들을 수 있어 진도가 빠른 학생은 5주 만에 종강하기도 했다"고 말했다.

채점·피드백 자동화, 에세이 평가 활용

학생들의 성적은 전반적으로 향상됐다. 알렉스 도입 이전인 2015년 가을 학기 수학 과목에서 낙제하지 않고 이수한 수강생은 전체의 62%였는데 알렉스 도입 이후인 2018년 가을엔 79%로 늘었다. 알렉스가 도입된 수학・화학 수업에서 조교로 일했다는 케이틀린 로즈(23) 씨는 "알렉스가 수업당 수백 명에 달하는 학생들의 질문을 시시각각 소화해주면서 수업 능률이 오르고 성적도 향상된 것"이라고 했다.

출처: 조선일보 https://www.chosun.com/

(2) 산호세 주립대학교 기념일 소통 활동을 위한 가상공간

미국의 산호세 주립대에서는 『추수감사절이나 주말의 사적 모임』을 가상세계로 열었다. 지난해 추수감사절 전날 약 30명이 가상세계 커뮤니티를 감사하는 비영리 모임을 가졌다. 또한, 산호세주립대 일부 학생들이 주말에 사교 활동을 위해 최대 24명이 동일한 가상공간에 들어갈 수 있는 플랫폼 '모질라 허브'를 이용했다.

코로나19로 인한 해외 도서관의 서비스가 변화하고 있다. 캘리포니아 실리콘밸리 중심에 위치한 산호세공공도서관은 캘리포니아 안에서 로스앤젤레스공공도서관과 샌프란시스코공공도서관 다음으로 큰 공공도서관이다. 산호세시는 미국에서 10번째로 큰 도시이다. 산호세공공도서관은 2011년 '국립박물관 및 도서관상을 수상했다. 익스프레스 픽업(Express Pickup)이라는 서비스를 신설하여 비대면으로 안전하게 도서 자료를 대출할 수 있게 하였다. 미국의 많은 공공도서관에서 코로나19 이후 도입한 커브 사이드 픽업(Curbside pickup) 서비스를 산호세공공도서관에서는 익스프레스 픽업(Express pickup) 서비스라고 이름 지었다. 이 서비스는 이용자가 자신이 원하는 도서관 자료와 시간을 온라인으로 예약한 후 시간에 맞춰서 자료를 도서관 건물 앞이나 옆에서 받아가는 서비스이다.

출처: 교수신문(http://www.kyosu.net)

(3) 샌디에이고 주립대학교 기숙사 학생을 위한 메타버스 오리엔테이션

기숙사 학생들에게 학교에 대한 정보를 제공하기 위해 메타버스를 이용했다. 우선 4인 1조로 오프라인 미팅을 가진 후, 가상세계에서 학교 안내를 했다. 그리고 다시 모여 미팅을 마무리했다.

KETI는 카네기멜론 대학(CMU), 26일 캘리포니아 샌디에이고 대학(UCSD)과 공동 R&D 추진, 인력·정보 교류 등의 내용을 담은 양해각서를 체결하였다. 카네기멜론 대학은 연구 중심의 사립 종합대학으로, 컴퓨터 엔지니어링과 로보틱스 분야 연구개발에서 강점을 지니고 있다. 특히 컴퓨터 과학 및 AI 분야에서는 전미 1위로 평가받는다(교수신문, http://www.kyosu.net).

캘리포니아 샌디에이고 대학은 컴퓨터 과학 및 생명공학 분야 연구 개발에 특화된 주립 종합대학이며, 공과대학(Jacobs School of Engineering)의 대학원 프로그램은 전미 10위를 기록하고 있다.

KETI는 2개 대학과 메타버스, AI 응용 기술 등 상호 관심 분야의 ▲공동연구과제 수행 ▲인력 교류 ▲세미나·컨퍼런스 공동 개최 ▲연구 내용 및 학술 정보 교환 등을 추진함으로써 국제 공동 R&D 사업을 성공적으로 이끌어간다. KETI와 카네기멜론 대학이 수행하는 자율주행 AI 프로젝트와 캘리포니아 샌디에이고 대학과 함께 수행하는 메타버스 공연, 무인설비 점검 등 인공지능 솔루션 프로젝트는 산업통상자원부가 해외 우수 연구기관을 글로벌 협력 거점으로 선정하고, 국내기관과 기업이 협력하여 중장기 · 중대형 국제공동 R&D를 추진하는 사업이다.

출처: 뉴스웍스(http://www.newsworks.co.kr) 2022.4.27

(4) UC 버클리 대학교

- 마인크래프트 활용 가상캠퍼스 개설 졸업식 진행
- 교과목 수업에 메타버스 보조 도구로 활용

UC 버클리 대학교(University of California, Berkeley)는 마인크래프트에 가상캠퍼스를 개설하고 졸업식을 실시하였으며 이 행사의 진행 과정을 생중계하였다.

2020년 5월 UC 버클리(University of California, Berkeley) 대학생들은 코로나19로 캠퍼스 졸업식을 열지 못하게 되자 메타버스 플랫폼 '마인크래프트'에서 졸업식을 펼쳤다. '마인크래프트 플랫폼 안에 캠퍼스를 만들어 '블로클리'(블록과 버클리를 합친 말)라 이름 짓고 게임 아바타를 이용해 블로클리 운동장에서 가상 졸업식을 열고 인터넷 방송 플랫폼인 트위치로 중계하였다.

총장과 초대연사도 아바타로 참여해 연설했고 학생들 아바타는 졸업식이 끝나고 졸업모자를 던지는 전통까지 재현했다(김창환, 2022). 교과 활동에서 메타버스는 주로 현장 탐방, 실험, 실습 과목을 대체 및 보조하는 교재로 활용되고 있다. UC 버클리 'Blockeley University'에서 주최한 가상 졸업식 행사 및 2일간 이어진 음악 축제 개최하였다. 'Blockeley University'는 인기 있는 비디오 게임 플랫폼인 『Blackmagic Web Presenters』를 통해 프로그램 피드를 두 대의 다른 컴퓨터로 보내면 여기서 원격 멀티뷰 피드가 프로듀서에게 전송되며 최종 프로그램 출력 또한 Twitch를 포함한 다양한 비디오 플랫폼에 제공된다. OS Studio 사의 모든 프로덕션에서 사용되는 Video Assist 4K는 백업 레코더로 사용되었으며, 원격 호스트 웹캠의 포커스 레벨 확인용으로도 사용되었다. HyperDeck

Studio Minis는 음악과 스피치뿐만 아니라 DJ 세트 및 비디오 디자인과 같이 사전에 녹음된 세그먼트를 나중에 재생할 수 있도록 준비했다. 또한 모든 가상 카메라 각도와 라인 컷도 녹화되었다.

히긴스는 "올해 학생들이 실제 졸업식에 참석할 수 없었기 때문에, 학생들이 개발한 가상 캠퍼스인 Blockeley 캠퍼스를 통해 학생들을 도울 수 있어 보람찼다"라고 말했다.

OS Studios사는 지금까지 NBA의 Twitch 채널, NBA 2K 리그 초안, Bud Light Seltzer Royale 자선 단체 관련 스트리밍 등의 프로젝트를 통해 라이브 및 이벤트 프로덕션, 방송, 콘텐츠 전략, e스포츠 토너먼트 및 리그 프로덕션, Twitch 채널 관리 및 운영 서비스를 제공해왔다.

출처: https://www.blackmagicdesign.com/kr/media/release/20200731-01

(5) 싱귤래리티대학(Singularity University)

싱귤래리티대학은 10년 안에 10억 명의 사람에게 영향을 끼칠 수 있는 혁신 창업가를 육성한다는 목표로 설립된 실리콘밸리 민간창업대학이다. <특이점이 온다(The Singularity Is Near : When Humans Transcend Biology)>의 저자 레이 커즈와일(Ray Kurzweil)과 히터 디아맨디즈가 설립했으며 구글과 나사가 후원, 첨단과학기술과 창업을 집중교육하고 있다(지식저장고, Knowledge Storage).

싱귤래리티대학에서 주장하는 특이점이란 유전공학·나노공학·로봇공학 등 첨단기술의 발전속도가 감당할 수 없을 정도로 빨라지는 급격한 변화의 시점에 필요한 인력양성을 목표로 한다.

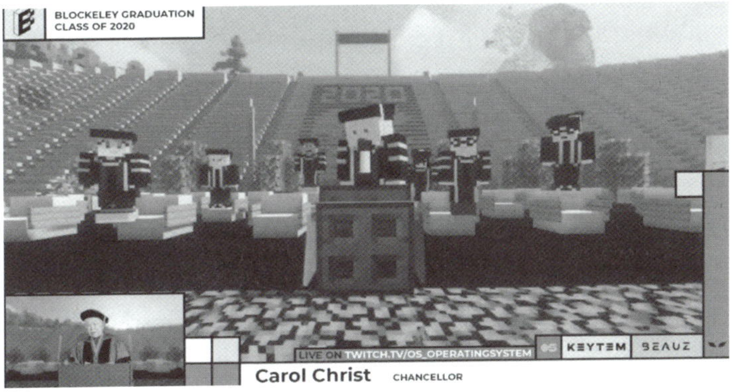

그림 4-16 싱귤래리티 대학

출처: https://mathphysics.tistory.com/1231 [지식저장고(Knowledge Storage)]

디아맨디즈가 설립했으며 구글과 나사가 후원, 첨단과학기술과 창업을 집중 교육하고 있다. 다음은 싱귤래리티 대학에 관한 내용으로서 지식저장고에 있는 글을 그대로 인용한다(출처: https://su.org).

> 싱귤래리티 대학은 2008년 미국 발명자 겸 미래학자인 레이 커즈와일이 NASA로부터 부지를, 구글로부터 자본을 제공받아 설립했으며, 실리콘밸리에 위치하고 있는 NASA Ames 연구센터 캠퍼스 내에 위치하고 있다. 이 대학의 설립 목적은 인류가 당면한 크나큰 도전과 과제들을 해결하기 위해 '폭발적 성장 이 기대되는 미래기술들(exponential technologies)'을 적용해 문제를 풀 수 있도록 리더들을 교육하고, 영감을 주고, 힘을 실어주기 위해 창립한 학교이다.
>
> 또한 인공지능의 등장에 인공지능을 지배할 수 있는 사람으로 교육시키기 위한 목적도 가지고 있고, 노키아, X-Prize 재단 등 후원하는 기업 및 기관들이 점차 늘어나고 있다.
>
> 싱귤래리티 대학의 홈페이지에 의하면 혁신적인 프로그램과 이벤트를 통해 미래를 위한 글로벌 리더와 조직을 준비한다. 정식 학위를 주는 대학교가 아님에도 불구하고 전 세계로부터 많은 영재들과 기업인들이 찾고 있고 학생 선발 기준도 까다롭다.

저명한 미래학자이면서 SU의 공동 설립자이기도 한 레이 커즈와일은 이러한 기술들을 활용해 인류가 직면한 커다란 문제들을 풀어보려는 노력을 할 수 있을 거라는 목표로 SU를 세웠다. 그러다 보니 SU에서는 그런 기술을 가르치는 동시에 그걸 통해 풀어볼 수 있는 이른바 '글로벌 그랜드 챌린지(global grand challenges: 빈곤, 환경, 기후 변화, 물, 보안, 교육, 에너지 문제 등)'들을 같이 일깨운다.

실제로 신기술(바이오, 컴퓨팅, 의학, 인공지능, 로봇, 에너지, 우주공학 등), 금융, 기업가정신 이외에도 미래학, 정책, 법 제도에 대해서도 공부한다. 첨단 기술들을 공부하고 미래학을 통해 미래를 예측하며 이를 대비해 첨단기술들을 융합하는 법을 배운다.

아울러 실리콘밸리의 창업기업들을 방문해 직접 현장도 경험하고 연구자들과의 토론하는 기회도 가지게 된다. 수업과 병행하여 10명 내외의 학생들이 팀을 구성해 글로벌 문제점을 해결하기 위한 프로젝트도 수행하게 되는데, 프로젝트는 하나의 기업을 설립하고 구체적인 사업계획을 수립하는 것이다. 10주 중 마지막 3주 동안에는 집중적으로 프로젝트를 수행 후 학생, 교수들 앞에서 프로젝트 발표회를 가지게 된다. 이때, 유명 기업의 CEO들과 벤처캐피탈들도 초청되는데, 가능성 있는 팀 프로젝트에 대해서는 직접 투자를 하게 되기도 한다. 보통 매년 팀 프로젝트를 통해 만들어진 3~4개의 창업기업은 학교의 지원을 받고 실리콘밸리로 진출하게 된다.

싱귤래리티 대학은 단순히 창업 방법만을 가르치는 곳이 아니다. 지구가 당면하고 있거나 미래에 닥칠 문제들에 대해 분석하고, 이것을 과학기술과 학문을 융합해 해결하는 방법에 대해 교육하고 있다. 따라서, 이곳에서 수학한 학생들은 보다 넓은 시야를 가지고 첨단기술을 토대로 한 비즈니스를 펼쳐나갈 수 있는 것이다.

출처: https://mathphysics.tistory.com/1231 [지식저장고(Knowledge Storage)]

3. 시사점

지구가 당면하고 있거나 미래에 닥칠 문제들에 대해 분석하고, 이것을 과학기술과 학문을 융합해 해결하는 방법에 대해 교육하고 있다. 따라서 이곳에서 수학한 학생들은 보다 넓은 시야를 가지고 첨단기술을 토대로 한 비즈니스를 펼쳐나갈 수 있는 것이다.

메타버스 교육은 현실교육을 대체하는 것이기보다는, 가치 있는 보완 교육으로 이해할 필요가 있다. 현실교육과 메타버스 교육의 균형과 조화가 이루어질 때 교육의 효과는 더 높아질 수 있다. 코로나19로 인해 비대면 서비스에 대한 수요가 확대되었다. '줌(ZOOM)'과 같은 화상회의 플랫폼을 이용한 온라인 만남이 익숙해지고, 전 산업에 걸쳐 플랫폼을 통한 온라인 소비문화가 빠르게 확산되었다. 최근에는 온라인 공간에서 오프라인과 같은 유사한 경험을 하고자 하는 사람들의 수요가 증가하면서 현실과 가상의 경계를 넘어 새로운 경험을 할 수 있는 메타버스가 각광받고 있다.

메타버스 활용 교육도 기술과 플랫폼을 활용하여 여러 다양한 분야에서 필요한 콘텐츠로 제작되어 활용되어 갈 수 있다. 메타버스라는 새로운 교육 공간을 교육의 소통과 기술이 접목되어 미래기술이 구현되는 공간으로 나아가고 있다.

메타버스의 국내외 사례를 통해 우리에게 주는 시사점은 다음과 같다.

첫째, 시공간을 초월한 새로운 디지털 공간의 창조와 무한 확장이 가능해진다. 코로나19로 잃어버린 학교를 되찾고 모두가 한 공간에서 함께하는 축제를 만들기 위해 가상공간 캠퍼스를 만드는 도전을 진행한 점이 고무적이이다. 특히 건국대학교는 대학축제 최초로 메타버스 구축하여 온전한 예술제를 즐길 수 있게 준비하여 다양한 문화 콘텐츠를 선보였다.

둘째, 복합공간(Media Commons)에서의 실감미디어 교육 인프라 확충을 들 수 있다. 순천향대학교는 코로나19가 정점을 찍은 2021년 피닉스 열린 강좌를 여는 등 메타버스 입학식 유튜브 영상을 송출하였다. 연세대학교는 '실감미디어'를 4차산업혁명 시대 교육혁신 도구로 주목하고 미디어 기반 교육 인프라를 확충하였다. 연세·삼성 학술정보관에 위치한 실감미디어 복합 공간(Media Commons)에는 가상원격교육, 전시체험이 가능한 다목적 미디어홀과 강의 콘텐츠 제작 스튜디오 등 몰입형 체험교육 환경이 조성돼 있다. XR Lab에서는 실감미디어 교육 콘텐츠를 활용한 강의 지원 서비스를 제공함으로써 코로나 시대에 교육의 수월성을 높이고 있다.

셋째, XR활용 연계 공통 플랫폼 기술개발 및 구축 확대가 요구된다. 오프라인 중심활동에서 장기적으로 메타버스는 확장되면서 일상, 여가, 업무활동 등에 이루어질 것으로 예상됨에 따라 가상공간의 확대에 따른 고민과 선제적 투자가 필요하다. 게임 중심의 메타버스 서비스 환경 조성을 통한 타 산업으로의 서비스 확장과 관련 산업의 클라우드 서비스, 플랫폼 등이 고려된 생태계 조성 전략이 마련되어야 한다.

COVID-19로 인해 메타버스를 통해 언택트 상황 가운데서도 끊임없이 관계를 유지하기 위한 하나의 수단으로 다양한 분야로 확대 적용되어 나가고 있기 때문이다.

넷째, 메타버스는 전 분야에서 교육에 영향을 미칠 것으로 전망된다. 학교교육 외에도 직업교육, 진로교육 직무교육 등 교육 전 영역에서 활용될 것으로 전망된다.

성균관대학교를 중심으로 8개 대학(성균관대, 경희대, 고려대, 서강대, 서울대, 연세대, 중앙대, 한양대)이 연합하여 메타버스 활용을 통한 취업박람회를 개최하여 학생들의 취창업 기회와 진로 정보를 극대화하였다. 메타버스 플랫폼 잽에는 취업박람회 장소가 가상으로 구현되며 학생들은 메타버스에 구현된 학교의 박람회장으로 입장해 희망하는 기업의 취업 담당자와 상담을 진행하거나 기업의 채용 설명회를 들을 수 있다. 또한 학생들끼리 채팅으로 소통하며 정보를 교환하는 것도 가능하다.

다섯째, 지식과 경험의 전달과 습득에 있어서 메타버스는 효율성과 효과성을 높일 수 있는 장점이 있다.

실제로 신기술(바이오, 컴퓨팅, 의학, 인공지능, 로봇, 에너지, 우주공학 등), 금융, 기업가 정신 이외에도 미래학, 정책 등 첨단기술들을 공부하고 미래학을 통해 미래를 예측하며 이를 대비해 첨단기술들을 융합하고 활용하는 방법을 배운다. 아울러 싱귤래리티 대학의 메타버스 활용사례로 실리콘밸리의 창업기업들을 방문해 직접 현장도 경험하고 연구자들과의 토론하는 기회도 가지게 된다. 수업과 병행하여 10명 내외의 학생들이 팀을 구성해 글로벌 문제점을 해결하기 위한 프로젝트도 수행하게 되는데, 프로젝트는 하나의 기업을 설립하고 구체적인 사업계획을 수립하는 것이다. 또한 학생들은 정해진 교과서를 수동적으로 배우기보단, 어떤 주제가 주어져도 비판적으로 생각할 수 있는 능력을 배양한다.

여섯째 여러 대학의 사례와 같이 수업보다 경험, 즉 실천학습을 교육하고 있다. 지구가 당면하고 있거나 미래에 닥칠 문제들에 대해 분석하고, 이것을 과학기술과 학문을 융합해 해결하는 방법에 대해 교육하고 있다. 따라서, 이곳에서 수학한 학생들은 보다 넓은 시야를 가지고 첨단기술을 토대로 한 비즈니스를 펼쳐나갈 수 있다. 많은 회사들이 일자리 부족을 호소하는데, 이는 학생들이 대학에서 배운 것과 실제 회사 생활에서 매칭이 안 되기 때문이다. 그 간극을 줄이고자 저학년 때부터 실제 살아가는 데 필요하고, 회사에서 필요한 전문성을 기르게 해주는 실습교육이 우선되어야 한다는 시사점을 준다.

일곱째, 메타버스 산업의 경쟁력 제고를 위한 법·제도개편 및 인력 양성이 필요하다.

메타버스의 확산은 법, 제도 또는 윤리적으로 통제하기 어려운 사회, 경제적 한계를 만들어 이용자 보호 및 개인정보보호, 사이버 보안 등의 문제를 야기할 수 있으므로 안전하게 산업이 활성화되고 지속 가능할 수 있는 환경 마련이 시급하다고 할 수 있다. XR-교육, 국방, 제조, 보건 등 다양한 산업과 융합되면서 관련 부처, 지자체 등과 연계 협력하여 관련 산업 환경 조성, 정비 등을 위한 협업이 중요하다고 할 수 있다.

메타버스는 대학 혁신을 위한 중요한 기술로 발전해 나가고 있으며, 가상 환경에서의 다양한 교육 접촉점 확대 및 기술 도입 구축 활용은 이제 미래 경쟁력 확보를 위해서 필수적인 요소로 나타나고 있다. 이러한 장점에도 불구하고 메타버스를 도입 구축 활용하기 위해서는 몇 가지 고려해야 할 중요한 사안이 있다[3].

첫째, 대규모 인원이 수강하는 메타버스 활용 강의에서 평가의 어려움을 보완하기 위한 지원 노력이 필요하다. 조교 인력을 적시에 활용하는 것도 방법이 될 수 있다. "스탠퍼드대나 버클리대와 같은 미국 유명 대학은 대규모 수강생이 듣는 프로그래밍 입문 과목을 교수가 온라인으로 강의하는 대신 실습과 평가에서 조교를 10~20명 단위로 붙여서 지도하게 한다. 둘째, 공동 활용 가능한 강의용 콘텐츠 개발과 기술적 문제해결 뒷받침돼야 현재 대학에 메타버스가 적용되려면 콘텐츠 개발에 필요한 높은 비용과 콘텐츠 확보, PC 및 모바일 환경 및 인프라 연결, 기술적 문제해결 등이 선행되어야 한다. 셋째, 국가 차원의 전략과 신종 유형의 범죄 방지책 필요하다. 메타버스 활용 중에 발생할 수 있는 신종 범죄를 방지하기 위한 범국가적 사전 규제의 필요성이 존재한다.

메타버스 교육은 이제 시작단계이다. 입학식, 졸업식, 축제 등 교육 행사부터 메타버스 속에서 이루어지고 있다. 메타버스 플랫폼이 구축되면 미래교육은 주요 교육 활동을 메타버스 내에서 할 수 있게 될 것이다.

종합해볼 때, 메타버스 교육은 도전이고 교육의 새로운 기회이고 혁신이다. 현실의 제약을 넘어 새로운 가능성들이 무한 제공되는 공간이므로 더욱 가치 있는 교육, 혁신적인 교육을 실천할 수 있다. 무엇보다 학생들에게 동기를 부여하고 흥미와 몰입을 줌으로써 학생의 성장과 발달을 지원하는 교육의 본질적 가치가 구현될 수 있다는 점이 메타버스 교육이 주는 가장 큰 혜택일 것이다.

3 김창환(2022). 메타버스가 교육한다. 학이시습.

생각할 문제

1 메타버스를 구성하는 주요요소는 무엇일까요?

2 메타버스 플랫폼에는 여러 가지가 있는데요. 기존의 메타버스 플랫폼이 가지고 있는 한계는 무엇일까요?

3 대학에서 메타버스를 활용하는 사례가 늘어나고 있습니다. 대학에서 메타버스를 어떻게 활용하는 것이 효과적이라고 보는지요?

METAVERSE
UNIVERSITY

Chapter

05

메타버스와 교양교육

1. 교양교육에 시공간의 확장

오늘날 교양교육은 학문 간의 경계를 초월하여 지식을 폭을 넓혀가는 데 큰 가치를 두고 있다. 특히 코로나19 팬데믹이 불러온 사회풍토는 대학교육을 정보통신 기술의 혁신적 변화를 주도하고 있다. 그동안의 대학 교양교육의 한계라 볼 수 있었던 교실 밖 수업의 가능성, 시공간적 한계, 제한적인 학습 참여 등의 문제는 메타버스의 출현으로 극복의 가능성을 예고하고 있다. 더욱이 디지털 문화에 익숙하고 소셜 네트워크서비스를 통해 사회적 관계를 맺는 MZ세대에게는 최상의 맞춤 학습 플랫폼이라 할 수 있다.

메타버스의 가장 큰 장점은 물리적으로 불가능했던 것을 상상으로 창조해 볼 수 있다는 것이다. 사람과 공간, 그리고 시간에 대한 기존에 갖고 있던 일반적 상식과 관행을 넘어 새로운 학습전략을 구상할 수 있으며, 다양한 영역의 결합으로 새로운 학습 경험을 설계할 수 있다. 현실과 가상의 융합은 다양한 형태의 연결과 소통을 지원하고, 다양한 학습 경험을 통해 좀 더 깊은 현장 몰입을 제공한다. 메타버스를 통해 현실의 자신, 가상의 자신, 제3의 인물 등의 새로운 인간의 모습을 구현할 수 있고, 시간과 공간을 초월한 학습 경험의 설계가 가능하다. 메타버스의 가상현실 공간은 사용자들에게 마치 동일한 공간과 시간에 있는 것처럼 실시간 소통을 가능하게 한다. 사용자들은 시간과 장소에 구애받지 않고 학습자가 참여할 수 있는 공간과 시간대에 언제든지 학습을 할 수 있다. 더욱이 오늘날, 모바일의 보편화는 이러한 시공간의 확장을 더욱더 가속화하고 있다.

초월적 가상공간의 가능성은 지난 2016년 페이스북의 대표인 마크 저커버그(Mark Zuckerberg)가 샌프란시스코에서 개최된 F8 컨퍼런스에서의 시현으로 시작되었다. 그는 가상공간에서 본인의 아바타와 회사 동료들 간의 대화를 다양하게 장소를 바꿔가며 이어갔다. 아바타들 간의 대화가 가능한 소셜 VR 셀피를 선보였는데, 이들은 물속, 화성, 사무실 등으로 장소를 바꿔가며 대화를 이

어갔고 대화 도중 제3의 인물과의 영상통화도 시연하여 보여주었다. 각자 다른 장소에서 현실 세계의 인물을 캐릭터화한 아바타들이 공간적 제약을 무한대로 확장될 수 있음을 보여주었다.

| 그림 5-1 | 페이스북의 소셜 VR셀피

출처: 김광집(2021). 방송과 미디어, 10-19.

위 사례에서 보듯이 시공간의 구애를 받지 않고 다양한 상상을 통해 학습 환경을 획기적으로 변화시킬 수 있는 것이 메타버스의 가장 큰 매력이다. 그동안의 교양 교육은 실재감을 높이기 위한 여러 공간적 혁신에 노력해왔다. 시청각실, 원격강의실, PBL 강의실 등 학생들이 학습활동에 몰입할 수 있는 학습 환경을 조성해왔지만, 이들 공간으로 학습 활동에 대한 몰입감과 현장을 주기에는 역부족이었다. 더욱이 기기들의 노후로 인한 유지비 충당과 새로운 기기 매입은 대학 재정에 부담으로 작용하여 수업에서의 활용을 더욱 저조하게 만들었다. 그러나 메타버스는 교수들이 수업내용과 학습활동에 따라 교실 환경을 직접 제작할 수 있고, 변경할 수 있기 때문에 양질의 교양 수업의 콘텐츠 개발이 가능하다. 더불어 메타버스의 시공간 한계 극복은 다양한 학습 구성원의 참여를 이끌어낼 수 있다. 해외에 거주하고 있는 학습자 또는 직장을 다니고 있는 학습자등 정해진 대학 강의실과 수업시간에 참여가 어려운 학습자가 적극 참여할 수 있는 플랫폼으로 학습자의 학습참여를 극대화할 수 있다.

이처럼 메타버스의 플랫폼의 활용으로 인한 시공간의 확대는 학습자에게 학습참여의 기회를 확대시키고, 수업에 몰입하며 교양 수업에서 목표하는 다양한 학습활동을 통해 의미 있는 학습이 가능하게 한다. 또한 교수에게는 그동안 물리적 제약으로 도전하지 못했던 다양한 형태의 학습을 가능하게 하여 교수역량을 발휘할 수 있는 기회로 작용할 수 있다. 더불어 대학 차원에서는 다양한 양질의 교양 콘텐츠 개발로 교육과정 전체의 질을 담보할 수 있다.

2. 경험중심의 교양교육과정 강화

최근의 교양교육과정은 현대사회를 살아가기 위한 역량교육 중심으로 폭넓은 학문지식과 전인적 교양 기초에 중심을 두고 있다. 더 이상 책에서나 배울 수 있는 학습과정이 아닌 현실을 기반으로 한 체험중심의 교육과정 운영에 노력을 기울이고 있다. 이에 따라 대학의 교육과정은 학습자의 삶에 유용한 가치들로 선정되어 운영되고 있다. 교양교육이 지향하고자 하는 목표의 변화에 걸맞게 교양교육의 운영방법 또한 혁신을 이루어져야 한다. 그러나 대학의 교양교육은 여러 제한요소들로 하여 소극적 변화만이 이루어졌다. 이는 수업을 운영함에 있어 물리적·재정적 한계에 벗어나지 못하기 때문이다. 여기에는 학습이 이루어지는 장소의 한정, 학생 개별 특성을 고려하지 않는 대형 강의, 학생들의 활동범위의 물리적 제약, 시간적 한계에 따른 선택적 경험 등이 있다.

교양교육이 지향하고자 하는 교육목표에 좀 더 충실히 운영하기 위한 방법으로 메타버스는 매우 유용한 학습 플랫폼이라 할 수 있다. 메타버스는 가상현실 세계에서의 상호 운용성과 아바타를 통한 다양한 활동의 가능성, 물리적 한계를 뛰어넘는 현존감, 다수의 이용자가 연결되는 동시성의 특징을 갖고 있기 때문이다. 이러한 특징으로 그동안 교양교육과정에 한계를 극복할 수 있음과 동시에 학습자의 학습동기와 흥미를 유발시킬 수 있다는 이점을 갖고 있다. 메타버스를 통하여 현실세계와 가상세계의 경계를 넘어설 수 있는 공간 플랫폼을 조성하여 체험 가능한 실감형 콘텐츠를 제작할 수 있다. 더욱이 MZ 세대인 현 대학생들은 이러한 새로운 기술 환경에 익숙하고, 인터넷 기반 콘텐츠 운영에 대해 흥미를 더 가진다.

특히, XR(AR/VR) 기술의 적용은 학습자가 학습 내용에 좀 더 몰입하게 하고, 주도적·능동적 학습을 유도함과 동시에 학습효과를 높일 수 있도록 한다. 학습 단계별 지원 데이터베이스를 활용하여 학습자의 흥미를 부여하도록 학습 서비스를 구성하여, 학습자 개별 성취에 따라 아바타의 성장을 지원하고 학습 단계에 따라 아바타가 진화하도록 구성하여 역량기반 학습 모형을 완성하게 된다.

| 그림 5-2 | XR(AR/VR) 기반 수업 활용

출처: 유갑상, 전금(2021).

가상현실 환경에서 학습자의 동기와 흥미유발을 극대화하기 위한 방법으로 XR(AR/VR) 기술을 활용한 게임형태 환경의 학습이다. 가상현실 기술을 활용하여 헤드셋을 착용하여 학습활동의 몰입과 현실감을 높이고, 복수의 사용자가 참여하여 경쟁적 학습이 가능하도록 하여 학습자의 성장을 촉진하는 것이다.

학습자는 학습 게임 모듈을 활용하여 학습 내용에 대한 흥미가 극대화되고, 학습활동에 대한 성취도에 따라 아바타의 성장과 보상지원이 가능하도록 하게 하여 학습자의 적극적인 학습참여를 유도할 수 있다.

XR(AR/VR) 기술 지원의 또 다른 이점은 생생한 체험학습 현장을 구현하여 학생들에게 다양한 경험적 학습을 제공할 수 있다는 것이다. 교수는 시공간을 초월한 새로운 가상세계를 구현하고, 실제성이 높은 다양한 상황을 구현하여 생동감 있는 체험을 학습자에게 제공할 수 있다.

| 그림 5-3 | 현장 실습활용사례

출처: 문화체육관광부 '확장 가상세계 콘서트'

[그림 5-3]은 문화체육관광부와 한국관광공사가 메타버스를 활용하여 코로나19 팬데믹의 영향으로 국내 및 해외 방한 심리를 회복하기 위하여 개최한 '한국관광 확장 가상세계 콘서트'다. 참여자는 가상세계 속에서 우리나라의 지리, 역사, 문화를 탐방 및 체험할 수 있으며 다수의 해외 여러 나라의 참여자

와 서로 소통을 할 수 있는 장을 만들었다. 이처럼 메타버스는 교양교육의 교육목표에 적합한 경험의 범위를 보다 확장시키고 강화할 수 있는 혁신적 플랫폼이라 할 수 있다. 메타버스의 가상현실을 통해서 학생들은 서적이나 화면으로 이해해야 했던 학습내용을 보다 실재적으로 이해하고, 경험을 통해 체화(體化)시킬 수 있는 이상적 학습방법이라 할 수 있다.

3. 교양 수업에서의 상호작용 활성화

메타버스는 가상세계와 현실세계를 아우르는 보다 확장된 공간이다. 메타버스의 편의성과 기술성은 현실과 가상공간의 이동성을 높여 공간의 확장과 융합을 가능하게 한다. 메타버스는 수업활동 반경의 넓힘과 동시에 웨어러블(wearable) 디바이스의 특성을 활용해 학습자가 학습활동에 오감으로 상호작용을 가능하게 한다. 학습자는 메타버스 플랫폼을 활용하여 아바타를 생성하고, 학습공간을 구성하며 아바타로 만들어진 학습 구성원들 간 상호 교류가 이루어진다. 교수는 가상의 학습공간에서 아바타의 학습관리와 역량 관리가 상시적으로 가능하며, 학습자별 수업 성취도를 시각적으로 파악할 수 있다. 이러한 특징을 활용하여 교양교육에서 팀별토론, 협력학습 등의 수업 구성원들 간의 상호작용을 필요로 하는 학습 지원을 강화할 수 있다.

교수는 학습목표에 따라 가상의 학습 환경을 자유롭게 설계할 수 있다. 예컨대, 가상공간에는 교수의 강의를 들을 수 있는 전체 강의실, 또래와의 토의·토론이 가능한 팀룸, 휴게실, 출석체크 공간, 자유공간, 휴식공간 등을 배치하여 공간별 상호 상호작용이 원활하게 설계를 할 수 있다. 이러한 가상공간에서 학생들은 수업과정에서 교수설계에 따라 단계적·선택적으로 누구와도 대화할 수 있고 화면을 공유함으로써 수업의 상호작용을 극대화할 수 있는 장이 마련이 된다. 전체 강의실에서는 교수가 강의를 하면서 학생들에게 지식을 전달할 수 있으며, 질의응답과 피드백이 필요하면 상시적으로 소통이 가능해 실제 대면 수업의 현장감을 느낄 수 있도록 설계할 수 있다. 팀룸은 자신의 정해진 영역에서 구성원들 모두와 상호작용하며 대화할 수 있으며, 교수자도 함께 참여가능하다. 휴게실은 수업과 관련한 다양한 교류의 장이다. 휴식시간이 주어졌을 때 혼자 게임을 하거나 또래와 상호작용을 할 수 있다. 그리고 휴식공간을 마련하여 수업의 개방적 분위기와 환기를 제공할 수 있다. 휴식공간은 수업과정에서 휴식이 필요로 하는 학생이 학습공간에서 벗어나 학생들이 원하는 활동을 하면서 휴식하는 공간으로서 교수가 임의적으로 설정할 수 있다. 가령, 파도 소리가 들리는 시원한 해변의 공간, 재미있는 게임을 할 수 있는 오락 공간 등이다. 대면하여 소통하는 것보다 인터넷상에서 소통하는 것이 익숙한 MZ세대에게 이러한 플랫폼의 수업은 수업과정에서 소통을 장려하고 그들 스스로가 능동적으로 참여할 수 있는 기회를 제공하는 중요한 역할을 한다. 더욱이 학생들은 가상현실에서 아바타를 활용함으로써 자신의 얼굴을 드러나지 않는 환경에서 상대적으로 심리적 부담이 덜하여 대면수업 보다 좀 더 적극적인 상호작용과 참여를 독려할 수 있다.

| 그림 5-4 | 가상현실에서의 소통의 장(Field)

출처: 한국모바일게임협회, Matthew Parsons

메타버스의 교육적 활용에서 또 하나의 이점은 교수와 학생이 수업과정에서의 학습참여 정도를 대면수업보다 좀 더 정확히 파악할 수 있다는 것이다. 교수는 가상현실 속에서 학생들이 자유롭게 이용하면서 머무는 모습을 확인할 수 있다. 이 과정에서 자기주도 학습 능력이 강하고 학습동기 유발이 잘 되어 있는 학생들을 입체적으로 잘 파악할 수 있다. 또한 아바타의 움직임이나 토의·토론학습에서 보여주는 움직임, 수업에 적극 참여하는 모습 등을 통해 개별 학생이 수업에 적극적으로 참여를 하고 있는지를 파악할 수 있다.

메타버스의 기능 중 라이프로깅(Life logging)은 일상적인 경험이나 정보를 저장할 수 있는 기능으로, 학습자의 학습 환경이나 학습과정 등을 기록·분석할 수 있다. 이 기능을 통해 개별 학습자의 학습 성취도를 파악할 수 있으며, 학습 개별적 특성에 맞는 학습지도가 가능하다. 따라서 학습자 스스로가 자신의 학습 진도 상황, 성취도 결과를 분석하여 자신의 학습활동을 진단하고 개선할 수 있는 기회를 제공한다.

이처럼 메타버스는 교수와 학생 간, 학생들 간의 상호작용을 극대화하고 가상현실 속 수업과정에서 자유로운 소통의 장을 마련하여 자기 주도적 학습을 강화시키는 교육플랫폼으로 활용가능하다. 더불어 개별 학습자의 참여 정도를 교수와 학습자 자신의 수준에서 분석하여 제공함으로써 학생 개별 학습 성취 수준을 교수와 학생이 각각 성찰하고, 개선하는 데 도움을 줄 수 있다.

4. 교양교육에서의 활용사례

1) 외국어 교육 활용

메타버스를 활용한 교육콘텐츠 개발 중 가장 활성화되어 있는 부문은 외국어 교육의 활용이다. 외국어 교육이 메타버스에 많이 활용되는 이유는 가상현실 속에서의 '상호작용'이 특화되어 있기 때문이다. 언어학습은 사회적 맥락에서 다양한 상호작용을 통해 고도의 습득이 이루어지며, 학습자의 언어학습 신장시키기 위해서는 의사소통 중심의 상호작용 실재성과 흥미로운 과제 제시가 중요하다[1]. 대학의 교양교육에서 언어교육은 실재적 의사소통을 경험하기에 어려운 환경이기 때문에 대부분 교실에서 역할극으로 대체해왔다. 그러나 메타버스의 가상현실은 실제 현장과 가까운 환경에서 학생들이 실재적 대화를 시도해 봄으로써 의사소통 중심의 언어가 학습된다. 특정한 환경에서 언어 학습의 기능이 제공됨으로써 언어를 사용하는 환경, 문화, 관습, 규칙에 대한 이해가 가능해진다. 이러한 가상현실 세계에서 학생들은 다양한 경험적 자극과 정보 획득으로 능동적이고 전문적으로 언어를 배워나간다.

가상현실 속에서 학습자는 특정된 화제에 대화를 유지하고, 학습자 자신의 생각을 논리적으로 구사하는 능력을 신장시킬 뿐 아니라, 발화자의 표정, 발화 속도, 몸짓 등의 비언어적 요소를 습득할 수 있다. 예를 들어 '물건 사기'와 관련한 외국어를 학습한다고 하면, 교수는 마켓을 가상현실 속에 구현하고 학생들은 교수가 미리 설계해 둔 가상의 마켓에서 물건을 사기 위한 언어를 활용하여 아바타가 직접 물건을 둘러보며 관련 외국어를 학습할 수 있다. [그림 5-5]는 식당의 상황에서 학생들이 사용할 수 있는 언어를 학습하기 위한 맵이다. 교사는 학습목표와 학습자 수준에 맞게 가상현실을 설계하고 학습자는 아바타를 통해 실재적 언어를 구사한다. 이러한 수업의 과정에서 학생들은 실재에 가까운 경험을 통해 학습의 발달이 이루어지며 동시에 흥미를 유발할 수 있다.

1 Ellis, R.(2003). *Task-based Language Learning and Teaching*, Oxford University Press.

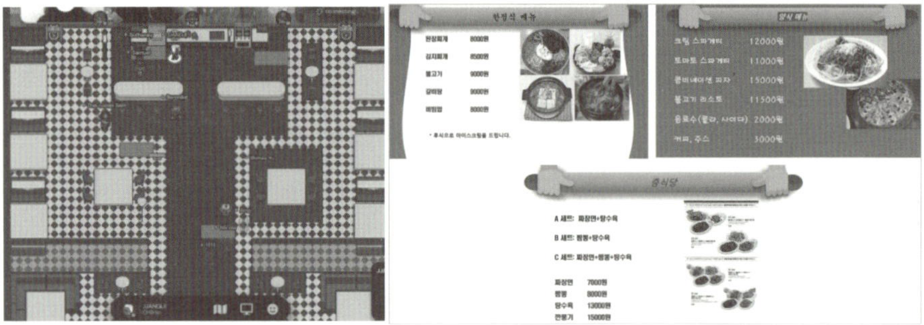

| 그림 5-5 | 가상현실 식당 오브젝트(게더타운)

출처: 장지영(2021), 메타버스를 활용한 한국어 말하기 수업방안 연구.

이외에도 단어학습과 문법학습은 게임형 모듈을 통해 학습자의 흥미를 유발시킬 수 있다. 단원별 학습해야 하는 단어를 단어학습 지원 데이터베이스를 활용하여 멀티 게임 학습이 가능하도록 구성할 수 있으며, 게임 장면의 환경을 다양하게 교수가 제작할 수 있다. 또한 단계별 취득 점수에 따라 보상 체계를 두어 학습자의 학습동기를 이끌어낼 수 있고, 커브드 스크린 기반 동영상 제작을 통해 전문 외국어 강사의 360도 동영상 강좌를 학습할 수 있다.

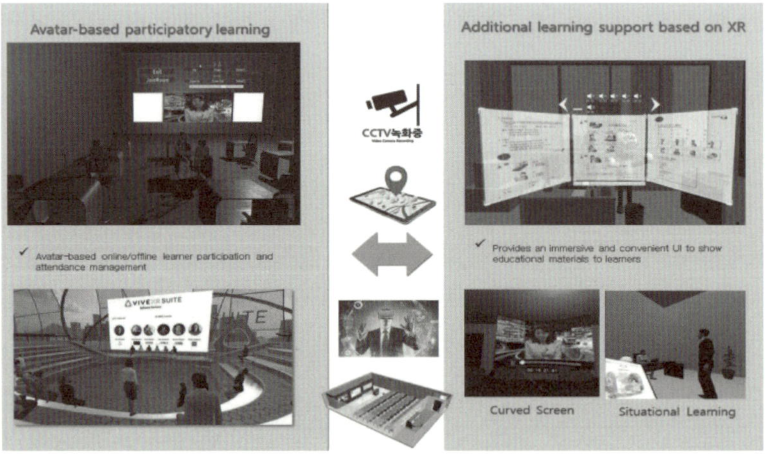

| 그림 5-6 | 메타버스 기반 외국어학습 사례

출처: 유갑상, 전금(2021), 메타버스 기반 게임형 어학교육 서비스 플랫폼 개발에 관한 연구.

2) 진로 교육 활용

대학에서의 진로교육은 학생 개인의 자아정체감 형성을 돕고 직업인으로서 건강한 삶을 영위하기 위한 준비단계로 매우 중요하다. 대학에서 진로교육은 학생 개인의 적성과 흥미를 탐색하고, 진로과정에서 겪는 어려움을 학생 스스로가 극복하며 학생 개인의 커리어를 체계적으로 준비하도록 지원하는 것을 목표로 삼고 있다. 이러한 배경에서 메타버스가 갖고 있는 시·공간의 초월적 특성은 진로교육의 매우 혁신적 교육사례가 될 수 있다. 메타버스의 가상현실에서 학습자는 다차원적 직업 체험을 하고, 진로 멘토와 상담, 다양한 진로 정보 공유, 동일한 진로를 갖고 있는 또래와의 교류를 통해 본인의 진로 설계를 확장해 나간다.

최근 메타버스를 활용한 진로교육을 살펴보면 진로페스티벌, 직업(채용)박람회 등과 같은 교육 콘텐츠로 활용되어왔다. 지난 2021년 9월 서울대·고려대 등 6개의 대학이 공동으로 취업박람회에 메타버스를 활용하였다. 여기에는 삼성, 현대차, LG 등 국내 67개 기업들이 대거 참여하였으며, 8,518명의 대학생들이 참여하였다. 학생들은 가상공간 행사장 곳곳에 배치된 안내장을 클릭하여 원하는 기업의 설명회 일정을 확인하고 관심 있는 기업의 상담회장을 찾아 채용 담당자와 상담을 할 수 있었다. 메타버스를 활용한 취업박람회에 학생, 대학, 기업 모두 대체적으로 긍정적 반응을 보인 것으로 나타나 앞으로의 대학에서의 진로 교육에서 메타버스는 지속적으로 활용할 것으로 예측된다.

그동안에 대학의 진로교육은 이론적 강의 수업과 진로유형 진단 및 검사, 진도상담 등으로 이루어졌다. 진로교육의 학습공간은 대학 캠퍼스에 한정되어 있기 때문에 개인특성이 반영된 진로교육이 어려우며, 현장 몇 산업체와 연계된 실재적 진로교육이 어렵다는 한계성을 지니고 있다. 이러한 한계를 극복하는 데 메타버스가 매우 유용하게 활용될 수 있다. 메타버스는 진로교육에서 학생들이 희망하는 산업체와 현장의 담당자들과의 비대면 접촉을 통해 대학에서 극복하기 어려웠던 실재적인 진로활동을 가능하게 한다. 이 역시 메타버스가 갖고 있는 동시성과 실재성의 특성으로 가능한 것이다. 가상현실 속에서 학생들은 미리 설계해둔 여러 부스를 돌아다니며 실제 그 직업의 전문가 또는 NPC(Non-Player Character)로부터 해당 직업에 대한 설명, 영상시청이 가능하다. 이외에도 진로상담, 직업체험교실, 모의/면접 등의 체험활동이 포함되어 학생들이 직접적 경험을 할 수 있다. 또한 해당분야의 전문가와 가상의 대화를 해보고 그 분야의 전문가가 되기 위한 준비과정을 체험할 수 있으며, 내가 그 분야의 직업인이 되었을 때 겪게 되는 역할들을 가상으로 경험해봄으로써 학생들은 자신에 적합한 진로를 탐색할 수 있다.

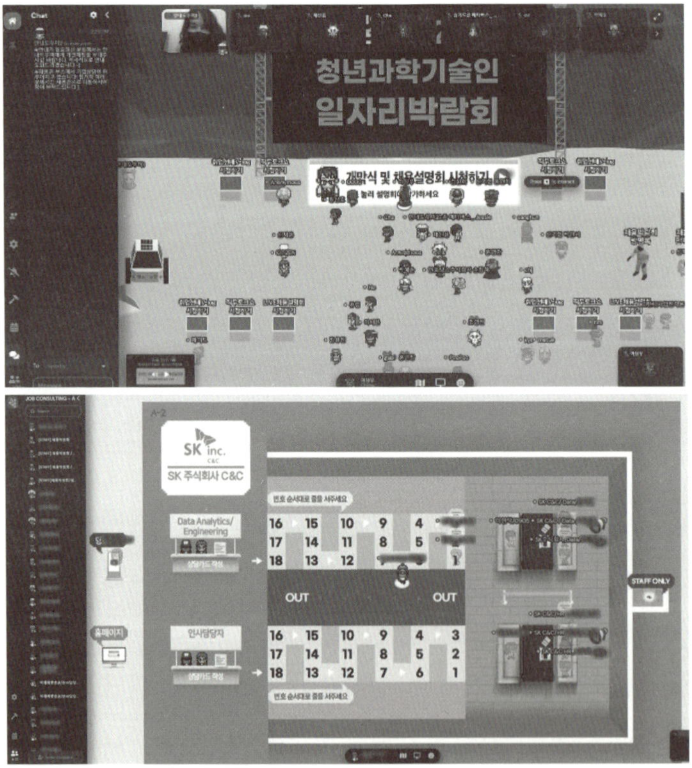

| 그림 5-7 | 메타버스를 활용한 취업박람회

출처: 아주경제(2022.2.11).

3) 융합 교육의 활용

: STEAM과 PBL 활용사례

메타버스는 학습자의 몰입과 실재감을 이끌어낼 수 있다는 점에서 학습자가 직면한 문제를 다양한 측면에서 해결하는 융·복합적 접근이 용이한 플랫폼이다. 메타버스는 학습 내용에 따라 공간을 획기적으로 변경할 수 있으며, 가상 공간의 상황을 어떻게 설계하느냐에 따라 학습자의 행동을 유도할 수 있기 때문이다. 가상공간에서 학습자는 현실의 상황과 연결하여 새로운 창작을 할 수 있고, 가상현실에서 직면한 문제 사항을 탐색하고 해결해 나갈 수도 있다. 가령, STEAM, PBL 측면의 수업의 활용이 대표적 사례다. 가상현실 속에서 학습자는 일방적으로 학습 콘텐츠를 소비하는 것이 아닌 직접 콘텐츠를 제작하고 사회적 관계들 맺음으로써 자기 주도적 학습이 가능해진다. 또한 메타버스의 가상현실 속에서 직면한 문제 사항을 가상 환경에 적용하여 탐색하고 도출한 아이디어를 설계하며, 학습자 간 토의·토론을 통해 학습목표와 내용을 확장시킬 수 있다. 메타버스의 자유로운 학습 환경 변화는 학습자에게 다양한 장르와 영역의 탐색을 가능하게 하고 학습의 문제를 창의적으로 해결할 수 있는 기회를 제공을 수 있다. 더불어 다양한 분야에 체험과 탐구로 융복·함 교육프로그램의 개발이 가능해진다.

다음 [그림 5-8]은 3D 랜드마크 건설 프로젝트 수업의 예시이다. STEAM 교육방법을 적용하여 창작물을 완성하는 학습과정으로 랜드마크를 탐색하고, 랜드마크의 특징들을 분석한다. 그리고 본인들이 만들 랜드마크를 스스로 설계하여 최종 창작물을 만들어내게 하는 수업목표를 갖고 있다. 이러한 학습과정을 통해 학생들은 공간의 구성, 물체에 대한 양감과 배치를 고민하게 된다. 본인들이 선택한 랜드마크의 설계도를 구상하면서 비율과 크기를 계산하며 융합적인 학습이 이루어진다. 이후 결과물은 로블록스 스튜디오(Roblox Studio)에 업로드하여 다른 팀과 창작물을 비교·분석할 수 있다.

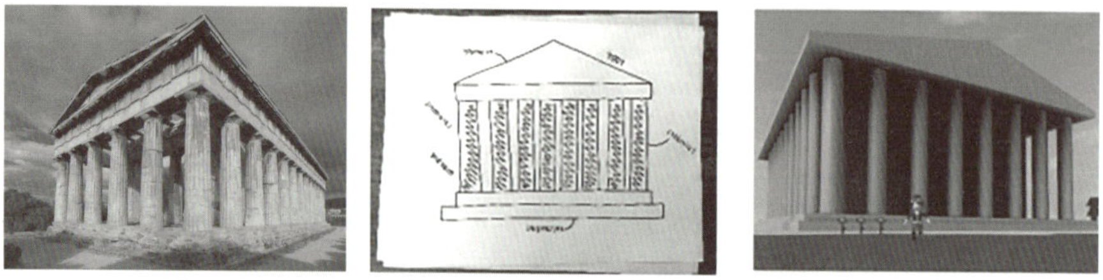

랜드마크를 탐색 　　 창작물을 설계 　　 로블록스 스튜디오에 창작

| 그림 5-8 | STEAM을 활용한 랜드마크 만들기 수업

출처: Build a Land Mark project: 3 steps of creating, Long, R. U. (2019).

메타버스의 가상공간을 활용하여 일련의 학습과정 흐름에 따라 내용을 구조화하고 재해석함으로써 학습자에게 학습목표에 적합한 행동을 유도할 수 있다. 가상현실의 스토리텔링으로 학습자가 직면한 이슈상황과 경험을 학습목표에 맞게 설계하여 학습자가 스스로 문제를 해결하는 방식이다. 여기에는 학습의 과정에 따라 가상현실에 나타나는 이벤트와 경험을 재정리하거나 재해석하는 것이 중요하다. 메타버스는 가상환경과 상호작용을 바탕으로 학습의 몰입이 이루어지며, 이러한 경험은 교수자의 의도에 따라 구성된다.

다음 [그림 5-9]는 농장의 가상현실 속에서 시뮬레이션을 통해 식물을 키우는 PBL 수업활동의 사례이다. 학생들은 이 활동을 통해 식물에 대한 이해, 농업의 기본 흐름, 식물의 생애주기에 대해 학습하게 된다. 가상현실 속에서 씨앗을 심는 시뮬레이션을 하면서 더 많은 농작물을 팔아 이윤은 얻을 수 있는 방법, 그리고 그 이윤으로 다른 종류의 씨앗을 구입하거나 자신의 농장을 업그레이드할 수 있는 방법을 습득하게 된다. 이 경험을 통해 가상의 농부의 역할을 하며 자신의 그룹과 함께 상호작용하며, 더 나은 농장을 만들기 위해 서로 협력하여 성공적인 해결책을 도출하게 된다.

❙그림 5-9❙ PBL을 활용한 농장 운영 수업

출처: Roblox Games and Learning Strategies, Long, R. U. (2019).

4) 교육공간의 혁신 사례

(1) 미국의 사례
: 생동감 있는 현장수업과 학습참여자의 확대

미국은 메타버스 관련 기술을 교육 분야에 적용하는 것에 대한 관심이 매우 높다. 연방 교육부 산하 교육기술부(National Education Technology Plan, NETP)는 첨단기술의 적극적인 교육적 활용을 촉구하고 있으며, 그 가운데 메타버스의 교육적 활용이 개별 학생의 흥미와 적성을 고려한 학습 환경이라 인식하고 있다. 메타버스의 핵심 기술 중 하나인 AR과 VR기술의 교육적 활용이 학생들의 적극적인 참여를 촉진하고, 학습 성취도를 높이는 데 매우 중요한 학습 플랫폼으로 기대하고 있다.

이중 하나의 사례로 데이비드 보이어(David Boyer) 크림슨대학(Clemson University) 교수가 이끄는 연구팀의 메타버스 기술을 살펴보겠다. 이들은 AR과 VR 기술을 활용하여 가상 현장체험학습(virtual field trip)인 'I-Corps L VRFE(Virtual Reality Field Experiences)' 프로젝트를 진행되었다. 이 프로젝트는 안드로이드(Android) 스마트폰과 구글 카드보드(Google Cardboard) 등의 보급형 VR 안경을 연동시켜 가상의 현장체험학습을 가능하게 하였다. 학생들은 교실에서 기기를 사용하여 방문할 장소에 접속할 수 있으며, 교사들은 '구글 익스페디션 파이오니어 프로그램(Google Expedition Pioneer Program)'과 같은 프로그램을 사용하여 수업을 진행하거나 가상현실 체험학습을 위한 자료를 추가하여 가상의 학습 상황을 조성할 수 있다.

또 하나의 주목할 사례로는 아메리칸 하이스쿨(American High School, AHS)이 사기업인 퀄컴(Qualcomm) 및 빅토리XR(VictoryXR)과의 협력을 통해 시범 도입한 '국제 VR 고등학교(International VR High School) 프로그램이다. AHS는 미국의 가상학교 중 하나로 전 세계 학생들을 대상으로 온라인 수업을 제공하고 있다. AHS는 가상 캠퍼스에 출석을 하며, VR교실에 모여 마치 실제 학교 건물에서 만난 것처럼 상호작용하며 실감형 수업에 참여하게 된다. 3차원 이미지를 활용하여 현장을 경험하고, 체험하며, 서로 공유할 수 있는 콘텐츠를 개발하여 학습 환경을 설계하고 있다.

그림 5-10 AHS의 빅토리XR 캠퍼스

출처: Amelia Ijiri(2022). Reimagining Language Lessons for Immersive Learning in Virtual Reality. IALLT's free language technology magazin.

(2) 영국의 사례
: 혼자가 아닌 모두가 참여할 수 있는 가상의 공간

영국 최초로 스코틀랜드(Scotland)의 한 지방자치단체인 이스트 렌프루셔(East Renfrewshire)는 2018년 3월 모든 학교에서 AR과 VR에 대한 학습경험을 할 수 있도록 전폭적인 재정적 지원을 하였다. 학생들은 VR 헤드셋을 활용하여 달을 여행한 경험을 바탕으로 작문을 하고 화성을 탐사하기도 하며, 가상의 심해 수영을 통해 상어의 구조를 파악하기도 하였으며, 과거의 로마 시대를 여행 등을 하였다. 그러나 VR 헤드셋의 경험의 경우, 가상현실에서 개인 학습자 중심으로 학습이 이루어짐에 한계가 있다. 이에 따라 일부 다른 학교에서는 VR 헤드셋을 착용하지 않고, 영상을 프로젝터로 일부 벽면에 투사하여 쌍방향 교실에서 진일보한 기술을 사용함으로써 혼자만 경험할 수 있는 영상과 음향이 아닌 모든 학생이 공유할 수 있는 학습 환경을 조성하기도 하였다.

| 그림 5-11 | 험버스턴 클로버필즈 아카데미의 쌍방향 몰입교실 수업의 예

출처: The Enquire Learning Trust(29, April 2019)와 Humberston Cloverfields Academy(n.d.)

험버스턴 클로버필즈 아카데미(Humberston Cloverfields Academy, HCA)는 쌍방향 몰입 교실을 활용하여 학교 교육과정 전반에 걸쳐 통합적으로 활용되고 있다. 학생들은 모든 벽면에 투사된 VR영상을 통해 화가 모네(Monet)의 정원을 산책하거나 놀이공원에서 롤러코스터를 타기도 하고, 가상의 요가 강사를 따라 요가를 배울 수도 있다. 또한 쌍방향 몰입교실에서는 360도 비디오를 이용하여 벌이 날아다니면서 꽃가루를 모으는 모습이나 인간의 신체 기관을 들여다보는 등 해당 시설을 사용하여 수업의 재미와 흥미를 높이고 학생의 학습 내용에 대한 이해를 돕고 있다. 이러한 학습 환경을 통해서 생생한 현장의 모습을 교실 안으로 가져와 학습 의욕을 신장시키며 수업에 대한 참여를 높이는 데 적극적으로 활용되고 있다.

생각할 문제

1 수업현장에서의 공감적 커뮤니케이션, 친밀감과 공유관계 형성에 메타버스의 학습 플랫폼은 어떠한 한계를 갖고 있는지요?

2 디지털환경에 대한 불평등이 학습의 불평등을 소래하지 않을까요?

3 창의성 계발과 문제해결력 향상에 메타버스는 어떠한 영향력을 발휘할까요?

METAVERSE
UNIVERSITY

Chapter

06

메타버스와 전공교육

우리나라 대학 전공교육은 초연결, 초융합, 초지능을 특징[1]으로 하는 4차산업혁명 사회의 요구를 반영하면서 꾸준히 교육적 변화를 추구해왔다. 일상 삶 속에서 발생하는 대부분의 실제 문제는 복합적이기 때문에, 여러 가지 해결책을 모색해야 하고 다양한 지식영역을 융합 내지 통합해야만 해결이 가능하다. 또한 4차산업혁명 사회는 변동성, 불확실성, 복잡성, 모호성[2]을 특징으로 한다. 이 시대는 참여적 의사결정, 지속적 학습, 자율성, 협업, 모둠지향성, 변화에 대한 수용적 태도라는 특징을 가지는 '에이자일 문화(Agile Culture)'가 중심을 이룬다. 이러한 시대를 선도하거나 대처하기 위해서는 교육혁신이 필요하며 특히, 복합적 문제해결 역량을 증진시키기 위한 노력이 중요하다.

대학에서 가르치고 배우는 일이 현실을 지나치게 비현실적으로 단순화해서 다루었기 때문에, 배운 것을 실제 삶에 전이(transfer)하고자 할 때 어려움이 많았다. 이로 인해서 대학 전공수업에서 배운 내용이 실제 업무에 적용되지 못하는 괴리가 있다고 꾸준히 지적을 받아왔다. 이러한 격차를 해결하고자 전공역량중심 교육과정에 초점을 두고, 복수전공, 연계전공, 마이크로디그리 등 융복합교육과 캡스톤디자인, 인턴십 등 현장기반교육을 활성화하려는 노력을 기울여 왔다. 또한 교수학습의 실재감을 향상시켜 학습의 전이력을 높이고자 증강현실(AR, Augmented Reality)과 가상현실(VR, Virtual Reality) 기술혁신을 활용하고자 노력해 왔다.

대학생의 특성과 진로 및 적성에 맞는 맞춤형 전공역량기반 교육과정을 제공하기 위해서 정보통신기술(ICT)을 활용한 교육이 적극적으로 활용되어 왔다. 일례로, 가상적 사회활동의 공간으로서 온라인 게임을 교수학습에 반영하고자

1 4차산업혁명 사회의 대표적인 특징으로 초연결, 초융합, 초지능을 들 수 있다. 초연결은 기술의 급속한 발전에 따라 제한적인 시공간을 뛰어넘으며 인간과 다양한 사물들의 상호작용을 위해 그 연결의 범위가 확대되는 것을 의미한다. 초융합은 이전에는 상상조차 할 수 없었던 다른 종류의 기술과 산업의 결합이 이루어져 새로운 융합산업의 출현을 의미한다. 초지능은 살아있는 생물만이 가능하다고 여겨졌던 학습능력, 추론능력 그리고 자기계발까지 컴퓨터 프로그램이 할 수 있는 방법을 연구한 컴퓨터 공학 또는 정보기술을 의미한다.

2 4차산업혁명 사회는 이른바 VUCA, 즉 Volatility(변동성), Uncertainty(불확실성), Complexity(복잡성), Ambiguity(모호성)로도 불린다.

하는 노력의 일환으로 멀티미디어 매체의 풍부한 학습환경(예: MMORPG)을 제공해 주는 시도가 지속적으로 수행되어왔다[3]. 다중참여 온라인 역할수행 게임(MMOPRG), Second Life 등 가상공간을 교수학습환경으로 활용하고자 하는 노력은 지속되어 왔으며, 최근 코로나19에 대한 교육적 대응방안으로 전공교육에서 메타버스를 활용하고자 하는 관심이 극대화되고 있다.

A대 패션디자인과 수업 장면　　　　B대 메타버스 캠퍼스

| 그림 6-1 | 메타버스 수업장면과 캠퍼스

출처: 한국대학신문(2022).

메타버스 기반 전공교과 교수학습환경은 학습자가 주도적이고 능동적으로 학습을 계획하고 학습과정에 참여함으로써 의미 있는 지식을 구축할 수 있도록 지원하기 위해서 학습자가 스스로 선택할 수 있는 다양한 교수학습자원을 제공해 줄 수 있는 교육적 잠재력을 가졌다고 판단하기에 충분하다. 정교하게 교수설계된 메타버스 기반 전공교과 교수학습환경은 구성주의를 구현하기에 적합하다. 물론 메타버스의 초기 버전이라고 할 수 있는 2003년도 가상현실공간 'Second Life'은 관련 인프라나 핵심 도구의 부재로 인해 널리 활용되지 못했던 실패경험의 역사도 있었다[4]. 메타버스가 기본적으로 정보통신기술에

3 서순식·김성완(2006). 다중참여 온라인 역할수행 게임 활용 초등영어교육 효과 분석. 연세대교육연구소 국제심포지엄 (교육과 게임). (2006년 11월 25일). 연세대학교.

4 김상균·신병호(2021). 메타버스 새로운 기회. 서울: 베가북스.

기반하고 있지만, 이것이 교육적 효과성을 근본적으로 결정하지는 못한다. 따라서 메타버스 기반 전공교육을 위한 교수학습환경을 어떻게 설계할 것인지가 더 중요하다.

이 장에서는 전공교육과정을 설계, 운영, 평가하는 과정에서 메타버스를 어떻게 활용할 것인지를 탐색적 측면에서 다루어 보고자 한다.

1. 메타버스 활용 전공교육 수업 사례

전공교육 수업에서의 메타버스는 주로 현장 탐방, 실험, 실습 과목을 대체 및 보조하는 형태로 활용되고 있다[5]. 한국공학대학교는 자체 개발한 메타버스 기반 Future VR Lab을 '전자기학' '반도체공정설계', '전기자동차구동제어' 수업 등에서 공학교육 실습실로 운영하고 있다[6]. 전공실습 가상환경에서 VR 교육콘텐츠를 통해 실시간 강의와 최대 20명의 학생이 동시에 참여할 수 있는 가상현실 실습이 접목된 새로운 형태의 수업방식이 이루어지고 있다[7]. 이러한 교수학습환경은 교수자와 학습자 간 높은 수준의 상호작용이 이루어지도록 제약없이 콘텐츠를 구현하고 교수현존감(teaching presence) 높은 실습수업을 제공해 준다. 또한 메타버스는 물리적 위험성이 높은 실습 교과목, 비가시적 또는 체험 불가한 공학적 원리 관련 수업에 적합하다.

5 최희수·김상헌(2017). 역사교육을 위한 메타버스 콘텐츠 연구. 글로벌문화콘텐츠, 26(7), 209-226.
6 박석희(2021). 한국산업기술대학교, 메타버스 공학교육실습실 구축. 뉴시스(2021.4.5.).
7 송덕순(2021). [교육이 미래다] 국내 대학 첫 '퓨처VR랩' 구축… 미래융합형 공학인재 양성 박차. 중앙일보(2021.10.27.).

Future VR Lab-1

Future VR Lab-2

┃그림 6-2┃ 한국공학대학교 Future VR Lab

출처: The JoongAng(2021.10.27).

서울대학교 의과대학은 인공지능(AI) 의료영상 3차원 분석 기술과 해부학 가상·증강현실(VR·AR) 기술을 접목해 의학 메타버스를 구현하고, AI 소프트웨어를 활용한 CT 영상의 3D 모델링 및 분석, 3D 모델링 기반 인체 영상 분할, 분할 데이터 기반 VR·AR 해부학 콘텐츠 활용 실습, 3D프린팅 해부학 모델 제작 교과목에 활용하였다. 3D 의료영상을 구현함으로써 인체 내부를 직접 분석하고, 학생들은 수술이 필요한 환자의 실제 데이터를 토대로 해부학 구조물을 직접 분할·추출할 수 있으며, 이를 가공해 온라인 환경에 직접 탑재한 데이터를 토대로 VR, AR, 3D 프린팅 콘텐츠를 제작·체험한다[8].

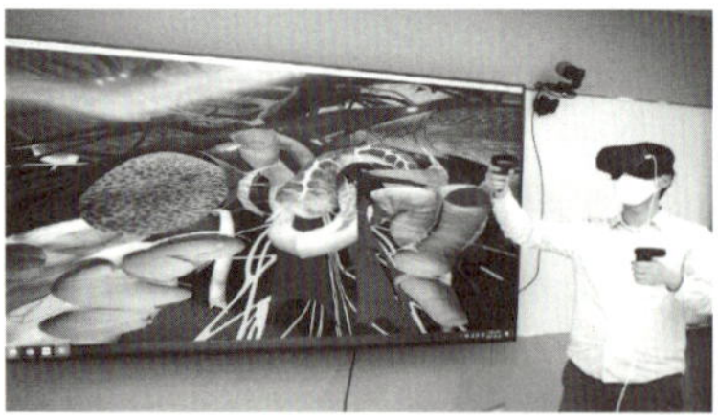

서울대 의과대학 메타버스 활용 수업현장

분당서울대병원 메타버스 수술실 모습

┃그림 6-3┃ 의과대학 메타버스 활용사례

출처 1: 매일경제(2021.06.21.). 메디컬아이피, 서울대 의과대학에 메타버스 적용 실습교육 국내 첫 도입.
출처 2: 전자신문 포스트(2021.07.04.). 의료 교육에도 '메타버스' 접목… 비대면 시대 주목.

8 오대석(2021). 메디컬아이피, 서울대 의과대학에 메타버스 적용 실습교육 국내 첫 도입. 매일경제(2021.6.21.).

동서울대학교는 지난 2020년부터 교육용 메타버스 플랫폼을 자체 구축하여, 라이브 스트리밍 강의, 캡스톤디자인 강의 등을 진행해 왔다[9]. XR Lab 대학원생들은 드론 조종 및 촬영화면을 라이브 스트리밍 방식으로 메타버스 공간 안에 전송하고, 강의자는 타 지역 공원에서 드론을 조종하면서 메타버스 공간에서 강의를 진행하였다. 또한 캡스톤디자인 팀 프로젝트 수업에서 학생들은 팀원들과 메타버스 회의실에 따로 모여서 팀 회의를 진행하고 그 결과물을 제출하는 형태의 수업이 진행되었다.

메타버스 라이브 스트리밍 강의　　　메타버스 기반 캡스톤디자인 수업 조별회의 화면

| 그림 6-4 | 동서울대학교 메타버스 강의와 조별회의

출처: 김준호 외(2022).

해외 고등교육에서도 메타버스를 교육에 활용하고자 하는 사례가 많아지고 있다. 미국의 펜실베이니아 주립대학교(Pennsylvania State University)는 마인크래프트(minecraft)에 강의실을 개설하고 수업을 실시하여 학습자 간에 상호작용할 수 있는 기회를 제공했다[10].

---

9 김준호·이병성·최성진(2022). 비대면 교육을 위한 메타버스 구축 및 활용사례에 대한연구. 문화기술의 융합, 8(1), 483-497.

10 한송이·노양진(2021). 메타버스 활용 교육에 대한 대학 교수자 인식 연구. 디지털콘텐츠학회논문지, 22(11), 1793-1806.

펜실베이니아 주립대 'Minecraft' 피셔도서관

펜실베이니아 주립대 'Minecraft' College Hall

| 그림 6-5 | 펜실베이니아 주립대 메타버스 활용사례

출처: https://www.businessinsider.com/upenn-students-recreate-campus-in-minecraft-to-host-virtual-events-2020-4

이렇게 메타버스를 활용한 교수·학습 활동은 능동적인 학습과 구성주의 기반 학습 참여 기회를 제공해 주며, 학습자의 학습태도, 몰입, 만족도에 효과가 있는 것으로 나타났다[11].

2. 전공교육의 새로운 가치를 창출하기 위한 메타버스의 요건

전공교육 참여 학습자가 메타버스 기반 교수학습과정에서 가치를 경험하려면 어떤 요소들이 고려되어야 하는가? 메타버스 교육운영관리자가 투입, 과정, 산출 각 단계에서 제공하는 교수학습에서 학습자는 참여경험, 학습경험, 가치경험을 각각 누릴 수 있어야 하며, 시스템 수준(학습자/교수자, 프로그램, 교육환경)을 고려[12]하여 메타버스 기반 전공교육이 통합적 관점에서 설계 및 개발되어야 한다. 학습자가 최적의 경험을 하도록 교수학습환경을 조성하기 위해서 공정하고 유연한 제도, 창의적 사고를 지닌 인적자원, 기술융합역량[13]이 통합적으

11 한송이·노양진(2021).
12 김성완(2021). 창의적 문제해결을 위한 디자인씽킹. 서울: 동문사.

로 고려되어야 한다.

구체적으로 살펴보면, 첫째, 메타버스를 활용한 전공교육과정이 대학에서 성공적으로 도입 및 정착하기 위해서는 대학 내 학칙, 규정, 지침 등이 마련되어야 한다. 메타버스라는 새로운 ICT활용 교수방법을 수업설계에 적극적으로 활용하도록 대학에서 규정화 및 지침화함으로써 구성원들이 변화에 동참할 수 있도록 제도적인 여건을 마련해 주어야 한다. 코로나19 이후 이러닝 교육방법을 활용하여 교육을 수행해 왔음에도 불구하고 여전히 비대면 수업을 대면수업과 동일한 수준에서 다루지 못하는 관행적 제도에서 벗어나 메타버스를 활용한 비대면 수업의 교육적 가치를 대면수업과 동일하게 다루는 유연성을 확보할 필요가 있다.

둘째, 메타버스를 활용한 전공교육과정이 효과적으로 설계, 개발, 적용, 평가되기 위해서는 이에 적합한 역량을 가진 인적자원이 있어야만 한다. 메타버스의 교육적 활용에 전문적 이해를 가진 교육전문가(교수자, 교수설계전문가 포함)와 프로그래머 등 기술전문가의 협업이 요구된다.

셋째, 메타버스 기반 전공교육과정을 기술적으로 지원해 줄 기술환경(예: 클라우드 서버서비스, VR 기기 등)이 필요하다. 참여 학습자들이 가상세계에서 실제 장소를 입체적으로 표현한 곳에서 다른 참가자들과 복잡한 상호작용을 할 수 있도록 실감형 메타버스 플랫폼이 구축되기 위해서는 특히, AR/VR/MR 관련 디스플레이 디바이스(예: VR 헤드셋, AR 안경 등), 광학 기술, 반도체, 재료 등 모든 영역의 협력이 중요한 과제이다. 이외에도 학습자의 몰입도와 교수실재감을 높이기 위해서는 극사실적 디지털 휴먼 제작기술을 통해 현실을 잘 반영하는 가상 캐릭터를 개발할 수 있어야 한다. 이러한 기술환경을 개별 대학이 구축하는 것은 물리적으로 어렵기 때문에 지역공유대학, 권역대학원격교육지원센터 등을 활용한 자원의 공유가 활발히 이루어져야 경제적 한계를 극복할 수 있을 것이다.

13 김병연·김소영·이근·이상승·주병기·이정민·안동천·이철희·박지희(2021). 혁신의 시작. 서울: 매일경제신문사.

새로운 가상융합 플랫폼으로서의 메타버스가 성공적인 전공교육 가치창출 도구가 되기 위해서는 공급자 중심의 일방적 내용전달에 초점을 둔 파이프라인(pipeline) 접근이 아닌 학습자 중심의 학습자 주도형 PULL 플랫폼이 되어서 학습자와 교수자 간 지식이 자연스럽게 흘러넘치는 공간이 되도록 플랫폼이 구축되어야 한다. 메타버스에서의 교육은 학습자와 교수자가 교육적 가치를 공동으로 창출하기에 적합한 교수학습환경이어야 한다. 학습자가 자신을 대리하는 아바타를 통해 주체적으로 학습과정을 이끌어가는 학습자 주도성(student agency)을 발휘할 수 있고, 학습자가 교수자, 다른 학습자, 지역사회 등 교육을 둘러싼 다양한 이해관계자들과 상호교류할 수 있는 협력적 주도성(co-agency)의 경험을 제공하는 가상공간으로 설계되어야 한다.

3. 메타버스 기반 전공교육 설계

우리나라 대학교육은 그간 주로 행동주의와 인지주의 학습이론을 토대로 교육내용을 어떻게 효과적이고 효율적으로 전달할 것인가에 초점을 맞춰 왔다. 그러나 엄청난 지식과 정보가 수시로 쏟아지는 시대를 살게 되면서 이러한 방식으로는 빠르게 변화하는 사회에 적응하거나 선도할 수 없는 상황이 되었다. 새로운 시대에 적합한 교수학습 패러다임이 요구된다. 즉, 교수학습내용과 교수자 중심의 교육패러다임 또는 교수설계방식에서 벗어나 역량 증진과 학습자의 가치창출에 초점을 두는 '구성주의 교수학습환경' 방식이 더욱더 요청되는 상황이다.

이 글에서는 기존 내용위주 교수설계와 인지과정 위주의 교수학습설계를 넘어 구성주의 교수설계(예: 문제기반학습, Goal-Based Scenario 등)인 '교수학습환경(instructional environment)'을 중심으로 메타버스 기반 전공교육과정의 교과목 설계를 다루고자 한다. 이 '교수학습환경'은 학습자가 주도적으로 학습을 계획하고 능동적으로 학습과정에 참여함으로써 의미 있는 지식을 구축할 수 있도록 지원하기 위해서 학습자가 스스로 선택할 수 있는 다양한 교수학습자원을 제공한다. 한 마디로 이것은 학습자 주도성(student agency)을 높이는 역할을 담당할 수 있다. 이러한 '교수학습환경' 특성은 메타버스가 제공하는 기술적 특성과 연계되어 교육적 시너지 효과를 가져올 것으로 기대된다.

메타버스에서의 전공교육을 위한 교수학습환경은 4차산업혁명 시대가 요구하는 대표적인 역량 중에서 고등지식의 핵심인 인지유연성(cognitive flexibility)을 촉진하는 데 유용할 수 있다. 인지유연화는 여러 가지 다른 개념과 사례에 기초한 관점에서 지식을 표상하는 능력을 말하며, 나중에 지식이 사용될 때 바로 그 관점으로부터 이해나 문제해결을 위해 필요한 종합적 지식을 새롭게 구성하는 능력을 지칭한다[14]. 우리는 복합적인 문제로 둘러싸인 삶, 즉 비구조화된(ill-structured) 문제[15]로 점철된 삶을 살고 있다. 복합성과 불규칙성을 가지는 이러한 비구조화된 과제 특성[16]의 경우, 같은 자료에 대한 다중해석(multiple interpretations)과 다중표현(multiple manifestations)이 가능하도록 메타버스 기반 전공교육 교수학습환경을 설계하는 것이 메타버스의 기술적 특성과 교육적 특성을 잘 살리는 지름길이다. 물론, 메타버스가 모든 교수학습상황에서 항상 효과적인 것은 아니다. 예를 들어, 학습내용이 비구조화된 과제일 경우, 상대적으로 효과적일 수 있지만 구조화된 과제일 경우, 메타버스 활용이 불가능한 것은 아니지만, 다른 교수방법을 활용하는 것이 좀 더 효과적일 것이다.

---

14 김성완·이명근(2005). 영화와 교육공학. 연세대학교 교육연구소 국제세미나 (영화와 교육, 그리고 교육공학) (2005년 6월 3일). 연세대학교.
Spiro, R. J. et al.(1988).
Spiro, R. J., & Jehng, J. C.(1990).

15 Jonassen, D. H.(1997). Instructional design model for well-structured and ill-structured problem-solving learning outcomes. *Educational Technology Research and Development, 45*(1), 65-95.

16 Spiro, R. J. et al.(1988). Cognitive flexibility theory: Advance knowledge-acquisition in ill-structured domains. In Proceedings *of the Tenth Annual Conference of the Cognitive Science Society*. Hillsdale, NJ: Lawrence Erlbaum Associates.
Spiro, R. J., & Jehng, J. C.(1990).

또한 메타버스에서의 전공교육은 토의학습, 탐구학습, 문제해결형 학습에 효과적으로 접목할 수 있고, 목표 추구성이 뚜렷하기 때문에 결과를 중시하는 프로젝트형 학습에 활용될 수 있으며, 문제해결 시 전략적으로 모둠을 구성해서 학습자들의 능력조화를 이루는 협력학습에도 적용 가능하다[17]. 메타버스를 활용한 전공교육 과정에서 교수자와 학습자가 공동으로 교육의 가치를 창출하는 노력이 요구된다. 교수자는 가상공간에서의 학습에 필요한 자원(예: 텍스트 및 동영상 또는 음성 학습자료, 관련 전문가 등)을 미리 설계 및 배치하고 학습자가 학습하는 과정을 관찰하여 효과적이고 효율적으로 학습해 나갈 수 있도록 도움을 제공해야 한다. 학습자원을 가상공간에 배치할 때, 학습자의 능동적 조작(active operation), 학습자 자신만의 의미 구성, 가설 검증 및 원리발견과정에서 대화를 통한 다른 학습자와의 협력, 실제 삶의 문제라는 맥락 제시, 성찰활동 등을 고려해야 한다[18]. 또한 학습자의 능동적인 탐구활동을 촉진하기 위해서 학습의 단초가 되는 수행유도기제[19]를 의도적으로 배치하는 방안도 고려할 필요가 있다. 메타버스 활용 교수학습에서는 교수자의 주도성(teacher agency)이 매우 중요하게 요구된다.

지금부터는 메타버스라는 가상융합플랫폼에서 전공교육을 어떻게 설계할 것인지에 대한 구체적인 제안으로 구성주의 교수학습환경 '임무중심 교수학습(Goal-Based Scenario)'을 소개하고 메타버스에서의 임무중심 교수학습 적용에 대해서 생각해 보고자 한다.

---

17 서순식·김성완(2006).
Grundy, S.(1991).
Vilmi, R. & Malmi, L.(1996).

18 Jonassen, D. H.(1991). Evaluating constructivist learning. *Educational Technology, 28*(11), 13-16.

19 수행유도기제(affordance)는 자연환경 자체에 내재되어 있으며, 사람들로 하여금 특정 행동을 하도록 이끄는 특성(Gibson, 1979: 이명근·강수연, 2011에서 재인용)임. 예를 들어, 모둠활동에 대한 상호평가 또는 보상 등을 들 수 있음.

1) 임무중심 교수학습 설계 원리[20]

임무중심 교수학습(goal-based scenario: 이하 GBS)은 학습자의 흥미와 특정 기능의 실제 삶 현장에의 적용 방법에 기초한 교수학습 모형이다. 또한 이것은 학습자가 다양한 도구와 정보를 제공받으며, 주어진 현실적 과제를 수행하는 과정에서 사전에 설정된 학습목표를 달성해가는 실천학습 시뮬레이션(learning-by-doing simulation)이다[21]. GBS는 목표기능(target skill)을 수행하고 해당 목표를 달성할 수 있도록 돕기 위해 관련 내용지식(content knowledge)을 활용하면서 목표를 추구한다[22].

문제중심학습이 구성주의를 추구한다면, GBS는 구성주의와 객관주의의 특성 모두를 추구하는 교수모형이라고 할 수 있다. 예를 들어, GBS에서는 실제적인 과제중심의 상황학습과 해당 과제수행을 위한 다양한 학습자원을 학습자가 선택할 수 있는 학습환경을 제공하는 구성주의적 특징과 목표설정이라는 객관주의적인 특징이 혼재해 있다. 사전에 교수설계자가 교육목표를 설정하고 모든 과제 해결활동들과 학습자원들이 이 목표를 중심으로 정교하게 설정된 시나리오 속에서 합목적적으로 배열되는데 단, 정보제시 전략 면에서 학습자원이 기존 교과서처럼 학문적 논리구조에 따라 전달되는 것이 아니라 정교하게 가공된 시나리오에 내포된 과제구조 속에서 도구적으로 제공된다.

GBS 교수학습 모형의 기본 구성은 [그림 6-6]과 같다.

---

20 이 절의 내용은 김성완(2006) 내용 일부를 수정보완한 것임.

21 조일현·임규연·이현우(2002). GBS+ 설계 모델을 적용한 e-learning 코스웨어 개발 연구. 기업 교육과 인재연구, 4(2), 95-117.

22 Schank, R. C., Berman, T. R. & Macperson, K. A.(1999). Learning by doing. In C. M. Reigeluth (Ed.), *Instructional Design Theories and Models: A New Paradigm of Instructional Theory (Vol. II)* (pp. 161-181). Mahwah, NJ: Lawrence Erlbaum Associates.

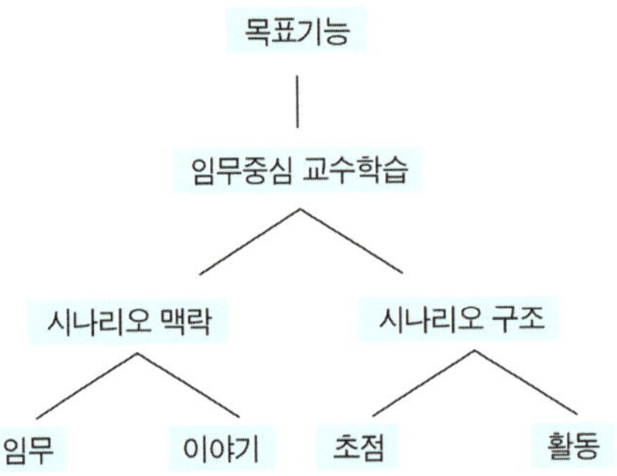

┃그림 6-6┃ 임무중심 교수학습 구성도

여기에서 보는 바와 같이 교수자 내지 교수설계자의 입장에서는 교수학습에 있어서 '하향식(top-down)' 접근을 하게 되고 학습자 입장에서는 '상향식(bottom-up)' 접근을 하게 된다. 즉, 교수자는 학습자가 GBS를 통해 성취하기를 바라는 일련의 목표기능들을 염두에 두고 교수학습을 구상하게 되며, 학습자는 GBS를 통해 제공되는 활동의 맥락과 구조로 인해 학습에 참여하게 된다.

목표기능(target skill)은 GBS를 통해 교수자 내지 교수설계자가 전달하고자 하는 일련의 기능을 말한다. 이 기능들은 학생들에게 직접적으로 가르쳐질 수 있는 수준으로 분해되어 학생들에게 제시된다. GBS의 학습목적은 일반적으로 과정지식(process knowledge)과 내용지식이 된다. 과정지식은 목적달성에 기여하는 기능을 수행하는 방법에 대한 지식을 가리키며, 내용지식은 목적성취가 요구하는 정보를 말한다[23].

임무(mission)는 학습자가 실제 생활현장에서 수행하는 과제와 유사한 형태로 제시된다. 물론 이 임무와 목표와는 매우 긴밀한 의미론적 관련성이 확보되어야 한다[24]. 즉, 임무를 수행하는 과정에서 부지불식간에 목표가 달성되도록 해야 한다는 것이다.

이야기(cover story)는 일종의 이야기 형식을 빌려 학습해야 하는 필요성을 제

23 Schank, R. C., Berman, T. R. & Macperson, K. A.(1999).
24 조일현·임규연·이현우(2002).

공하고 행동(actions)이 일어나는 상황을 설계함으로써, 임무를 보다 정교화하는 역할을 한다. 이것은 학습자가 임무에 대한 이해를 충실히 하고 임무 수행에 필요한 상세한 정보를 제공하며 사실적이고 흥미로운 이야기 전개로 학습동기를 유발한다[25]. 이야기는 학습자가 초반부터 학습에 참여하게 하는 데 있어서 상당히 중요한 역할을 한다. 따라서 이것의 각 요소들은 현실적이고 앞뒤 내용이 탄탄하게 구성되어야 한다. 이야기는 목표기능이 자연스럽게 존재하고 있는 상황과 일치시켜야 한다. 임무와 이야기는 시나리오 맥락(context)과 관련이 되어있다.

초점(focus)과 활동(operation)은 해당 임무가 수행되는 방식에 집중한다. 먼저, 초점은 학습자의 과제를 지칭하며, 수행될 활동의 유형을 결정하고 과제에 대한 조직적인 틀을 제공한다. 초점과제에는 네 가지 유형(설계, 진단, 발견, 통제)이 있다. 각 단계를 통해 학습자는 문제해결 기능을 향상시키는 기회를 가지게 되며, 임무에 있어서 책임감을 가지게 된다. 활동은 학습자가 임무 달성을 위해 학습활동을 예상하고 이를 시나리오의 스토리라인 상에 배치해 두는 것이다. 즉, 학습자들이 임무로 부여된 목표를 성취해가는 과정에서 하는 모든 행위로 구성된다[26]. 여기에는 전문가 의견 청취, 선임자가 작성한 보고서 읽기, 신문기사 보기, 학습자 의견제시 등 학습자 참여활동이 포함된다.

2) 메타버스 활용 임무중심 교수학습 설계

지금부터는 임무중심 교수학습(이하 GBS)을 적용한 메타버스 기반 전공교육 설계 과정을 살펴보고자 한다. GBS 모형이 제안하는 교수설계 절차는 다음 6단계로 정리할 수 있다[27]. 즉, 목적(목표기능) 설정, 임무설정, 초점 선택(학습과제), 이야기 개발, 학습자 활동 설계, 학습자원 개발. 이러한 GBS 모형에

25 조일현·임규연·이현우(2002).
26 Schank, R. C., Berman, T. R. & Macperson, K. A.(1999).
27 Schank(1992); Schank, Berman, & Macpherson(1999); Bryans(2002).

따라 설계된 구체적인 메타버스 기반 전공교육 사례는 〈표 6-1〉과 같다. 이 사례에서의 학습대상은 대학교 1, 2학년이며 이 수업을 통해서 디자인씽킹의 과정과 마음가짐을 습득하여 문제해결에 적용할 수 있도록 하는 데 목적이 있다.

표 6-1 메타버스 기반 전공교과목 수업을 위한 GBS 적용 수업설계 사례

설계 절차	내 용
1. 목적(목표 기능) 설정	디자인씽킹의 과정과 마음가짐을 습득하여 문제해결에 적용할 수 있다.
2. 임무설정	아프리카 동부 에티오피아 아이들이 물을 길어 오가는 과정을 노동이 아니라, 재미있는 작업으로 인식할 수 있도록 적정기술을 개발한다.
3. 초점선택	• 진단 및 발견 - 아프리카 농촌 지역에서 식수를 옮기는 방식을 관찰하고 그 원인을 진단한 후, 이에 대한 해결책을 찾아낸다.
4. 이야기 개발	코이카 단원으로서 에티오피아 농촌마을에서 1년간 봉사활동을 위해 파견되었다. 마을 어린이들이 먼 곳에서 식수를 옮기는 데 시간과 힘이 너무 들어 힘들어한다. 코이카 에티오피아 사무소에서는 식수 운반에 대한 문제상황을 조사한 후, 보고하고 문제해결방안을 제시하도록 단원에게 지시를 내렸다. 단원은 식수운반의 문제를 어떻게 해결해야 할까요?
5. 학습자 활동 설계	• 농촌마을 방문: 관찰, 면담, 자료조사 등 • 문제상황 조사 후 1차 보고서(문제진단) 코이카 에티오피아 사무실에 보내기 • 코이카 에티오피아 사무실로 부터 피드백 • 코이카 파견 단원들 간의 문제해결 프로젝트 진행 후, 결과물 제출
6. 학습자원 개발	• 농촌마을 사람들 인터뷰 자료, 문제해결 프로젝트 방법론(디자인씽킹) pdf 자료 및 동영상 자료 등

이 수업은 '디자인씽킹'의 과정과 마음가짐을 습득하여 문제해결에 적용하는 능력을 기르는 데 목적이 있다. 목적 달성을 위해 설정한 임무(mission)는 '아프리카 동부 에티오피아 아이들이 식수를 옮기는 과정이 재미가 가미될 수 있

도록 적정기술을 개발하기'이었다. 또한 이 임무를 수행할 때, '진단과 발견'에 초점을 두어, '아프리카 농촌 지역에서 식수를 이동방식을 관찰하고 그 과정에서 발생하는 문제점의 원인을 진단한 후, 해결책을 찾아내고자' 하였다. 임무를 수행을 위한 배경 이야기는 다음과 같았다.

> 코이카 단원으로서 에티오피아 농촌 마을에서 1년간 봉사활동을 위해 파견되었다. 마을 어린이들이 먼 곳에서 식수를 옮기는 데 시간과 힘이 너무 들어 힘들어한다. 코이카 에티오피아 사무소에서는 식수 운반에 대한 문제상황을 조사한 후, 보고하고 문제해결방안을 제시하도록 단원에게 지시를 내렸다. 단원은 식수운반의 문제를 어떻게 해결해야 할까요?

학습자는 메타버스에서 과제를 수행하는 과정 중에 시행착오를 겪으며 '코이카 에티오피아 사무소' 과제 담당자(교수자)는 과제에 대한 피드백을 제공한다. 과제담당자는 학습자가 과제를 수행하는 과정에서 적절한 시기에 필요한 자원(예: 비디오클립, 오디오, 보고서 등)을 지원해 줌으로써 학습자가 다양한 학습자원들에 접근할 수 있는 환경을 제공한다. 미네르바 대학교 학생들이 전 세계 7개 도시에서 학습할 때, 도시 자체가 교육과정을 위한 학습자원이 되듯이, 메타버스에 구현된 에티오피아 농촌 자체가 풍부한 교수학습자원이 되도록 설계하는 것이 중요하다. 이외에도 모둠 내 토론용 소프트웨어(예: 패드렛)를 문제상황 인식 및 해석을 위해 활용하기도 한다. 또한 모둠 문제해결 프로젝트를 위해 줌(Zoom)을 활용한 온라인 활동 공간을 제공한다.

전 세계적 감염병인 코로나19로 인해 메타버스 기반 고등교육이 새롭게 조명을 받고 있다. 줌이나 웹엑스와 같은 실시간 동영상 수업 또는 촬영 동영상을 통한 수업이 가지는 교육적 한계 중 가장 큰 문제는 교수실재감(teaching presence)이라 할 수 있다. 즉, 학습자 자신이 학습과정에 참여하고 있다는 느낌을 가지기 어렵다는 의미이다. 따라서 학습자의 참여경험, 학습경험, 가치경험이 이루어질 수 있도록 수업설계를 하는 것이 절실히 요구되는 대학교육 상황이기 때문에, 메타버스에 기반한 전공수업은 학습자들의 적극적인 주도성(student agency)을 가지게 하는 교수학습환경을 제공할 수 있는 잠재성이 크다는 측면에서 매우 효과적일 수 있다. 성공적인 메타버스 기반 전공교육이 이루어지기 위해서는 하드웨어와 소프트웨어라는 기술적 접근과 더불어 교육적 가치를 창출하는 플랫폼을 위한 교수설계가 중요시되어야 한다.

생각할 문제

1 메타버스는 대학의 전공역량을 증진시키는 데 있어서 어떤 측면에서 유익한 전략이라고 보는지요?

2 메타버스라는 교수매체는 교수학습의 효과성에 직접적으로 영향을 준다고 볼 수 있을까요?

3 메타버스라는 새로운 교육혁신 기술이 성공적으로 고등교육현장에 활용되기 위해 가장 중요한 요인은 무엇이라 생각하는지요?

METAVERSE
UNIVERSITY

Chapter

07

메타버스와 비교과 프로그램

1. 코로나19, 대학 비교과 프로그램, 그리고 메타버스

코로나19라는 21세기 초유의 전 세계적 감염병으로 인해 온라인 비교과 교육과정 운영을 고민해 오던 대학들은 메타버스를 적용하기 시작하였다. 예를 들어, 연세대학교 경우, 게더타운(Gather Town) 기반 메타버스 MT를 개최했고, 로블록스(Roblox) 애플리케이션을 병행해 넷플릭스 드라마 '오징어게임'의 '무궁화 꽃이 피었습니다' 등 온라인 게임과 조별 랜선 파티, 오디션 프로그램인 'GLC GOT TALENT'([그림 7-1]) 등을 진행하였다(연세대 블로그, 2022).

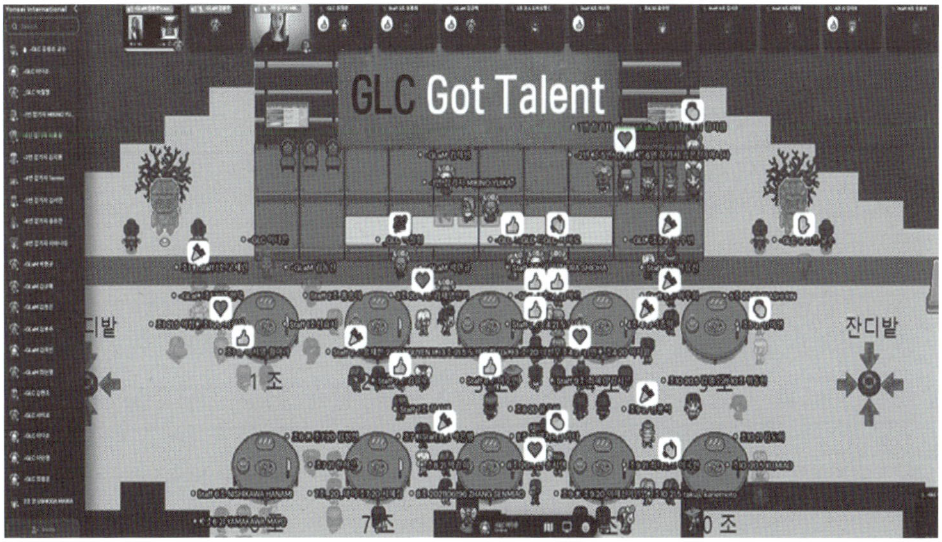

| 그림 7-1 | 연세대 오디션 프로그램 장면 (Y대 블로그, 2022)

순천향대학교는 SKT의 '점프VR 앱'을 이용하여 신입생이 학과 점퍼를 입은 자신의 아바타로 참여하여 비대면 입학식을 진행하였고, 건국대학교와 숭실대학교는 각각 '건국 유니버스'와 '게더타운(Gather Town)' 메타버스 플랫폼을 활용하여 봄축제를 진행하였다. UC 버클리 대학교는 마인크래프트(minecraft) 기반 가상캠퍼스를 활용하여 졸업식을 실시하였다([그림 7-2]).

| 그림 7-2 | UC 버클리대 마인크래프트 활용 졸업식 장면

대학교육은 교과(전공 및 교양) 교육과정과 비교과 교육과정으로 구성된다. 이 중에서 비교과 교육과정은 학생의 학습 지원을 위해 학생 학습역량 지원, 진로 및 심리 상담 지원, 취·창업 지원을 주된 내용으로 다룬다.

첫째, 학생 학습역량 지원은 대학이 학생의 학습능력 향상을 위해 전문성을 갖춘 학습역량 지원 조직을 구성하여 다양하고 체계적인 학습역량 강화를 위한 비교과 프로그램을 운영하는 것을 말한다[1]. 학생의 기초학습능력 증진을 위해 튜터링, 학습법 세미나 등 다양한 학습역량 강화 프로그램을 운영할 필요가 있다. 예를 들어, 교육개발센터, 장애학생지원센터, 원격교육지원센터, 도서관, 국제교육본부 등 여러 관련 대학 내 기관들이 협력하여 학습부진 학생, 시각·청각·지체장애 등을 가진 장애학생, 외국인 학생 등 학습역량 증진의

1 교육부·한국교육개발원(2020). 2021년 대학 기본역량 진단 편람.

핵심대상을 위한 비교과 프로그램을 운영할 수 있다.

둘째, 진로 및 심리 상담 지원은 대학이 전문성을 갖춘 진로·심리상담 지원 조직을 구성하여 체계적인 학생상담 및 지도체제와 비교과 진로·심리상담 프로그램의 운영을 통해 학생의 심리적 건강과 진로 탐색, 준비, 이동을 위한 적절한 지원을 제공하는 것을 지칭한다[2]. 따라서 학생의 심리적 건강과 진로 탐색, 준비, 이동을 촉진하기 위해 학생상담, 진로지도 및 상담, 교육프로그램(예: 적성탐색을 위한 집단상담 프로그램, 대인관계 향상 워크숍, 심리검사 서비스 등)을 개발하고 실시해야 한다.

셋째, 취·창업지원은 대학이 취업과 창업을 지원하기 위해 전문성을 갖춘 지원 또는 전담 조직(예: 취업지원센터, 창업지원센터 등)을 구성하여 학생에 대한 재정적 지원과 다양한 비교과 교육훈련 프로그램(예: 자격증 강좌, 취창업특강, 인턴십 프로그램, 모의면접 프로그램, 리더십 함양 워크숍, 이력서 교정 서비스, 창업 동아리 재정 지원 등)을 운영하는 것이다.

그간 각 대학은 학생지원을 위한 지원체계를 구축하고 프로그램을 운영한 후, 그 운영 결과 및 성과를 확인 점검 모니터링하여 프로그램 질 관리를 하는 데 노력을 경주해 왔다. 그러나, 2019년 말 이후, 전 세계적 감염병 코로나19로 인해 대학에서의 비교과 교육과정에 대한 운영방식에 대전환이 이루어지게 되었다.

코로나19 확산이라는 어려움을 이겨내기 위해 면대면 중심으로 이루어지던 다양한 비교과 프로그램들이 줌(Zoom), 웹엑스(Webex), 엠에스 팀즈(MS Teams) 등과 같은 실시간 화상형태로 진행되었다. 그러나 이로 인해 비교과 교육과정이 체험중심이 아닌 일방적 내용 전달 중심 프로그램으로 채워지게 되었다. 온라인 방식으로 수행된 비교과 프로그램은 직접 참여형 활동이 어렵기 때문에 사회적인 관계형성 경험을 제공하는 데 한계를 가진다[3]. 이에 비대면 화상회의

2 교육부·한국교육개발원(2020).

3 홍성연·유연재(2020). 코로나19로 인한 비대면 원격교육환경에서 학습성과 영향 요인 분석. **교육공학연구**, 36, 959-989.

방식의 단점을 보완해 주는 방안으로 학생의 주도적 참여를 증진시킬 수 있는 메타버스의 활용이 주목을 받고 있다[4].

학생지원을 위한 비교과 교육과정 또는 교육훈련프로그램을 메타버스 형태로 제공하는 것은 교과교육과정(전공, 교양)과는 내용측면에서 다를 뿐이지, 교수학습원리 측면에서는 동일하다고 할 수 있다. 메타버스에서의 비교과 교육과정은 대규모 학생대상 교육뿐만 아니라 소규모로 이루어지는 학생교육도 고려할 필요가 있다. 대규모 학생대상 프로그램은 다양한 전공 내지 학과 소속 다양한 학습자들이 참여하기 때문에 행동주의에 기반한 포디즘(fordism) 접근[5]이 상대적으로 유익할 것이다. 이 경우, 메타버스 기반 비교과 교육과정은 대량소비를 위한 대량생산을 표방하는 포디즘 접근이 좀 더 타당하다([그림 7-3] 참조). 이러한 유형의 메타버스 기반 비교과 교육과정은 소수의 숙련된 핵심작업자들에 의해 개발되고 교수자와 관리자에 의해 학습자들에게 일방적으로 전달되는 특징을 가진다.

[그림 7-3] H대 메타버스 활용 프로그램 성과 공유회 장면

---

4 Attallah, B.(2020). Post COVID-19 higher education empowered by virtual worlds and applications. Proceedings of *the 2020 Seventh International Conference on Information Technology Trends (ITT)*, USA, 161-164.

5 포디즘은 대량소비에 따른 대량생산을 기반으로 하며, 원격교육에서의 포디즘 전략은 규모의 경제(scale economy)를 실현하기 위한 공급자 중심의 접근이다. 낮은 제품혁신, 낮은 과정의 다양성, 낮은 노동의 책임성을 특징으로 한다(김성완 역, 2008).

다른 한편, 소규모로 이루어지는 프로그램의 경우, 높은 수준의 콘텐츠, 설계의 다양성, 학습자의 주도성(student agency) 등을 고려한 포스트 포디즘(post-fordism) 접근[6]이 상대적으로 타당할 것으로 판단된다([그림 7-4] 참조). 포스트 포디즘은 직접적으로 구성주의와 연결되어 있기 때문에[7] 일방적 내용전달보다는 학습자가 자율적으로 지식의 의미를 창출해 가는 교수학습환경을 제공하는 데 초점을 맞춘다. 이처럼 메타버스 기반 비교과 교육과정을 설계하고 개발하는 데 있어서, 학습목표, 학습내용, 수강대상 학생규모 등을 고려하여 유연하게 접근할 필요가 있다.

[그림 7-4] K대 예술제 장면 (한국대학신문, 2022)

2. 비교과 프로그램 가치를 창출하기 위한 메타버스의 요건

학습자가 메타버스에서 성공적인 학습을 경험하고 궁극적으로 교육적 가치가 창출되기 위해서는 다음 몇 가지 요인들이 고려되어야 한다.

첫째, 일방적인 강연형 형식보다는 교육제공자와 프로그램 참가자, 참가자

---

6 포스트 포디즘은 교육소비자인 학습자에 초점을 둔다. 교사들이 교육과정 개발에 높은 책임감(teacher agency)을 가지고 학습자의 요구에 부응하는 접근을 취하며, 높은 수준의 제품 혁신, 공정 다양성, 노동 책임감을 특징으로 한다(김성완 역, 2008).

7 김성완(2008)(역). **원격교육활용론**. 서울: 시그마프레스.

간 상호작용을 통해 가치를 공동창출할 수 있는 환경을 제공해야 한다[8]. 이것은 OECD Education 2030 프로젝트에서 제시한 협력적 주도성(co-agency)을 잘 구현할 수 있는 환경이기도 하다. 학습자가 목적을 가지고 능동적으로 자신의 목표를 위해 행동하며 성찰하고 행동에 책임감을 갖고 노력하는 것을 학생주도성(student agency)이라고 한다면, 협력적 주도성은 학습자 개인을 넘어 학부모, 교수, 대학 및 지역사회의 상호협력을 의미하는 개념이다. 어떤 지식에 대한 의미부여라는 것이 학습자 개인적 차원뿐만 아니라, 사회문화적 차원에서 이루어질 때, 깊고 넓게 이루어진다. 다양한 교수학습 이해관계자들을 상호 연결해 주는 메타버스 플랫폼은 학습자를 다양한 사회, 경제, 문화적 환경과 이어줄 풍부한 자원들을 제공해 줄 수 있다. 메타버스는 비교과 교육과정 참여학습자와 교육프로그램 제공자 간의 상호작용을 통해 현재 진행되고 있는 현상을 재해석하고 새롭게 재구성할 수 있는 환경을 제공함으로써 가치를 창출[9]하는 데 적합한 교수학습환경이다. 요컨대, 메타버스 기반 비교과 교수학습환경은 새로운 가치의 창조와 통합 공간이 될 가능성이 크다. 왜냐하면 메타버스는 교수학습과 관련된 모든 이해관계자들이 맥락과 문화 속에서 조화를 이루며 가치를 생성하고 실현하는 도구로서 적합한 특성을 가지고 있기 때문이다. 메타버스는 교육을 공급자적인 관점에서 일방적으로 제공하는 교환가치(value in exchange)를 넘어, 사용가치(value in use), 맥락가치(value in context), 문화가치(value in culture)를 구현하는 강력한 도구로 유익한 역할을 할 수 있다.

둘째, 메타버스 기반 비교과 프로그램은 사람(예: 교육서비스제공자, 교육서비스사용자, 내외부 이해관계자 등), 기술, 내외부 교육시스템을 연결하는 가치 제안(value proposition), 공유된 교육정보 등의 자원이 통합된[10] 교육서비스시스템 차원에서

8 백평구·김성완(2019). 교육서비스 관점에서 본 대학교육 혁신 사례분석. 기업교육과 인재연구, 21(3), 155-177.

9 장환영·백평구·김성완·홍정순(2018). '교육서비스과학'의 정립을 위한 이론적 탐색. 기업교육과인재연구, 20(4), 125-147.

10 김광재·김용세·김현수·박광태·박근완·양인석·이강윤·이상원·임호순·현소영(2011). 서비스사이언스. 경기: 생능출판사.

체제적으로 설계 및 실행되어야 한다. 다시 말하자면, 메타버스에서 이루어지는 교육프로그램이 가치를 창출하기 위해서는 학습자와 교수자로 구성되는 학습자 경험서비스시스템(경험디자인), 교육프로그램으로 구성된 교수학습서비스시스템(교육디자인), 교수환경이라는 학습환경서비스시스템(환경디자인)을 통합적이고 체제적인 관점[11]을 가지고 메타버스라는 교육서비스시스템을 설계해야 한다. 메타버스라는 새로운 교육혁신을 대학 비교과교육에 안착시키기 위해서, 교육시스템 일부분만 다루는 단편적인 접근(piecemeal approach)에서 벗어나 교육시스템 전체를 통합적으로 접근(systems approach)해야 한다. 즉, 비교과 프로그램에서 메타버스를 성공적으로 활용하기 위해서는 대학조직 내 관련 규정 및 지침 마련 및 수정 보완, 전담기관 설립 등 거시적 차원(macro), 임무중심 교수학습(Goal Based Scenario)과 같은 구성주의 교수학습환경 구축이라는 중간적 차원(meso), 교수자와 학습자 동기유발 등 미시적 차원(micro) 모두를 종합적으로 고려해야 한다는 것이다.

셋째, 메타버스를 활용한 비교과교육은 가상의 교수환경을 구축하는 것이 가장 현실적으로 중요하기 때문에 국가차원 또는 지역 차원에서의 공공재로서 메타버스 기반 플랫폼이 구축되어야 한다. 메타버스 기반 교수학습환경과 콘텐츠를 개발하는 데 있어서 상당한 비용이 들기 때문에, 경제적 효용성을 위해서는 정부, 대학, 기업 등 관련 기관들이 전략적으로 연합할 필요가 있다. 구체적으로는 대학교육개발센터협의회 등과 같은 협의체를 통해 '(가칭)교육용 메타버스 운영표준협의체'를 운영함으로써 헤드 디스플레이 기기와 같은 필수기기 공유 및 저가 또는 무료 소프트웨어 제공하고 메타버스 설계, 개발, 운영에 대한 공유체계를 구축해야만, 지속가능한 메타버스 기반 비교과교육과정의 학습생태계가 구축 유지 발전할 수 있다.

넷째, 메타버스도 가상공간이기 때문에 사이버범죄에 대한 국가적·개인적 대응방안이 마련되어야 한다. 인터넷상에서 이루어지는 가상공간은 특별히 비대면성으로 인해 사용자들이 죄책감을 덜 느끼면서 범법행위를 하게 된다[12].

11 김성완(2021). 창의적 문제해결을 위한 디자인씽킹. 서울: 동문사.

메타버스에서는 참여자들 간의 상호작용이 빈번하게 발생하는 교수학습환경이기 때문에, 집단의 질서유지를 위해서 사이버윤리에 대한 구체적인 안내가 반드시 제시될 필요가 있다. 기술은 명암이라는 양면성을 가진다. 따라서 가치중립적인 메타버스라는 기술을 사용하는 사람이 어떻게 그것을 활용하는가에 따라 가치가 결정된다[13].

3. 비교과 프로그램을 위한 메타버스 활용사례

1) A대학 비교과 박람회

: 메타버스 게더타운을 활용한 STU H+ 비교과페어

A대학은 교육혁신원 산하 교수학습개발센터, 미래인재개발센터, 창업지원센터, 학생상담센터 등이 110여 개의 비교과 프로그램을 운영하고 있다. 이 대학은 비교과 프로그램을 소개하는 행사로 2019년부터 매년 'STU H+ 비교과페어'를 연 1회 개최해 왔다. 2019년 면대면, 2020년 유튜브 실시간 온라인과 면대면 병행, 2021년 메타버스 플랫폼 '게더타운(GatherTown)' 기반 가상캠퍼스에서 각각 진행되어 왔다.

2021년 진행된 'STU H+ 비교과페어 in 메타버스'는 대학특성화된 가상공간 구성의 가능성과 투입 예산 대비 동시 접속 가능인원 그리고 줌(ZOOM) 기반 사용자 접근성을 고려하여, 2D 방식의 메타버스 플랫폼 '게더타운'을 통해 구축되었다. 저학년 재학생의 캠퍼스 친화성을 감안하여 대학 외관을 본떠 가상캠퍼스로 구현한 비교과 센터는 개별 부스 운영을 통해 브라운백세미나, AI면접역량검사, 이미지메이킹, 힐링필링 집단상담 등 센터별 특화 프로그램을 제

---

12 김성완(2018). 인터넷 정글에서 생존하기: 인터넷과 윤리. 서울: 강현출판사.
13 김성완(2018).

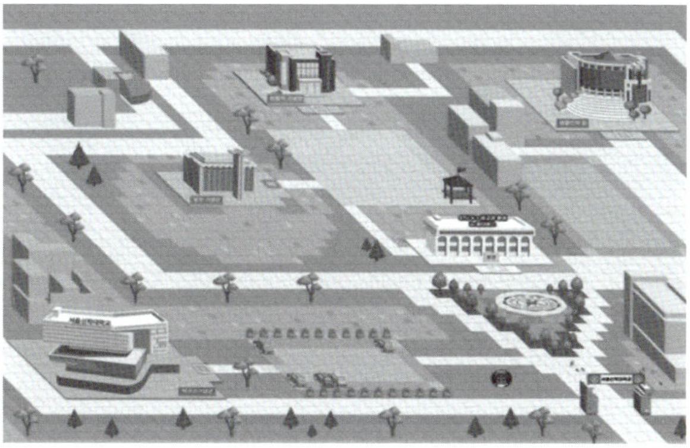

| 그림 7-5 | A대학 'STU H+ 비교과페어 in 메타버스'를 위한 가상캠퍼스 미니맵

공하였고, 향후 개설될 비교과 프로그램을 소개하는 시간을 가졌으며, 학과와 대학원은 전공 소개 포스터 및 홍보영상을 게시하였다[14].

특히, '비교과 골든벨을 울려라' 프로그램에 대한 학생들의 관심도가 높았으며, 총장의 아바타와 셀피촬영 미션 수행 등의 이벤트를 통해 학생 참여도를 높이고자 하였다. 고교생의 방문행사도 진행함으로써, 예비대학생에 대한 대학홍보 차원으로도 프로그램을 활용하였다.

2) B대학 취창업 박람회

: 메타버스 이프랜드를 활용한 B대학 진로취업지원센터

매년 면대면으로 취창업박람회를 실시해 오던 B대학 진로취업지원센터는 대학혁신지원사업의 일환으로 코로나19로 인한 취창업프로그램의 운영한계를 극복하고자 메타버스 이프랜드(ifland)를 활용하여, 5일간 총 3,500여 명의 학생이 참여하는 '잡(JOB)아라 취업페스티벌'을 개최하였다. 지역 공공지원과 타 대학 취창업 관련 기관 등 10여 개 기관이 참여하여, 이력서 및 자기소개서 작성법, 모의면접, 취업특강 등 청년구직활동 관련 프로그램 등을 운영하였다.

---

14 중앙일보(2021.10.8). 서울신학대학교, H+ 비교과페어 in 메타버스 개최.

|그림 7-6| B대학 취창업박람회 사례

3) C대학 비교과 프로그램 홍보
: 메타버스 게더타운 활용 홍보의 장 'BLOSOME'

학생성장을 통합지원하는 비교과 교육과정을 운영하는 C대학 비교과지원센터는 학생지원 부서와 각종 사업 홍보를 위해 게더타운(GatherTown) 기반 'BLOSOME 타운'을 구축하고 전시관, 포토존, 게임존, 방탈출 이벤트 존 등을 운영하였다. 전시관에서는 학생 자기주도적 참여 프로그램 약 60여 개를 소개하고, 비교과지원센터 부스에서는 교외 기관(해양환경공단, 노사발전재단, 부산인재평생교육진흥원)과의 협력프로그램을 소개하였다.

|그림 7-7| C대학 비교과 프로그램 홍보 사례

4) D대학 축제

: 메타버스 마인크래프트(minecraft) 활용 통합예술축제 ‘아이소리’

D대학은 외부기관과 함께 메타버스 마인크래프트(minecraft)를 활용하여 장애·비장애 청소년이 함께하는 통합예술축제를 가상공간에서 열었다. ‘플레이 월드’에서는 마인크래프트로 구축된 D대학 곳곳을 둘러보고 대학축제와 각종 놀이(예: 아슬아슬 점프타워, 경품사격장, 텐텐 슈팅, 트램펄린, 어질어질 미로찾기 등) 체험 기회를 제공하였다. ‘드림월드’에서는 카니발 공연, K-POP 디제잉쇼, 세계 최초 인공와우 청각장애아동 합창단 아이소리앙상블 공연 등을 제공하였다. 또한 전체 전경을 볼 수 있는 롤러코스터 ‘마그마 익스프레스’와 ‘순간이동 관람차’, 얼음판 위를 질주하는 ‘드리프트 보트라이너’ 등의 프로그램을 체험할 수 있었다. ‘파라다이스 갤러리’에서는 다양한 미술작품을 관람할 수 있고, ‘아트 스튜디오’에서는 영상을 보며 크래프트 키트(Craft Kit) 만들기 교육문화 체험을 할 수 있었다.

아이소리 축제 드림월드 Ⅰ　　　아이소리 축제 드림월드 Ⅱ (파라다이스 갤러리)

| 그림 7-8 | D대학 통합예술축제 사례

출처: 한국대학신문(2021.12.01.).

4. 메타버스 활용 비교과 프로그램 설계시 고려사항

앞서 언급한 바와 같이 전 세계적 감염병에 대응하기 위해, 일부 대학들은 최근 각광을 받고 있는 메타버스 기술을 활용하여 비교과 프로그램을 운영하였다. 동영상 촬영수업 또는 실시간 동영상 수업 방식으로 인한 교수실재감(teaching presence) 문제를 개선하는 측면에서 메타버스는 주목을 받기에 충분한 가능성을 가진 것으로 인식되었다. 그러나 메타버스 활용 비교과 프로그램이 교육적 효과성과 효율성을 발휘하여 교육적 가치창출의 기회, 즉 진성 학습(authentic learning)이 발생하기 위해서는 설계 시 다음 두 가지 요소를 고려할 필요가 있다.

첫째, 메타버스 기반 비교과 프로그램은 대부분 각 대학에서 독립적으로 이루어지고 있기 때문에 충분한 기술적(예: AR, VR), 교육적(예: 교수설계) 지원이 부족한 상태에서 대학건물과 강의실을 그대로 옮겨 놓는 객관주의적 교수학습 답습을 과감히 벗어나야 한다. 또한 단순한 흥미와 재미를 위해 비교과 프로그램에 메타버스를 적용하는 것은 교육적으로 비효과적일 뿐만 아니라 비용 측면에서도 비효율적이다. 따라서 메타버스가 가지는 기술적·교육적 특성이 해당 비교과 프로그램의 교육목적에 적합한지 반드시 점검해야 한다. 교수학습환경으로서 메타버스는 다양한 교육적 자원을 지원함으로써 학습자가 학습 주도성(student agency)을 가지고 교수자도 교수주도성(teacher agency)을 가질 기회를 제공하도록 설계되어야 한다. 궁극적으로는 교수자와 학습자가 메타버스에서 가치를 창출하는 교육적 경험을 할 수 있는 공간이어야만 교육적 가치를 가지는 메타버스가 될 수 있다. 따라서 교육 내용을 소유하는 것으로부터 학습자의 성장과 발달이 증진되는 교육 가치를 경험하는 형태로 메타버스 활용 비교과 프로그램이 지향되어야 한다. 학습을 위한 최적의 환경을 제공하고 학습자들에게 활용 가능한 인적·물적자원을 활용 가능하게 함으로써 학습자의 학습몰입을 높여 학습에서의 주체성을 향상시킬 필요가 있다[15].

둘째, 메타버스가 일방향적으로 교수학습내용을 전달하는 파이프라인(pipeline)이 아닌 의미와 가치가 창출되는 공간이 되기 위해서는 가치공동창출 플랫폼(platform)으로 설계되어야 한다. 메타버스 플랫폼에서 학습자와 교수자가 상호 긴밀하게 연결되어 네트워크를 형성하게 함으로써, 서로 가치를 창출할 수 있는 기회가 제공되어야 한다. 메타버스가 단순한 오락의 장소로서 작동하기보다는 플랫폼상에서 정보 교환이 용이하고 교육서비스를 사용자가 편리하게 주고받으며, 관심·명성·영향력·평판이 교환될 수 있도록 설계될 필요가 있다[16]. 메타버스 활용 비교과 프로그램은 학습자가 계속해서 방문할 수 있는 흥미를 느끼게 해야 하며(pull), 가치를 창출하고 교환할 수 있도록 인프라를 구축 관리할 원칙을 설계하고 상호작용 장벽을 없애고 사이버윤리 위반과 같이 부정적 결과에 대해서 엄격한 규칙을 적용해야 한다. 또한 새로운 상호작용을 창출하기 위해서는 새로운 범주의 교육공급자(예: 비교과 관련 유명강사)와 교육소비자(예: 유명강사의 수강생)를 유인하고, 새로운 유형의 가치단위(예: 정보)의 교환을 허용하게 하는 전략이 요구된다[17]. 이러한 가상공간에서 배움에 대한 호기심을 갖고 활용 가능한 자원을 파악하고 조직하며 공유하는 학습자 역량의 배양[18]이 이루어지도록 작동되어야 한다. 예를 들어, 국내 실험학교인 『거꾸로 캠퍼스』가 시험 대신 '배움장터'를 열어, 진행된 프로젝트 전자책, 영상, 전시, 공연 등 다양한 형식으로 발표하는 자리를 마련한 것[19]처럼, 메타버스 가상세계에서도 참여와 공유를 통한 가치의 공동창출 경험이 제공되도록 설계되어야 한다.

앞서 국내 대표적인 메타버스 활용 비교과 프로그램 사례들에서 엿볼 수 있는 바와 같이, 작금의 메타버스 기반 비교과 프로그램은 학습자의 흥미와 참

15 엄윤미·한성은(2020). 미래학교. 서울: 스리체어스.
16 이현경(역)(2017). 플랫폼 레볼루션. 서울: 부키.
17 이현경(역)(2017).
18 엄윤미·한성은(2020). 미래학교. 서울: 스리체어스.
19 엄윤미·한성은(2020).

여유도 위주의 수준을 벗어나지 못하고 있다. 교육적 가치를 확보하기 위한 진지한 고민이 요구되는 시점이다. 이러한 교육적 고민이 담보되지 않는다면, 비교과 프로그램에서의 메타버스는 급격히 소멸되고 말 것이다. 성공적인 메타버스 기반 비교과 프로그램을 설계 및 개발, 운영하기 위해서는 기술적 고려에 앞서, 구성주의 교수학습환경 설계 등 교육적 관점, 시스템적 접근, 가치 공동창출 등을 핵심논제로 삼아 적극적으로 시간과 노력을 투자해야 한다.

생각할 문제

1 메타버스는 대학 면대면 비교과 프로그램의 대체재로서 작동할 수 있다고 보는지요?

2 메타버스에서의 사이버일탈 행위를 어떻게 대처할 것인지요?

3 당신이 대학 비교과 프로그램을 가상공간에서 운영하는 책임자라고 할 때, 메타버스 플랫폼을 선정하는 기준은 무엇이 될 수 있을까요?

METAVERSE
UNIVERSITY

Chapter

08

메타버스와 예술교육

1. 예술과 기술의 융합

포스트 코로나 시대를 맞아 시대적 수요와 맞물려 기술이 진보하고 예술은 이를 수용하면서 경계의 확장이 일어나고 있다. 예술과 기술의 융합은 패러다임의 변화를 의미하며, 확장되는 예술의 경계에서 새로운 가능성을 열어가고 있다. 예술과 기술 양쪽 영역의 언어를 익히고 이해하는 노력이 필요하며 각각의 목표와 경험 공유 과정이라고 할 수 있다. 이를 통해 기술과 예술의 경계는 모호해지고 융합의 형태로 발전해 나가고 있다.

현재의 과학기술은 예술과의 결합을 통해 인터랙티브 아트, 미디어아트 등 새로운 예술 영역을 개척해왔고, 기술과 예술의 결합은 작품과 관객, 발신과 수용, 기호와 의미 등 예술의 의미를 재 개념화하며 새로운 미학을 창조해낸다[1]. 비디오 아트, 미디어아트 등은 기술이 예술에 영향을 미친 결과이고, 이를 통해 예술은 상상력을 확장시키고 있다. 이처럼 예술과 기술의 접목은 인간의 상상력을 실현하며 지속적인 창조성과 함께한다.

비플[2](Beeple)은 현재 가장 주목받고 있는 디지털 아티스트로, 그의 첫 NFT 작품 <Everydays: The first 5000 DAYS>는 5000일 동안 하루에 하나씩 그린 디지털 작품을 조합한 작품으로 2021년 3월 크리스티 경매에서 6,930만 달러(한화 약 786억 원)에 낙찰되어 예술시장에 큰 충격을 주었다. 이뿐만 아니라 10초 분량의 비디오 클립을 74억 원에 판매하기도 했다. 또한 테슬라 CEO 일론 머스크의 아내이자 가수인 그라임스는 디지털 작품 NFT를 만들어 65억 원을 벌었다.

영국 국립극장이 2017년에 제작했던 '올 카인즈 오브 림보(All Kinds of Limbo)'

1 류지영(2021). 뉴노멀 시대의 미술교육-포스트휴먼 시대의 감성과 기술적 상상력으로서의 미술교육. **미술교육연구논총**, 66, 103-131.

2 비플(Beeple)은 마이크 윈켈만(Mike Winkelmann)의 예명임

는 가수 브랜든(Nubiya Brandon)과 밴드 전체를 볼류메트릭(Volumetric)으로 3D 캡처 촬영하여 VR 헤드셋을 쓰고 관람하면 마치 실제 공연장에서 자유롭게 돌아다니며 공연을 관람하는 경험 제공하기도 했다.

한국문화예술위원회는 기초예술분야에 과학기술을 접목한 다양한 지원 사업을 추진하고, 국내 예술기술융합 창작기반을 조성하기 위해 융복합 예술창작 프로젝트로 아트앤테크 플랫폼[3]을 개설했다. Art & Technology Fair를 통해 기술과 예술의 융복합적인 미래를 구체화하는 소통의 장으로써의 역할을 하고 있으며, 활성화 창작지원 사업 및 다채로운 프로젝트로 관객들이 직접 체험할 수 있는 공간을 마련했다.

2. 가상현실과 예술

2020년 코로나 확산으로 예술분야의 활동은 자유로울 수 없었고, 대부분의 전시와 공연이 취소되고 있었다. 이러한 시기 주목받게 된 메타버스는 예술분야의 대안이 될 수 있을까? 예술이 갖는 현장감, 몰입, 감동의 경험을 가져올 수 있을까?

거대한 메가트렌드로 자리 잡고 있는 메타버스 열풍 속에서 예술은 대중들의 삶을 풍부하게 해주고, 예술 산업의 새로운 미래에 대한 기대감이 높아지고 있다. 디지털 세상 속 자아인 아바타가 현실과 가상이 섞인 새로운 사회공간에서 자리매김하고 있으며, 공연, 전시, 관광 등 다양한 활동을 할 수 있게 하고 있다. 가상과 현실이 상호작용하고 함께 진화하며, 그 안에서 사회, 문화, 경제활동이 이루어지고 가치를 창출하는 세상이 온 것이다.

메타버스에서의 예술은 현실세계의 제한과 한계를 뛰어넘는 표현이 가능하고, 한계 없는 상상을 펼칠 수 있다는 측면에서 매우 긍정적이라 할 수 있다.

3 아트앤테크 플랫폼 홈페이지 (https://www.arko.or.kr/artntech/)

수동적인 객석에서의 감동이 아니라 직접 창작에 참여하고, 새로운 경험을 즐기고 싶어 하고, 능동적인 참여가 가능한 환경을 원하는 시대에 와있는 만큼, 이러한 3차원 공간을 디자인하기 위해서는 단순한 이미지 공간이 아닌 세계관이 투영된 세계를 구축해야 하며, 상호작용성을 고려하는 몰입적인 스토리텔링 고민이 필요할 것이다.

메타버스 시대의 예술은 물리적 현실 공간과 가상공간이 연결되는 새로운 방식으로 사람과의 커뮤니티를 형성하며 관계를 연결시켜주고, 궁극적으로 존재하고 있다는 실재감(Presence)을 느끼게 해준다. 예술적 표현매체로서 메타버스는 영화, 시각예술 공연예술에 이르기까지 다양한 예술 영역과 결합한 시도가 확산되어 왔고, 새로운 형태의 예술프로젝트로 진화되고 있다.

2020년 미국의 힙합가수 트래비스 스콧(Travis Scott)은 게임 '포트나이트(Fortnite)'에서 콘서트를 진행하여, 가상공연의 새로운 시도임과 동시에 성공적인 흥행을 기록한 사례로 메타버스 공연의 가능성과 방향성을 증명했다.

트래비스 스콧 공연(2020) | BTS 메타버스 공연 | 블랙핑크 3D 아바타

| 그림 8-1 | 메타버스 공연

출처: 트래비스 스콧 유튜브 캡쳐(1), Sciencetimes(2020.11.18)(2), 뉴시스(2022.08.05)(3)

2020년 9월 BTS의 '다이너마이트' 신곡 발표를 위한 뮤직비디오를 메타버스 게임 공간인 '포트나이트'에서 최초 공개했다. 포트나이트는 3억 5천만 명의 가입자와 천만 명 동시 접속자를 보유한 가상 게임공간으로 BTS팬들은 이곳에 아바타로 접속해 뮤직비디오를 관람하고 아이템을 구매해 BTS와 춤을

추었다. 이 콘텐츠는 국내에 메타버스를 알리는 계기가 되었다.

'제페토'에서는 블랙핑크의 팬 사인회가 진행되었다. 5천만 명의 팬이 모여 자신들의 아바타로 블랙핑크와 함께 사진을 찍은 후 인증샷을 남기면 블랙핑크의 사인을 랜덤으로 제공하는 방식이었고, 인증샷을 남기고 개인 SNS에 공유한 이는 20만 명 이상이었다. 블랙핑크는 최근 메타버스 환경 속에서 '블랙핑크 X 배틀 그라운드 모바일 2022 인게임 콘서트'를 통해 신곡발표와 3D 아바타 공연을 성공리에 마쳤다. 또한 2022년부터 'MTV 비디오 뮤직 어워즈(VMA)'에 '베스트 메타버스 퍼포먼스' 부문이 신설될 정도로 해외 음악계는 메타버스를 메인스트림으로 수용하고 있다[4].

문화예술 전시 분야에서는 2021년 소더비(Sotheby's)와 크리스티(Christies's)가 메타버스 플랫폼을 사용하였다. 소더비는 '디센트럴랜드'의 볼테를 아트거리에 입점하여 물리적 제약에서 자유롭게 방문하고 다양한 NFT 예술 작품을 감상할 수 있고, 경매에 참여할 수 있었다. 크리스티는 NFT 예술경매를 개최하고 디지털 아티스트 발굴에 집중 투자하고 있다. 현재는 세계적인 경매회사들이 온라인 경매를 진행하고, 디지털 예술작품을 적극적으로 취급하고 있다.

구글의 '구글 아트 앤 컬처(Google Art & Culture)'는 2011년부터 서비스 중인 가장 주목받고 있는 비영리 온라인 전시 플랫폼으로, 누구든 어디서나 문화 인프라의 혜택을 즐길 수 있도록 한다는 취지로 만들어졌다. 2020년까지 세계 최고 박물관과 미술관의 자료들을 초고화질로 구축하고 가상현실로 서비스하고 있다. 최근 AR앱 서비스로 구현된 현장과 가상 갤러리의 중첩은 실제 해당 공간에 있는 듯한 체험을 선사한다. 출시 초기에 17곳의 박물관 및 미술관으로 시작해 지금은 프랑스 루브르박물관과 뉴욕 현대미술관, 독일 구겐하임미술관 등 1800여 곳으로 확장됐고 세계 80여 개국에 서비스되고 있다. 연간 순방문자 수는 1억 명에 이른다[5].

전시회와 공연 등의 행사에 최적화된 플랫폼인 인게이지는 허공에 그림을

4 뉴시스(2022.08.05). 미결사건이던 '메타버스', 블랙핑크 덕에 마침내.
5 경향신문(2021.10.12.). 코로나 시대의 예술, 메타버스 위에 올라타다.

그릴 수 있는 3D 펜이나 VR 도구를 활용하여 실감 나는 활동을 구현할 수 있다. 부스별로 홍보관, 전시관 등을 연출할 수 있다.

김민구 화백의 <바람, 여름> 전시회는 메타버스 갤러리 & 스토어의 형태로 작품 감상뿐 아니라 작품과 굿즈를 구매할 수도 있다. '제페토'에는 LG시그니처 아트 갤러리를 오픈하여 온택트 갤러리로 자사 가전 브랜드 홍보하는 등 메타버스로 돈이 빠르게 움직인다는 것을 눈으로 확인 가능하게 해준다.

국내에도 스타트업 예술 기업들의 메타버스 활용이 활발해지고 있다. 전시 공간의 가상현실 구현 활용이 가장 활발하며, 프로젝트K의 'MOVE K'는 실감형 스마트 갤러리 플랫폼을 개발 중이다. '예술고래상회'는 웹 VR 엔진을 기반으로 작품을 가상의 공간에서 관람하고 사용자 사이 인터랙션이 가능한 버추얼 예술 콘텐츠 플랫폼 '데스크 데스크(desk desk)'를 서비스하고 있다[6].

프로젝트K의 'MOVE K'

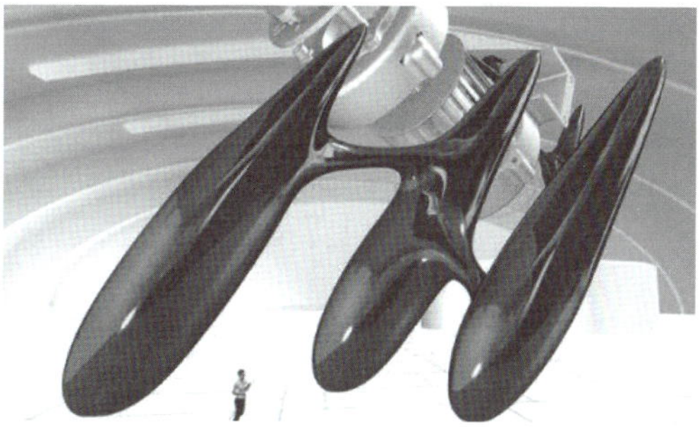

예술고래상회의 'desk desk'

┃그림 8-2┃ 메타버스 전시

출처: http://www.movek.co.kr/(좌), 경향신문(2021.10.12.).(우)

부산세계시민축제, 문화예술인 박람회는 '개더타운'을 이용한 문화 예술 박람회로 진행하였고 부산국제판타스틱영화제(심야 톡)는 SKT의 이프랜드(ifland)를

6 경향신문(2021.10.12.).

이용하여 영화를 상영한 후 아바타로 참석하는 감독과 배우, 제작진을 만나 대화를 할 수 있도록 랜선 콘서트를 열었다.

예술의 힘은 상상력에 있고 이는 인간 삶의 근원이 된다. 자신들의 삶을 공유하는 과정을 통해 서로의 경계 없는 상상력이 합쳐지고, 나아가 예술로 완성되어가며, 감동과 공감이라는 큰 힘이 된다. 이러한 예술의 힘이 메타버스 플랫폼 안에서 이전과 다른 방식의 새로운 경험을 생성하게 하고, 메타버스의 핵심이 수용이 아니라 활용이라는 점에서 여러 시도와 사례들이 예술 분야에서 메타버스가 가진 잠재력과 가능성을 보여주고 있다. 메타버스 트렌드는 이미 다양한 예술분야에 확대되어, 사회, 문화, 경제적 활동으로 발전되고 확산되고 있다.

미용·패션 분야에서는 AR, VR의 시각적 요소를 기반으로 소셜미디어의 AR필터가 다양한 디지털 매체를 활용하여 대중화되고 있다. 사용자들은 뷰티 필터(beauty filters)를 사용하여 얼굴을 바꾸거나 가상 디지털 변장을 할 수 있고, 외모를 아름답게 만들거나 축소, 과장 등을 통해 외모를 변신할 수 있다. 또한 패션 업계에서는 소비자가 브랜드의 AR 필터를 통해 제품을 착용해 볼 수 있는 마케팅이 활발히 진행되고 있다. 인스타그램이나 틱톡, 페이스북 등의 소셜미디어는 필터의 AR 기능을 확장해서 제공하고 있어, 직접 체험하고 공유하여 바이럴 마케팅에 적극 활용되고 있다. 향후 증강현실과 가상현실을 조합한 기술의 발전은 많은 사용자들의 인기를 누릴 수 있을 것이다.

Lipstick Try-on AR Filter

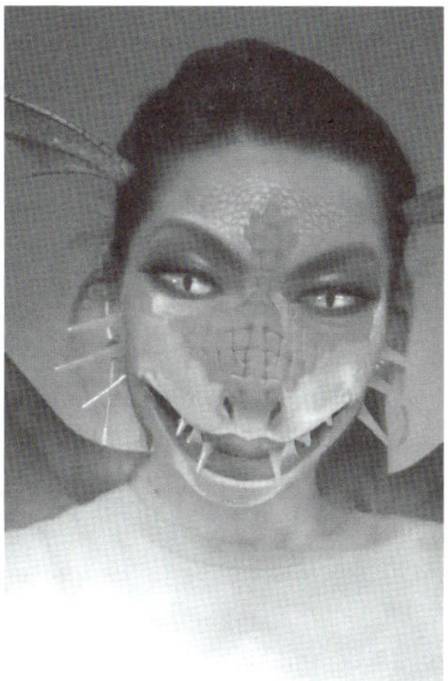

인스타그램 AR Filter

'Gucci'AR Filter

| 그림 8-3 | 뷰티필터

출처: https://www.pinterest.co.kr/pin/649925789990364468/
https://www.pinterest.co.kr/pin/514606694932614356/
https://www.pinterest.co.kr/pin/223702306478968870/

MZ세대들은 이러한 온라인 행동으로 디지털 자아를 통해 정체성을 만들어내는 것에 익숙해져 있고, 상호작용을 통해 발전시키고 있다. AR과 VR의 효율성이 높아지면서 시각예술영역 관련 도구가 개발되고 있고, 앞으로 성장 가능성을 보여주고 있어 이를 수용하고 발전해야 한다. 또한 메타버스는 디지털 예술 창작 공간을 제공하고 있어 디지털 기술 능력은 모든 예술분야에서 필요할 것으로 전망하고 있다.

3. 메타버스환경에서의 예술교육의 방향

COVID-19, 디지털화, 글로벌화로 인해 큰 변혁에 직면한 기존의 오프라인 교육방식에 익숙했던 예술 분야는 큰 변혁에 직면하였다. 불가피하게 이뤄진 온라인 교육으로의 전환은 온라인 및 메타버스 예술교육에 대한 인식과 공감, 동의가 부족한 상태로 이루어졌고 온라인 플랫폼 활용 미숙 및 데이터의 부재, 공유 부족 등의 미흡한 대처로 혼란이 야기되었다.

예술교육은 예술성이 대면, 현존, 동시성을 근간으로 한다는 고정적 인식[7]으로 인해 온라인 교육을 배제하고 오프라인을 통해서만 주된 교육활동을 해왔다. 이처럼 기존의 예술 분야 교육은 온라인이나 디지털 기술에 의한 교육에 소극적으로 대응해왔으며, 교육 콘텐츠의 양과 질이 다른 영역에 비해 뒤처져 있었다.

하지만 메타버스 환경이 PC에서 모바일 환경으로 빠르게 전환되면서 대중화, 문화화될 경우, 예술교육을 위한 메타버스로의 전환 및 상용화 가능성은 배제하기 어려울 것이다. 이에 메타버스와 예술교육에 대한 불확실한 미래에 대해서는 사회적, 문화적, 교육적, 규범적, 정책적, 기술적 변수 등 직면한 다양한 변수에 대해서는 충분한 논의와 합의를 통해 이루어져야 할 것이다.

예술교육과 관련한 디지털 활용 능력과 활용 의지, 연령 등에 따라 교수자와 학습자 간 인식 및 역량 격차가 확대되고 궁극적으로 예술교육 차원에서의 동시적 온라인 및 메타버스 문화예술교육의 수용과 다양성 개발은 팬데믹과 관계없이 필요한 의제가 될 것이다[8].

조이킴(2021)의 연구[9]에서는 대학교 예술전공 학생들을 대상으로 메타버스를

7 한국문화예술교육진흥원(2020). 온라인 문화예술교육 동향 리포트.
8 바라예술성장연구소(2021). 메타버스와 함께 가는 문화예술교육 연구보고서.

활용한 교육 사례를 연구했다. 연구결과 자기주도성, 유희성이 높았으나 교육 매체로서의 전문성은 낮게 평가되었다. 현재 모바일 기반 메타버스는 교육매체로서는 낮은 호감도를 보이고 있으며, 모바일에 내장된 마이크를 활용한 보컬 전공의 분야에서는 전문성, 유희성의 만족도가 높은 것을 알 수 있었다. 현재 예술교육을 위한 플랫폼이나 도구의 활용이 미흡하여, 실효성에는 아직 한계가 있지만 에듀테인먼트 콘텐츠로의 발전 가능성을 볼 수 있으며 디지털 교육과 같이 메타버스 관련 플랫폼, 소프트웨어, 하드웨어 등이 보편화, 상용화 되면 활성화될 것으로 기대하고 있다.

메타버스와 예술교육은 변화의 시대에 새로운 방식의 도전으로 기존의 학습 패러다임을 전환하여, 단순한 지식습득이 아닌 지식 습득 능력을 계발하는 방향으로 전환해야 한다. 메타버스는 예술교육의 도구이며, 이러한 도구의 변화는 예술표현과 경험의 확장성에 기여함과 동시에 창의적 사고를 위한 새로운 형태의 문화, 매체 혹은 그것을 초월하는 새로운 세계로 진화하고 있다.

메타버스 예술교육에서는 학습자의 능동성과 유연성이 강조된다. 메타버스를 통한 예술교육은 디지털 활용능력에 따라 학습자의 연령대와 발달 수준, 교육목표를 고려한 다양한 플랫폼과 기기를 선정하고 자유롭게 활용이 가능하도록 한다. 메타버스가 일상의 공간이자 그 자체를 활용하고 재창조하는 공간으로 자율적으로 학습 진도를 결정하고 자기 주도적으로 학습을 한다.

예술교육에서의 메타버스는 시각, 청각, 촉각 등의 다중감각과 다차원적 표현, 사유와 소통가능한 공간적 특성이 중요한 접점[10]으로 다중 감각을 활용한 예술교육 활동으로 학습자에게 다양한 기술과 이론, 사례를 제공할 수 있으며, 블렌디드 러닝, 플립러닝 등 하이브리드 러닝의 확대로 진정한 학습과 몰입,

9 조이킴(2021). 예술교육 매체로서 메타버스 사례연구-SK텔레콤 ifland를 중심으로. 문화기술의 융합, 7(4), 391-396.

10 바라예술성장연구소(2021).

참여를 높이게 하여 효과적인 학습 경험 및 자율적인 예술 활동을 제공할 수 있다. 또한 다양한 상황적, 경험적 학습을 제공하여 예술교육에서는 소수의 수업에서 큰 효과를 보이고 있으며, 개인의 역량을 끌어내고 집중한다는 점에서 긍정적이라 할 수 있다.

메타버스 예술교육에서는 개방성이 강조된다. 메타버스 예술교육은 물리적 환경 제약을 극복하여 글로벌 교실로의 확대, 시간과 공간의 제약을 뛰어넘는 누구나 참여 가능한 환경으로, 개방적으로 만나고 소통할 수 있는 다양한 유형의 학습형태가 이루어질 수 있다. 또한 메타버스 안에서는 시공간을 초월한 아티스트와 협업, 아날로그와 디지털의 융합, 사람과 인공지능과의 협업도 가능하게 된다. 이러한 협업들은 창의성을 강화하고 예술의 확장성에 기여하여 깊이 있는 학습 환경을 조성할 수 있으며, 개인화 적응형 학습이 실현될 수 있다.

4. 메타버스를 활용한 대학의 예술교육

1) 디지털 기술 수용을 위한 지원체계 마련

새로운 디지털 기술 습득 및 활용을 위해서는 하드웨어와 소프트웨어를 위한 큰 비용이 발생되고, 새롭게 출시되는 소프트웨어와 다양한 기기들의 예산 편성이 필요할 것이다. 또한 교수자와 학습자가 습득할 수 있는 교육 지원시스템과 공간 및 학습 환경이 만들어져야 한다.

기존의 예술관련 종사자 및 교육자는 디지털 기술에 대한 두려움과 전통적 예술교육방식만을 지향하는 구도로 보는 경향이 많아, 장기적인 예술분야에서 다양성과 기술적 도전과 성장을 저해할 수 있다. 이러한 세대 간 소통의 어려움을 극복하기 위해서는 인정과 수용을 통해 간극을 좁혀나가는 방향으로 설정해야 한다.

현재의 예술교육은 오프라인 중심의 교육에서 메타버스에 이르기까지 더 폭넓고 다양한 교육프로그램이 상호 존중되고 공생하는 모델로 지원체계가 확립되어야 한다. 예술교육이 메타버스로의 확장과 수용을 위해서는 이와 관련된 지속적 연구와 개발이 필요하며, 플랫폼으로서 장기적으로 접근하고 예술분야의 다양하고 실험적인 프로그램 개발이 필요하다.

2) 커리큘럼의 변화 필요

: 학습자가 주체적으로 학습할 수 있도록 설계

미네르바대학의 Active learning forum 프로그램처럼 교수 및 다른 학습자들과 상호작용을 통해 토론과 심층학습을 도모하고 교육의 개방성 및 참여적 형태 가능하도록 설계해야 한다. 교육과정에는 추천영상, 큐레이션존 등 셀프 리플렉션(Self-Reflection) 시간을 가질 수 있도록 하며, 개인화 맞춤화 교육을 할 수 있도록 교수자와 학습자가 교육에 대한 직접 공동설계, 계획, 성장, 책임을 가질 수 있도록 해야 한다. 학생들이 메타버스에서 지식을 창의적으로 재구성하고 깊이 있는 이해를 하며, 가상세계에서의 학습을 현실과 연관 지어 성찰하고, 협력적이고 창조적으로 문제를 해결하거나 프로젝트를 수행할 수 있도록 수업을 설계해야 한다.

메타버스에서의 예술교육은 기존의 교육에서 여겨졌던 창의성이 해제될 수 있으며, 개인 레슨을 대체할 수 있도록 플랫폼이 가진 특성에 따라 각 교육 방향에 적합한 공간을 선정하고, 학습을 유도하기 위한 동기유발, 개인별 학습 속도, 관심도를 고려한 개별화 방법에 대한 고민이 필요하다. 메타버스 플랫폼은 무한한 형태로의 연계와 확장이 가능하여 다양한 영역에 대한 호기심을 바탕으로 교수자 스스로가 알아가고자 하는 변혁능력이 중요하게 고려되고 있다.

또한 예술교육에서는 다양한 도구와 소프트웨어에 대한 새로움뿐만 아니라 가상공간 내에서 동시적 공유와 크리에이터 경제까지 한순간에 연동될 수 있다는 것도 중요하다. 즉, 수업에서 만들어진 예술적 결과물이 바로 메타버스 전시공간에 전시되며, 동 시간대에 NFT를 통해 그림이 판매되는 경험까지 할 수 있다는 것이다. 예술가처럼 사유하고 창의하고 표현하는 능력에서부터 예술의 직접적인 활용과 전시, 공연, 커뮤니티 등을 통한 공개와 공유, 음원, 그림, 영상 등 작품 파일 유통에 이르기까지, 전 과정을 예술교육내용으로 염두에 두어 융합적 차원에서의 책임감 있는 교육 구성이 필요하다.

3) 공간의 변화

: 러닝 & 플레이 그라운드(놀이와 학습을 융합한 공간)

상황 몰입과 교육효과성 향상을 위해서는 실재감이 있어야 의미 있는 학습이 가능하다. 메타버스 플랫폼과 언택트 라이브 협업도구 등 창작도구를 활용하여 실재감과 생동감 상승, 다양한 소통이 일어나고, 교육공간 및 전시공간 활용, 가상 휴먼 활용 등 학습자 간의 실재감을 강화할 수 있다. 학습자는 능동적으로 정보를 재생산하고 다양한 미디어를 활용하여 확산하며, 메타버스 환경을 놀이공간과 학습을 병행할 수 있는 공간으로 활용할 수 있다.

메타버스는 학습자가 주인공이 되는 공간이며, 적극적인 참여 및 정보 수용과 창의적인 활동이 자유의지에 따라 행동할 수 있어 선택의 영역이 넓은 장점이 있고 다양한 소통방식으로 공부하며 놀 수 있는 복합 공간이다. 자아성찰을 위한 공간을 마련하여 몰입도를 상승시키며, 실시간 피드백과 평가, 데이터 수집, 객관적이고 효율성이 높은 데이터를 기반으로 평가할 수 있도록 한다. 이를 통해 학습상황 예측이 가능하며, 학습자에게는 더 발전된 수업과 학습 경험의 교육서비스, 특히 효율성 높은 맞춤형 관리 솔루션 제공이 가능하다.

4) 역할 변화

: 조력자로서의 역할

교수자는 지식 제공이 아니라 학습을 촉진하고 도울 수 있는 존재로 학습자의 능동성을 강조하고 맞춤형 교육을 실시하는 조력자로서의 역할을 해야 한다. 메타버스 예술교육은 교수자와 학습자의 경계와 역할이 변화하면서 소통과 매개, 생산 중심의 창조적 이용자로 상호 협력하게 된다. 교사 역할의 재정립이 필요하며, 기존의 오프라인 교실과 교수자들의 혁신이 필요하다. 시대의 변화와 흐름에 맞춰 변해야 하며, 수업 콘텐츠의 업그레이드도 필요하다.

예술분야에서는 기술 및 기예를 전수하는 도제식 교육방식이 주를 이루고 있어, 교수자의 역할이 중요시되는 전통적 예술교육의 역할과 권위가 지배적이다. 이에 예술교육에서는 완벽성, 복제성 중심의 전통적 예술교육과 창의성, 확장성 중심의 보편적 예술교육으로 구분할 필요성도 제기되고 있다. 이에 따라 기존의 예술교육방식을 새로운 세대의 욕구나 기대, 전망을 반영하는 방식으로 교수자의 역할, 예술교육의 형태와 방식, 내용 등에 따라 방향 설정을 해야 할 것이다.

학습자의 학습 공간에 대한 정의가 바뀌고 있으며, 교수자는 메타버스를 문화로 여기는 세대와의 소통이 필요하다. 진정한 교육과 성장을 위해서는 학습자 자신의 자발적인 선택과 결정을 통한 학습행위가 이루어져야 한다. 예술분야에서는 매체 활용능력과 다양한 상상력을 표현할 수 있는 융합적 역량이 중요해지고 있어 교육내용의 전문성과 가치를 개발할 필요가 있다.

메타버스 예술교육은 아직까지는 선제적 경험 및 데이터 부족의 초기 형태라 기술 활용 교육과 창의예술교육이 동시에 이뤄질 수밖에 없다. 하지만 지속되는 기술혁신 및 투자의 증가로 인해 다양한 메타버스 플랫폼의 확산이 본격화될 것으로 전망하고 있어, 새로운 메타버스 예술교육을 설계하고 개방적 수용을 통해 미래 경쟁력을 확보해야 할 것이다. 이는 모든 분야 적용되는 새로운 기회이며, 예술 분야에서도 적극적으로 활용하는 방안을 강구할 필요가 있다. 또한 예술교육 조직 내부 및 이해관계자들의 커뮤니케이션이 중요하며, 지식재산권, 디지털 활용능력 개발, 기술파트너, 비즈니스파트너, 대학들과의 컬래버레이션 수행에 개방적인 문화가 필요하다. 예술분야 교육자들의 기존방식으로의 돌아갈 가능성이 있으나 수업자의 재택수업과 가상공간에 익숙해져 의견조율과 새로운 방식의 교육에 대한 의식전환이 필요한 시점이다.

생각할 문제

1 디지털 기술과 예술의 융합에 있어 어려운 점은 무엇인가요?

2 메타버스를 활용한 예술교육의 장점은 무엇인가요?

3 메타버스를 활용한 예술교육에서의 교수자와 학습자가 갖추어야 할 태도는 무엇인가요?

4 대학에서의 메타버스 예술교육 실행을 위해 해결해야 할 문제는 무엇이 있는지요?

METAVERSE
UNIVERSITY

Chapter

09

메타버스와 교수학습방법

1. 도입

대학가에는 바야흐로 비대면 교육의 시대가 도래하였다. 갑작스러운 팬데믹 상황은 전공과 분야를 막론하고 모든 교수들이 비대면 강의를 경험하게 했고, 동시에 '어떻게 하면 비대면 상황에서도 의미 있는 수업을 진행할 수 있을지'를 고민하게 만들었다. 코로나 직후 국내 대학의 비대면 강의는 크게 두 가지 방식으로 진행되었다. 하나는 교수가 강의 동영상을 촬영한 후 LMS 등에 올려주는 방식이다. 이는 완성도 높은 수업을 제공한다는 장점이 있지만, 교수와 학생이 실시간으로 양방향 의사소통을 하지 못하게 한다는 단점도 있다. 또 다른 하나는 실시간 화상회의 프로그램으로 교수와 학생이 가상 회의실에 모여서 강의를 하는 것이다. 이 방법은 교실의 역할을 하는 가상 회의실에 모두 모여 있기 때문에 실시간 의사소통을 가능하게 한다는 장점이 있으나 학생들이 학생들이 음소거를 하거나 카메라를 끄면 바로 단절 상태가 되어 버린다는 한계도 있다. 가상 회의실에서는 실험이나 실습과 같은 실재성이 높은 강의를 진행하기 어렵다는 점도 확인되었다.

이러한 상황에서 주목을 받게 된 것이 메타버스이다. 메타버스는 온라인상에 실제와 유사한 공간을 구축하며 학습자들이 아바타로 접속하게 한다. 학습자들은 아바타를 움직이면서 메타버스 공간에 설계된 다양한 활동을 할 수 있다. 움직이는 것은 아바타일지라도 그 움직임으로 배움을 얻는 것은 학습자이다. 아바타라는 대타를 통한 참여형 교육이 가능하게 되는 것이다.

메타버스를 통해 구현된 교육 현장은 획기적이다. 물리적으로는 아바타를 통한 간접 참여가 이루어지지만 정신적으로는 직접 참여가 이루어지기 때문이다. 먼저, 정신적 참여가 이루어지는 메타버스 구조는 비대면 교수학습 상황의 고질적인 문제 중 하나인 정서적 단절과 고립감이라는 문제를 해소해 줄 것으로 기대된다. 비록 메타버스라는 가상환경에서 아바타로 만나지만 서로가 서로에게 위로가 되는 행동을 할 수 있고 이는 학습자들의 정서적 고립감을 완화시켜 줄 수 있을 것이다.

다음으로, 아바타를 통한 간접 체험이 이루어지는 메타버스의 구조는 위험한 실험이나 실습으로부터 학습자를 보호할 것으로 기대된다. 아바타는 학습자들의 정신력에 의해 움직이지만 학습자의 신체 그 자체는 아니다. 즉, 아바타를 통한 학습은 학습자들이 다소 위험이 따르는 실험이나 실습을 해야 할 때 직접 피해를 보지 않도록 도와줄 수 있다. 메타버스 공간에서는 가상의 재료와 도구를 사용한다는 점도 주목할 만하다. 지나치게 고가인 재료를 사용해야 하는 실험·실습이나 폭발 위험이 있는 재료를 사용해야 하는 실험·실습의 경우, 메타버스는 교육경비나 안전사고에 대한 학습자의 부담감을 줄여줄 것이다.

그런데 지금까지 국내 대학은 주로 메타버스를 입학식이나 졸업식, 특강 등과 같은 단일 행사에 활용했다. 교육실천의 측면에서 메타버스를 교육 현장에 어떻게 적용될 수 있는지, 이를 활용하기 위해서 필요한 교수학습 전략이 무엇인지에 대한 논의는 아직 미흡한 실정이다. 이에 이 장에서는 메타버스 환경에서 이루어지는 강의가 교육적 효과성을 발현하기 위해서는 무엇이 필요한지를 검토한다. 주된 검토 사항은 다음과 같다.

첫째, 메타버스 환경의 가치를 드러내는 교수학습 설계 방법은 무엇인가?
둘째, 메타버스 환경의 가치를 높이는 교수 역량은 무엇인가?
셋째, 메타버스 환경에서 필요한 학습 역량은 무엇인가?
넷째, 메타버스 환경에서 이루어지는 교육은 어떻게 평가해야 할 것인가?

2. 메타버스의 가치를 드러내는 교수학습의 설계

"스마트폰을 활용하기"

이 책의 2장에서는 메타버스의 교육적 활용 가능성을 넓혀줄 기술들을 살펴보았다. 메타버스를 통한 교육에서 디지털 기기에 주목해야 하는 이유는 그것이 우리의 교육 현장과 경험을 확장하기 때문이다. 디지털 장비들은 우리가 태초부터 부여받은 감각의 한계를 넘어설 수 있도록 돕는다. 즉, 디지털 장비들은 교육 현장을 메타버스의 세계로 이끌어서 학습자들이 자신의 신체 능력과 상상력, 그리고 추론을 포함한 연상 능력의 의지해서 이해해야 했던 내용을 감각적이고 물리적인 실체로서 느끼고 경험할 수 있도록 도와준다.

디지털 장비와 과학기술은 메타버스 교수학습의 기본 전제 조건이다. 하지만 상술한 바와 같이 이 기술은 아직 개발 중이다. 가장 현실적이고 효용성 높은 방법은 학습자들이 이미 갖고 있는 기기를 활용하는 것이다. 메타버스 디지털 장비라고 해서 과도하게 생각할 필요는 없다.

과거에는 학생이 사용하는 디지털 장비의 종류가 제한적이었다. 하지만 지금은 PC와 스마트폰을 기본으로 갖추고 있는 학생이 많다. 노트북이나 태블릿을 가지고 다니는 학생도 적지 않다. 그중에서도 스마트폰은 하드웨어적으로나 소프트웨어적으로 빠르게 발전하는 기기이다. 인류의 제3의 신체라고도 불리고 현대인의 필수품이라고 일컬어지기도 한다[1]. 따라서 메타버스 환경에서 이루어지는 교수학습에서는 스마트폰을 효과적으로 활용할 필요가 있다. 이는

1 대학생 학습자의 스마트폰 사용 양상에 관한 연구를 종합해 보면 대학생들도 스마트폰을 생활필수품으로 여긴다는 것을 알 수 있다. 대학생들은 스마트폰을 통해 유희 및 취미 생활, 쇼핑 등과 같이 실생활과 직결된 활동, 정보의 검색과 공유, SNS 등을 통한 상호소통 활동 등을 한다. 이들은 자신의 스마트폰 사용 시간이나 의존도가 '과도'하다고 느끼고 있으나, 스마트폰이 '교우관계'와 '일상 및 생활'과 자세히 관련되어 있는바 그것을 통해서 '또 하나의 나'가 형성되고 있다고 느낀다(김정애·조의영, 2016; 모아라·이소현, 2017; 오송석·정현용, 2021; 이면재·고기숙, 2013; 이용숙·이수현, 2019).

학생들의 수업 접근성을 높여줄 뿐만 아니라, 학습자들이 스스로 수업 참여 환경을 조절할 수 있도록 도와줄 것이다.

"풍성한 교육 경험을 제공하기"

가상적으로 구축되는 메타버스 환경은 학습자들의 교육 경험이 지금보다 풍성해질 수 있도록 돕는다. 메타버스 환경은 가상적으로 구축되는 것이기 때문에 물리적인 위험으로부터 자유롭다. 따라서 선박의 운항이나 항공 운항과 같이 실제 기물(器物)로 하기에는 위험하고 비용이 많이 드는 실습을 상대적으로 적은 비용으로 안전하게 할 수 있도록 돕는다. 독성이 있는 화학물질을 사용해야 하거나 오염을 유발할 수 있는 실험도 가상현실에서는 어렵지 않게 경험해볼 수 있다. 즉, 교육 현장에 가상현실을 도입하는 방식은 지금까지 교육이 신체적 피해나 재산상의 피해, 물리적인 어려움을 걱정하여 기획하지 못했던 교육적 시도를 가능하게 한다는 점에서 교육활동의 저변을 넓혀줄 것으로 기대된다.

"학습자료를 입체적으로 만들기"

메타버스는 가상의 공간이자 우리 감각의 한계를 넘게 하는 공간이다. 가상을 통한 한계 극복은 주로 AR/VR을 통해 실현된다. AR/VR은 메타버스의 세계에서 디지털 이미지를 구현해 제공하는데, 이렇게 구현된 이미지는 참여자의 시각과 청각은 물론 촉각까지도 자극할 수 있다. 그 대표적인 예가 바로 의학 교육에서 활용되는 '메타버스 수술 실습'이다.

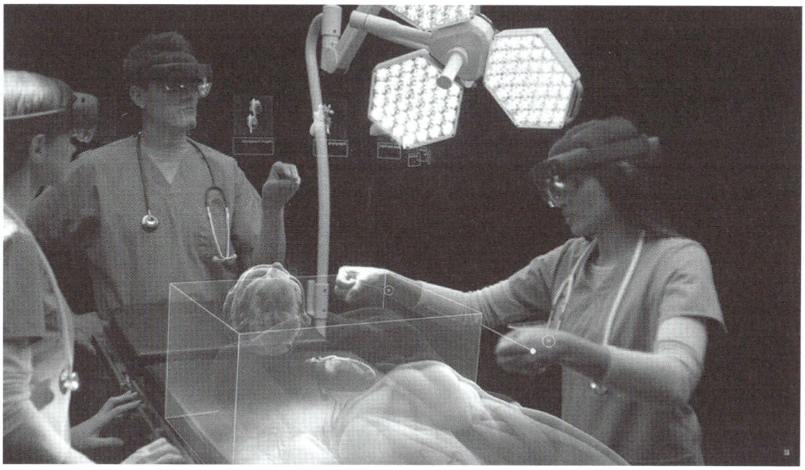

| 그림 9-1 | VR/AR 기술을 통해 신체의 부피감과 역동성을 느끼며 수술 실습을 하는 장면 (MS 홀로렌즈 설명 유튜브 화면 캡처)

사진 자료에서 볼 수 있는 것과 같이 '메타버스 수술 실습'에 참여한 학생들은 AR 기기를 통해 신체의 부피감과 역동감을 느끼며 수술 실습을 하였다[2]. AR 기기가 송출한 디지털 이미지가 학생들의 감각을 자극함에 따라, 학생들은 교육 대상의 입체성과 교육 상황의 현장감을 느끼면서 수술 실습을 할 수 있게 된 것이다.

AR이 주는 입체성과 현장성은 AR 기기를 통해서만 확보되는 것이 아니다. 다소 미약하기는 하지만 스마트폰에도 AR을 만들거나 보여주는 앱이 있다. AR 자료의 가치는 학습자들이 수업 대상의 입체성과 현장성, 공간감을 체감할 수 있게 한다는 점에 있다. 지금까지의 교육자료는 주로 지면(紙面)으로 제시되었으며, 평면 자료이기 쉬웠다. 2차원적으로 제공된 자료는 학습자에게 대상의 부피감, 역동성, 공간감을 제시하기 어렵다. VR/AR 기술은 이러한 문

2 현실 상황에서라면 의대생이 인체를 감각적으로 느끼면서 수술을 실습하기 어렵다. 윤리적인 문제와 경제적인 비용 문제 등이 얽혀 있기 때문이다. 그런 점에서 '메타버스 수술 실습'은 윤리적·경제적 문제를 경감하면서도 학생들에게 필요한 교육을 제공하였다는 점에서 의미가 있다.

제를 극복하고 학습자가 더 풍부하게 느끼고 경험하게 돕는다.

메타버스 교육환경의 가치와 가능성을 실현하는 것은 교수의 열정과 노력이다. 교수들은 학습 자료를 만들 때 입체적인 형태로 만들려고 할 필요가 있다. 메타버스는 기존의 학습 조건을 더 나은 상태로 발전시켰다. 교수들은 메타버스를 통해서 더 다양한 것을 풍부하게 알려줄 수 있게 되었다. 기회는 포착해야 한다. 따라서 수업 자료를 만들면서 학생들에게 부피감이나 현장감 등을 알려줄 필요가 있는 부분이 발견된다면 입체성을 경험할 수 있는 자료로 제작하여 배포할 수 있어야 하겠다.

"가상 체험 공간을 활용하기"

메타버스 환경에는 깊은 숲이나 고산지대, 사막과 같이 일반인들이 쉽게 방문하기 어려운 공간이 제작되어 있다. 이미 폐허가 되었거나 역사 속에서 사라진 공간들도 옛 모습 그대로 복원되어 있기도 하다. 잔해로 남아 있는 고대 유물과 유적을 분석하여 과거 그 영광을 가상현실 속에 재현한 것이다. 이러한 메타버스 공간들은 학습자들이 과거의 시공간을 더욱 실감 나게 인식하고 이해할 수 있게 도울 것이다.

| 그림 9-2 | MS InCulture에서 메타버스를 통해 과거 그리스 건축물을 재현하는 모습

https://inculture.microsoft.com/arts/ancient-olympia-common-grounds/

한편, UN이나 EU 등의 국제기구나 국회 같은 정치기구는 건물의 일부 공간과 회의실과 같은 상징적인 공간을 메타버스 환경 안에 구축해 두고 있다. 사실 일반인은 국제기구의 업무 시설에 쉽게 들어갈 수 없다. 하지만 메타버스에서는 이러한 공간의 방문이 가능하다. 이는 학생들에게 '체험을 통한 교육'이라는 측면의 가치를 제공할 것이다.

이 공간을 활용해 메타버스를 통한 온라인 체험 학습을 설계하는 것도 가능하다. 온라인 체험 학습은 오프라인에서 진행되는 체험 학습보다 다채롭고 자유롭게 진행될 수 있다. 메타버스의 공간을 시·공간적 유연성을 지니기 때문이다. 예들 들어서 교수는 메타버스 세계의 트랜스 미디어적 특성을 적극적으로 활용하여, 학생들이 메타버스를 통한 온라인 체험 학습을 하는 동안에 다른 매체에 접속하여 과거 그 공간에서 무엇이 어떻게 행해졌는지를 조사하고 그 원인을 탐구하게 할 수 있다. 온라인의 멀티 양식성을 적극적으로 활용한 트랜스 미디어적인 교수학습활동은 학습자들이 학습 내용을 다층적으로 인식하고, 그것을 토대로 융복합적 사고를 활성화할 수 있도록 도와줄 것이다.

| 그림 9-3 | 독일의 '연방의회 360°'(https://bundestag360.phoenix.de)

메타버스 교수학습을 설계할 때에는 온라인의 트랜스 미디어적인 측면을 적극 활용해야 한다. 다양한 온라인 플랫폼으로부터 다채로운 정보를 얻을 수록 학습자의 인식능력이 확장되고 사고력이 발달하게 되기 때문이다. 메타버스 공간을 교수학습에 적극적으로 도입하게 하는 것도 학습자의 경험의 폭을 넓혀 준다는 의미가 있다. 특히 일반인들이 쉽게 접근하지 못하지만 현대 사회의 삶과 미래적 발전에 의미가 있는 공간을 학습자들이 체험하게 한다면 그

교육적 가치와 의미는 매우 클 것이다.

"아바타를 활용하기"

메타버스 교육환경에 접속한 학습자들은 접속한 플랫폼의 형식에 맞춰 자기 자신을 아바타나 사진 등으로 제시하게 된다. 이때 학습자들은 자기표현의 자유를 얻게 된다. 메타버스에서는 아바타의 모습이 자신을 닮을 필요가 없다. 자신을 드러내기 위해 사용하는 사진이 꼭 자신과 동일해야 하는 것도 아니다. 아바타는 사용자가 타자적 외모를 체험하게 한다. 미국에서는 아바타를 활용하여 인종적 타자의 삶을 체험하고 그 고충을 헤아리는 수업사례가 보고된 바 있다. 이처럼 메타버스 세계에서 학습자는 아바타를 통해 타인의 삶을 체험할 수 있다.

현실 세계에서는 오랜 시간 시간과 노력을 투자해야 만들어낼 수 있는 외양이 메타버스 세계에서는 몇 번의 클릭으로 구성될 수도 있다. 다만 현실의 외모와 아바타상의 외모가 불일치하는 상황이 때로 윤리적인 문제를 만들기도 한다[3]는 점은 반드시 주의해야 한다. 교수는 이 문제를 학습자에게 안내하고 학습자가 스스로 "가상현실 공간의 윤리적 문제"에 관심을 가지며 이를 해결하기 위한 묘안을 탐색하고 자신의 가상현실 이용현황을 성찰하게 이끌 수 있다.

3 학습자가 이상형에 맞춰 자신을 스스로 기만하거나 실제 자신과는 다른 모습을 가면 삼아서 윤리적인 사건·사고를 일으킬 가능성을 배제할 수는 없다. 이는 이 책의 앞부분, 메타버스 환경에서의 윤리 문제와 법을 다루는 부분에서 자세하게 다루었으므로 이 부분에서는 깊이 논의하지 않는다.

3. 메타버스 교육의 가치를 높이는 교수역량

"학습자에 대해 알기"

메타버스 교수학습에서 교수자는 학습자가 메타버스를 통한 경험을 자기 발전과 성장의 자원으로 활용할 수 있도록 돕는 조력자이자 안내자로서 역할해야 한다. 그런데 학습자를 잘 안내하고 돕기 위해서는 자신이 도와야 할 학습자들의 실존적 상태에 대해서도 충분히 알고 있어야 한다. 지금의 학습자들은 태어날 때부터 디지털 장비를 경험했다. 따라서 메타버스를 활용한 교수 전략을 세우기 위해서는 무엇보다는 지금의 학습자들이 관련 매체를 어떻게 다루어왔는지에 대해서 검토할 필요가 있다.

"메타버스를 통한 학생 성장 로드맵을 제시하기"

메타버스를 통한 강의가 성공적으로 이루어지기 위해서 교수는 학생에게 이 강의를 통해서 달성할 목표를 정확하게 제시하고 그 목표에 도달하기 위해 할 교육적 경험에 대해서 안내해야 한다. 또한 학생 학습의 조력자이자 학생 활동의 안내자 역할을 철저하게 수행해야 한다. 메타버스는 가상성과 현장성을 앞세우는바, 메타버스를 통한 교육에서는 자기주도적 학습과 참여형 학습이 강조될 수밖에 없다. 메타버스를 통한 교육에서는 구성주의적 인식론 기반의 학습자 중심 교수학습 설계가 더욱 강조될 것이다. 따라서 메타버스를 통한 교육의 가치와 효용성을 높이기 위해서는 교수자가 객관적 인식을 기반으로 학습자를 이끌어나가던 근대적 교육방법에서 벗어나야 한다. 교수자에게 필요한 것은 학습자가 메타버스 환경에서의 경험을 토대로 지식을 구성하도록 돕는 것, 그리고 학습자가 자신의 학습 경험을 기반으로 성장해 나가도록 안내하는 것이다.

한편, 메타버스로 제공되는 학생 성장 로드맵은 교과 내용에 따라 다양하게 제시될 수 있다. 어떤 교과에서는 학습자들이 같은 행동을 반복하며 행위의 정확성을 높이는 데 초점을 맞출 것이다. 이런 교과의 경우, 학생의 반복이 행동 수정을 위한 반성과 성찰로서 시행될 수 있도록 도와야 한다. 또 다른 교과에서는 학습자가 이론을 토대로 실험을 설계 및 진행하고 그 결과를 분석하게 이끌 것이다. 이런 교과에서는 학습자가 더 나은 결과를 끌어내기 위해서 어떤 자료를 참조하여야 하는지, 무엇을 수정해 보아야 하는지 등에 대한 지침을 메타버스 환경 곳곳에 심어 놓을 필요가 있다. 메타버스의 교육환경에서도 줄탁동시(啐啄同時)의 교육 기조는 유지될 수밖에 없기 때문이다.

"학생의 발전을 촉진하는 메타버스 학습콘텐츠를 개발하기"

교수는 학습자의 주의 집중과 학습 동기유발, 그리고 학습 욕구를 추동하는 콘텐츠를 개발 및 제공해야 한다. 그것은 플랫폼의 구조가 될 수도 있고, 인터페이스 디자인이 될 수도 있고, 콘텐츠 구성 방식이 될 수도 있다. 또한 교수자는 학습자가 자신의 성장을 위해서 필요로 하는 추가적인 경험과 안내를 적시에 제공할 수 있어야 한다. 이러한 것들을 메타버스 교수학습 공간에 적절히 배치하기 위해서 교수자는 메타버스에서의 교육 경험에 대한 스토리보드를 만들고 그 내부 공간을 설계해야 한다. 마치 게임 개발자들이 게임 공간의 곳곳에 아이템을 배치하듯이 교육 설계자로서 교수학습의 공간 곳곳에 학습자들이 활용할 수 있는 정보와 추가적인 지침, 그리고 참조 사항을 배치할 수 있어야 한다.

학습자의 자기주도적이고 체험적인 교수가 제대로 이루어지려면 교수자는 더 바빠져야 한다. 앞에서 이끌어 나가는 것이 아니라, 학습자가 스스로 걸어 나갈 환경을 구축하고 다양한 갈래의 길을 제시해 줘야 하기 때문이다. 메타버스 환경에서 학습자가 하게 될 광범위한 경험을 정리하고, 그가 학습 목표를 달성하기 위해 수행해야 하는 과제를 체계적으로 제시하기 위해서는 기존보다 풍부하고 섬세한 교수 설계가 요구된다. 메타버스 교육의 시대가 열리면 교수자들은 학습자들이 쉽고 편하게 다양한 경험을 할 수 있도록 할 교육 프로그램을 개발하게 될 것이다. 가상의 경험들은 리스크가 적으며, 그것이 실패의 경험이든 성공의 경험이든 학생 성장의 자산이 되기 때문이다.

"상호소통의 기회를 적극적으로 제공하기"

메타버스를 통한 교육은 학습자들이 가상세계에서 실제 세계에서와 유사한 상호작용을 수행해 보도록 도울 수 있다. 구성주의에 따르면 교수·학습적 효과성은 학습자들이 ① 지식이 어떻게 구성되는지를 알고, ② 그 지식에 대해서 다른 사람들과 의사소통하며, ③ 기존의 의미를 발전시키거나 사회적으로 적용하기 위한 협상과 타협을 하면서 높아진다[4]. 그러므로 교육자들은 메타버스 환경에 접속한 학습자들이 다른 사람과 자유롭게 상호작용하면서 자신의 학습 주제에 몰입할 수 있도록 해야 한다. 교수자들은 학습자들이 메타버스 프로그램에 덧입혀진 가상의 인격체들과 소통하게 할 수도 있고, 자기들끼리 소통하게 할 수도 있다. 어떤 방식의 소통이 이루어지든 교수는 학습자들이 메타버스 프로그램에 접속한 이후부터는 다양한 방식으로 다른 사람들과 적절하게 소통하고 상호 협력하면서 학습을 이어 나갈 수 있게 해야 한다.

"메타버스를 통한 자기계발의 기회를 제공하기"

메타버스는 미래에서 활용될 가능성이 높은 차세대 기술이다. 교수는 학생들이 메타버스를 활용하여 자신의 학습 성과를 발표하게 함으로써 학습자의 메타버스 활용능력을 촉진할 수 있다. 대학 강의에서 교수자들은 항상 학습자들이 곧 사회에 진출하여 직업인으로서 자립하게 된다는 것을 염두에 둬야 한

---

4 Jonassen D.(1996). A Manifiesto for a constructivist approach to technology in higher education, In T. Duffy, D. Jonassen & J. Lowyck(Eds.), *Designing constuctivist learning environments*. Heidelberg, Germany: Springer Verlag.

다. 그런 점에서 학습자들이 메타버스 환경에서 콘텐츠를 생산 및 발표하는 경험을 하도록 이끄는 것은 의미가 있다. 최근 비대면 상태로 다양한 소통이 이루어지게 됨에 따라 국내외의 기업들은 메타버스에 관심을 가지고 이를 적극적으로 도입 및 활용하고자 하는 모습을 보여주었다. 비대면 소통은 팬데믹이 끝나더라도 사라지지 않을 것이며 그야말로 뉴-노말(New-Normal)로 자리 잡을 것이다. 그런 점에서 학습자들에게 메타버스 콘텐츠 제작 경험을 하나의 교육 활동으로서 제시하고 이를 기반으로 한 창의 역량과 실무 역량을 갖추게 하는 것은 시의적 의미가 있다.

4. 메타버스 교육의 효용성을 드러내는 학습 역량

"학습에 대한 비전을 가지고 학습 동기를 조절하기"

실세계의 교육과 마찬가지로 메타버스 세계의 교육은 의도적이고 비의도적인 활동으로 진행된다. 경험을 중시하는 메타버스 교육에서는 구성주의 교육관을 취하게 되는데, 구성주의 관점에서는 교육의 주체로 학습자를 제시한다. 학습자는 자기 나름대로 세상을 지각하고 경험하며 자신의 내면에 재구성한다. 또한 학습 공동체를 형성하고, 그들과 함께 학습 과정에서 발생한 문제를 해결하기 위한 상호작용을 하며, 자신이 배운 내용을 사회적으로 유용한 기술 또는 지식으로 발전시키기 위해 노력한다[5]. 즉, 학습자들은 학업에 대한 비전을 가지고 학습에 임하며, 메타버스를 통해서 세계를 넓게 보고 깊게 이해하기 위해 노력해야 한다. 다양한 경험을 하면서 세계를 다각적으로 볼 수 있도록 하고, 자신의 전문 영역을 개발하고 미래 역량을 발휘하기 위한 지식을 익

5 Burge, E. & Boberts, J. M.(1993). *Classrooms with a difference: A practical guide to the use of conferencing technologies*. Toronto, Ontario: The Ontario Institute for Studies in Education, Distance Learning Office.

히고 경험을 쌓아야 한다.

"몰입하기"

메타버스 환경에서 학습자가 주체적으로 학습할 수 있게 된다면 그것은 학습자가 메타버스에서 주어진 교육 경험에 더욱 '몰입'하게 되기 때문이다. 메타버스 교육환경의 발전 방향은 학습자들이 메타버스를 하나의 현실이자 실제로서 인식하게 하는 방향으로 진행됐다. 메타버스를 하나의 현실이자 실제로 인식한다는 것은, 그 공간에 몰입한다는 것을 의미한다. 몰입한 학습자는 자기 자신이 신체적으로나 인식적으로 메타버스 공간에 있다고 믿게 된다. 그리고 그 공간에서 벌어진 사건이나 사고, 그리고 그와 더불어서 자신이 해결해야 하는 문제에 집중한다. 즉, 메타버스는 학습자가 메타버스의 공간에서 수행해야 하는 과제에 몰입하게 함으로써 그 안에서 자기 주도적으로 학습을 지속하게 이끈다.

"현실 문제에 대한 시뮬레이션 돌리기"

또한 메타버스를 통한 교육의 가치는 위험 부담이 적은 상태에서 현실 세계의 복잡한 문제점들을 경험하고 그 해결 방안을 가상적으로 구축해 볼 수 있다는 데에 있다. 메타버스는 가상의 공간을 설정할 수 있을 뿐만 아니라 가상의 인물도 생성할 수 있으므로, 학습자들은 가상의 공간에서 가상의 인물을 통해 현실 문제에 대한 시뮬레이션을 돌려볼 수 있다. 또한 사례를 그곳에 재현시켜 봄으로써 사건을 조망해 보는 활동을 해 볼 수도 있다. 이러한 경험은 교실에서의 학습이 현실과 괴리된 것으로 존재하지 않고 실천적이고 실용적인 역량으로 이어질 수 있도록 도울 것이다.

"정보 구성 능력을 발현하기"

경험이 학습이 되기 위해서는 경험한 내용이 학습자 내면에서 기존의 지식이나 학습 경험과 융합되어야 한다. 종합되지 않은 지식은 활용 가능성과 가치가 떨어지기 때문이다. 따라서 메타버스 환경에서의 교육이 효용성을 드러내기 위해서는 학습자가 메타버스 환경에서 한 경험을 지식으로 구조화하고 기존의 자신의 지식과 융합시킬 수 있어야 한다. 정보를 포착하고 이를 구조화하며 메타인지적으로 이를 자신의 지식으로 재구성하는 힘이 반드시 갖춰져야 한다.

"경험으로 성장할 수 있도록 학습자아를 관리하기"

변화가 이루어지기 위해서는 먼저 개선 의지가 필요하고, 자기 성찰이 필요하며, 혁신하기 위한 노력이 필요하다. 메타버스는 학습자들이 기존의 교수학습 환경에서는 해 보기 어려운 것들을 경험하게 하지만 그 존재만으로 학습자들이 자기 혁신의 필요성을 느끼게 하거나, 무엇을 어떻게 바꿔야 하는지를 성찰하게 하거나, 혁신하기 위해 노력하게 만들지는 않는다.

메타버스를 통한 교육의 핵심은 학습자가 경험 기반 학습(Learning-by-doing)을 할 수 있도록 돕는 것이다. 그런데 단순히 경험을 했다고 해서 그것이 다 교육으로 이어지는 것은 아니다. 경험이 교육이 되기 위해서는 두 가지가 필요하다. 하나는 학습자가 자신의 성장과 발전을 긍정하는 것이고 다른 하나는 자신의 모든 경험이 자기 성장의 발판이 될 수 있다고 생각하는 것이다. 학습자는 메타버스 안에서 하는 모든 경험을 자기 성장의 토대로 삼을 수 있어야 한다. 그런데 경험이 성장이 되기 위해서는 학습자가 먼저 그것을 성장과 도약의 자원으로 재구성해야 한다. 이를 가능하게 하는 것은 끊임없이 변화·발전하려는 학습 자아이다. 경험을 자신의 성장 자원으로 재구성하는 학습 자아는 반성과 성찰, 자기주도적인 변화 발전과 혁신의 동력이다.

“학습시간, 태도, 방법 관리하기”

학생들은 메타버스 환경에서의 학습전략을 잘 구사하고 학습의 질을 스스로 관리할 수 있어야 한다. 학습에 있어서 메타버스의 가치는 학습 범위의 넓이와 깊이를 확장한다는 데 있다. 그런데 이러한 확장은 기본적으로 스마트폰이나 PC 등의 인터넷 기반 기기를 통해 이루어진다. 그런데 인터넷 접속환경은 학습자의 집중력을 저해할 수 있다. 그렇기 때문에 메타버스 기반 교육에서는 무엇보다도 학습자의 자기 관리 능력이 중요하다. 학습자는 스스로 목표의식을 가지고 학업에 집중할 수 있어야 한다.

여기서 핵심은 지식과 경험의 습득 주체는 다른 사람이 아닌 학습자 자신이라는 것이다. 메타버스를 통해서 앞으로의 교수학습환경은 학습자들에게 근대적 교실 환경에서는 경험하기 어려웠던 다양한 경험을 제공할 것이다. 교수자는 학습자가 이 경험을 통해 성장할 수 있도록 여러 지식과 지침들, 그리고 참고사항을 제공할 것이다. 그런데도 그것을 직접 수행하여야 하는 사람은 다름 아닌 학습자 자신이다. 근대적인 교실에서는 교사가 시험을 보여주고 학습자들을 끌고 나가는 방식이었다면, 현대의 교실에서는 학습자가 직접 체험하면서 스스로 목표를 달성하기 위해 노력해야 한다. 그런 점에서 메타버스의 세계에서 이루어지는 교육 활동의 중심에 놓은 자는 다름 아닌 학습자이며, 교육의 진척과 목표 달성의 주체 또한 바로 학습자 자신이다.

메타버스 교수학습이 교육적 효용성과 가치를 드러내기 위해서는 그 안에서 학습자가 자기 주도적 학습을 할 수 있게 해야 한다. 학습자는 메타버스의 현란함에 빠져들기만 할 것이 아니라, 자신이 학습 동기가 무엇이고 학습 목적과 목표가 무엇인지를 분명히 하면서 전략적으로 학습 계획을 세울 수 있어야 한다. 자신의 목적과 목표를 이루기 위해서는 무엇이 필요한지를 먼저 알고, 학습 목표를 이루기 위한 목적에 따라 전략적으로 메타버스를 통한 교육을 받고자 한다면 메타버스를 통한 교수학습이 그 가치를 분명히 드러낼 수 있을 것이다.

5. 메타버스 교육의 평가

메타버스의 가치는 교수학습의 가능성을 높이고 그 결과의 실천력을 강화하며 교수자와 학습자 간의 상호작용이나 학습자와 학습자 간의 상호작용을 촉진하는 데에 있다. 지금까지는 시도해보지 못했던 학습 경험을 제공하고 학습자가 적극적이고 능동적으로 학습에 참여하도록 하며, 현실 세계의 문제를 체험해 보게 함으로써 세계의 다양성과 복잡성을 인식하며, 문제해결 방안을 모색하게 돕는다는 것도 중요하다. 메타버스를 통한 교육을 평가하기 위해서는 요나센[6]이 일찍이 제시한 <가상현실 공간 환경에서 구성주의 학습 환경을 구축할 때 지켜야 할 여섯 가지 원칙>을 살펴볼 필요가 있다.

- 현실의 다양성과 복잡함을 자연스럽게 익히도록 한다.
- 지식을 재현하는 것보다는 학습자가 지식을 구성할 수 있도록 한다.
- 학습자가 믿고 작업할 수 있도록 한다.
- 학습자의 학습한 내용이 반영된 실습을 제공한다.
- 학습자가 상황과 맥락을 인지하고 적합한 지식을 활용하게 한다.
- 학습자들이 경쟁하게 하기보다는 협력하여 문제를 해결하게 이끈다.

이 원칙들은 신기술의 교육적 도입 성과를 높이기 위한 것으로 메타버스 공간의 유용성과 가능성을 교수 학습적으로 점검할 때에도 활용할 만하다. 메타버스는 교육적 가능성을 넓혀주는 신기술이다. 이를 교수 학습적으로 잘 구현하고, 학습자들이 메타버스 환경에서 자기 주도적으로 경험을 엮어 나갈 수 있도록 안내하고 돕는다면 메타버스를 통한 교수학습은 분명히 그 가치와 효용성을 십분 드러낼 것이다.

6 Jonassen, H.(1994). Thinking technology: Toward a constructivist design model. *Educational Technology, 34*(4), 34-37.

6. 종합 정리

지금까지 이 장에서는 메타버스 교수학습을 교수학습의 설계, 교수, 학습, 그리고 평가의 네 가지 관점에서 살펴보았다. 메타버스 교수학습이 활성화되려면 학습의 목표에 맞게 메타버스의 환경이 도입되어야 하며, 학습자들이 자신의 학습 동기와 목적, 그리고 목표를 인지하면서 자기 주도적으로 메타버스의 다양한 자료를 적극적으로 사용하여 학습 경험을 구축해 나갈 수 있어야 한다.

메타버스의 기술력은 경험의 폭과 깊이를 확장해주고 학습자들이 실감 나는 콘텐츠를 통해 학습에의 몰입을 할 수 있도록 도울 가능성이 있다. 그러나 그 가능성을 교육적 현실로 만드는 것은 교수자이다. 교수자가 교육목적을 달성하기 위한 교수학습 공간을 메타버스의 세계에 구현할 때, 메타버스 유니버시티는 비로소 실현될 것이다.

한편 메타버스 교육환경은 학습자들이 자기주도적으로 학습하면서 동료들과 자유로운 소통하고 협력할 것을 추동한다. 메타버스는 인터넷 기반 교육환경이기 때문에 학업에 대한 학습자의 의지와 열정이 무엇보다도 중요하다. 경험이 학습이 되는 구조이기 때문에 학습자들이 경험으로부터 삶의 지혜를 얻고 그것을 자신의 기존 지식과 융합 및 재구조화하는 작업도 필요하다.

메타버스에서의 교수학습은 최첨단 기술의 도움으로 시공간의 제한을 넘어설 수 있는, 즐거운 것이다. 학습자들은 메타버스를 통해서 미래 공간을 경험할 수도 있고, 타국이나 우주 어느 곳의 환경을 접할 수도 있다. 위험한 실험·실습을 안전하게 할 수도 있고 고비용의 교육 경험을 저비용으로 해볼 기회를 얻을 수도 있다. 그러나 그 가치와 효용성이 실현되도록 하는 것은 역시 인간이다. 메타버스를 통한 교육이 성공하기 위해서는 교수가 조력자이자 안내자로서 학습 경험의 흐름을 잘 구성해 놓아야 하고, 학습자는 학습에 대한 열의를 가지고 자기주도적으로 학습을 진행해야 한다.

메타버스를 통한 교육은 학습의 기회를 확장한다. 이를 잘 활용하여 학습자들이 플랫폼 안팎으로 사용할 수 있는 여러 요소를 적극적으로 사용하여 자신의 아이디어를 구체화하기 위해 노력하고, 다른 사람들과 함께 자신이 가진 아이디어를 나눔으로써 그것을 실현할 방안을 모색하게 된다면, 메타버스를 통한 교육은 우리는 지금의 시대가 요구하는 창의 융합적이며 소통적인 인재 양성에 크게 기여할 것이다.

생각할 문제

1 메타버스 교수학습 환경의 장점 중 하나는 실감형 콘텐츠를 제공할 수 있다는 것입니다. 실감형 콘텐츠를 활용한 수업을 설계하고, 그 교육적 가치와 효과성을 이야기해 볼까요?

2 메타버스를 통한 교육이 성공적으로 이루어지기 위해서는 학습자들이 메타버스를 통해 경험한 내용을 자신의 지식으로 구성할 수 있어야 합니다. 이를 잘 하기 위해서는 학습에 대한 메타인지가 활성화되어 있어야 하는데, 많은 학생이 이를 잘 못합니다. 학생의 학습을 도와야 하는 교육자로서 이를 어떻게 도와줄 수 있을지 이야기해 볼까요?

3 메타버스를 통한 교육에서 교수자와 학습자는 아바타로 만납니다. 본문에서 설명한 것과 같이 모든 사람은 자신의 아바타를 자유롭게 만들 수 있고, 이는 학습자의 상상력과 창의성을 자극하는 효과가 있습니다. 그런데 아바타 생성 및 운용과 관련해서는 윤리적인 이슈도 있습니다. 만약 내가 메타버스 유니버시티를 운영한다면 참여자들이 아바타를 자유롭게 만들 수 있게 할 것인지 아니면 규제와 제약을 둘 것인지 이야기해 볼까요?

4 메타버스를 통한 교육은 인터넷을 기반으로 하며, 메타버스 환경의 접속을 원활하게 하기 위한 기기를 사용합니다. 본문에서 살펴본 것과 같이 스마트폰은 모든 학생들이 갖추고 있다는 점에서 메타버스를 통한 교육을 가능하게 하는 현실적인 기기 중의 하나라고 할 수 있습니다. 그런데 스마트폰으로 인터넷에 접속해 있다 보면 학습에서 이탈하고 싶은 충동이 들기 마련입니다. 학습자들이 이러한 충동에 빠지지 않도록 할 묘안이 있을까요?

5 메타버스를 통한 학습이 잘 이루어졌는지는 어떤 방법으로 평가할 수 있을까요?

METAVERSE
UNIVERSITY

Chapter

10

메타버스와 대학생

1. 정보통신 기술의 발전과 온라인 세상의 보편화

최근 급속하게 발전한 정보통신 기술은 우리의 일상생활을 변화시켜 놓았다. 광통신의 보편화는 유비쿼터스 시대를 앞당겼고 누구나 스마트 기기를 통해 전 세계에 있는 사람들과 쉽게 연결될 수 있는 플랫폼이 마련되었다. 이러한 변화는 메타버스의 도래를 앞당기고 있다.

1990년대 후반까지만 해도 한국에서 일반인이 사용할 수 있는 인터넷 속도는 수 Kbps에 불과하여 간단한 영상을 공유하는 데에도 많은 시간이 소요되었고 상당한 경제적 비용도 지불해야 했다. 하지만 정부에서 1995년 9월에 '초고속정보통신기반구축계획'을 발표하고 초고속정보통신망 구축사업을 추진하면서 광케이블망을 백본으로 하는 초고속인터넷 서비스가 시작되었으며 가정에서도 최고 10Mbps까지 서비스할 수 있는 초고속인터넷이 도입되었다. 초고속통신망을 배경으로 하는 다양한 플랫폼 서비스가 제공되는 중요한 전기를 마련한 것이다. 이후 삼성에서 스마트폰의 형태를 갖춘 블랙잭(2007), 미라지(2008) 등의 모델을 양산하면서 본격적인 스마트폰 시장이 폭발적으로 성장하였다. 한국갤럽의 조사자료에 의하면 2013년에 20대의 스마트폰 사용률이 99%였다는 점은 젊은 세대의 스마트폰 열기를 가늠해 보게 한다[1]. 이러한 열기는 전 세대로 확산하면서 이제 온라인 세상이 보편화하고 있다. 2021년의 모바일 인터넷 이용률은 10대~50대에서 99% 이상을 기록할 정도로 보편화되었다(한국지능정보사회진흥원, 2022).

1 한국갤럽(2020.8.12). "2012-2020 스마트폰 사용률 & 브랜드, 스마트워치, 무선이어폰에 대한 조사"

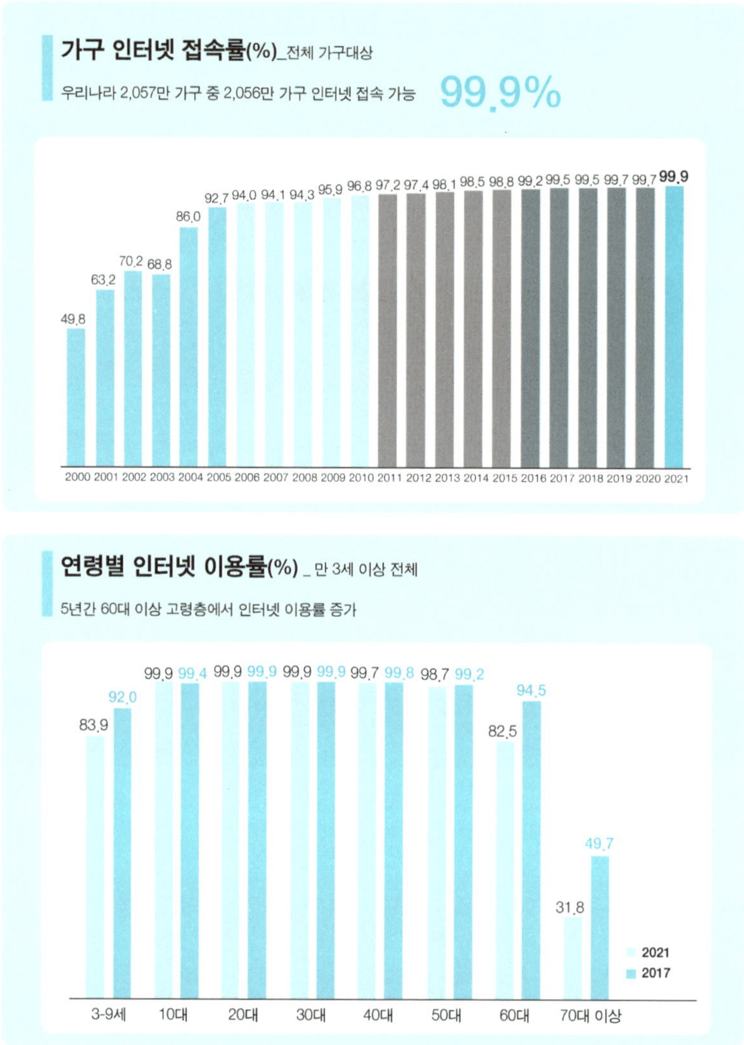

| 그림 10-1 | 가구 인터넷 접속률과 연령별 인터넷 이용률

출처: 과학기술정보통신부(2022). 2021년 인터넷 이용실태조사 결과

이러한 변화는 정보통신 기술의 비약적인 발전과 인터넷 플랫폼을 기반으로 하는 다양한 콘텐츠의 폭발적 증가가 뒷받침하였다. 모바일 단말기가 발전하기 위해서는 CPU의 처리 속도, 유저인터페이스, 네트워크 인프라의 발전이 필

요하다[2]. 우선 단말기의 CPU는 정보를 처리하는 가장 핵심적인 부분으로 정보처리의 속도를 좌우하기 때문에 다양하고 복잡한 멀티미디어 콘텐츠 정보를 처리하는 데 핵심적인 부분이다. 다음으로 유저 인터페이스는 단말기의 입출력을 담당하는 부분으로 디지털 기기를 소형화하면서도 영상이나 음성 등의 정보를 사용자가 편리하게 이용할 수 있도록 제공하는 기능을 수행한다. 화면의 크기와 선명도 내구성, 디자인 등은 고객이 단말기를 선택하는 선택기준이 되기도 한다. 마지막으로는 네트워크 인프라는 스마트폰과 같은 모바일 단말기를 이용하여 이메일, 인터넷 검색, 영상통화, 1인 유튜브 방송, 다양한 SNS 접속 등을 수행할 수 있도록 지원하는 3G, 4G, 5G 등의 인프라를 의미한다. 1990년 후반부터 2010년 초반까지 이루어진 정보통신 기술의 변화를 살펴보면 비약적인 수준으로 발전해 왔다고 평가할 수 있다. 아울러 인터넷 플랫폼을 기반으로 하는 다양한 콘텐츠의 폭발적인 확대가 이루어졌는데 온라인 플랫폼 기업의 등장, SNS 가입자의 급속한 확대, 유튜브 방송의 등장과 급속한 성장 등과도 밀접한 관계가 있다.

스마트폰 보급과 함께 스마트폰 이용 시간도 늘어나며 스마트폰 이용이 일상화되는 현상도 발견되고 있는데 이러한 현상은 정보통신 기술의 비약적인 발전과 인터넷 콘텐츠의 확대가 인터넷 이용자 수가 꾸준하게 증가하도록 하는 기능을 하였다는 점을 말해주는 것이다. 과학기술정보통신부와 한국지능정보사회진흥원에서 발간하는 "2021년 인터넷 이용실태조사 심층분석" 보고서에서는 스마트폰 이용 시간이 주당 12.1시간에 이르는 것으로 나타나고 있다. 특히 코로나19 장기화는 스마트폰 이외에도 인터넷을 생활 속에서 활용하는 것을 매우 자연스러운 것으로 만들어 주었다. 2021년 전 국민의 인터넷 이용시간은 주당 20.7시간, SNS 이용률은 68.9%, 인스턴트 메신저 이용률은 98.3%, 동영상 서비스 이용률은 주당 6.32시간 등으로 증가하였고, 인터넷 쇼

2 남종훈(2010). 스마트 노매드 시대 스마트폰의 확산과 전망에 대한 연구. 디지털콘텐츠학회 논문지, 11(3), 315-322.

핑몰 이용률이 73.7%에 이를 정도로 비대면 경제활동이 보편화되었다.

주목할 점은 현재의 대학생들과 예비 대학생들이 삶 속에서 온라인 플랫폼을 어떻게 활용하고 있으며 어느 정도 활용하고 있는가 하는 점이다. 2021년의 인터넷 사용 특징을 분석한 한국지능정보사회진흥원 보고서에 의하면 10대와 20대에서 여가 활동에 온라인을 이용하는 비율이 거의 100%에 육박하고 교육, 게임, 정보관리, 배달, 쇼핑 등 거의 모든 영역에서 온라인 플랫폼을 이용하고 있는 것으로 나타나고 있다. 조사자료에 의하면 99.9%가 인터넷으로 여가 활동을 위한 온라인 게임을 즐기고 있으며, 대부분 인스턴트 메신저로 게임에 참여하고 있다. 스마트폰 앱을 이용한 모바일 게임 이용률도 42.9%나 된다. 아울러 10대의 온라인 교육 이용률은 99.7%로 매우 높고 온라인을 이용하여 학습에 필요한 정보를 검색하고 있다. 20대의 클라우드 서비스 이용률은 73.1%로 전체 평균 37.8%에 비해 2배 가까이 높다. 자료나 정보관리, 스트리밍 재생, 문서편집 등을 위해 클라우드 서비스를 이용하고 있으며 96.2%가 배달앱을 이용하고 93.2%가 무인 주문을 이용한 경험이 있고, 50%는 중고 거래를 위해 온라인 플랫폼을 이용하고 있다. 특히 인스턴트 메신저 연계 쇼핑 73.3%, SNS 연계 쇼핑 26.9%, 라이브커머스 11.7% 등을 이용하며 다양한 인터넷 공간에서의 경제활동에도 익숙하다. 이러한 10대와 20대의 온라인 이용 실태는 이미 온라인 플랫폼을 활용한 생활이 대중화되어 있음을 의미하는 것이기도 하다.

2. 알파세대와 대학생

초고속인터넷이 보편화하고 온라인 플랫폼을 기반으로 하는 다양한 콘텐츠를 접하면서 성장해 온 10대와 20대는 기존 세대와는 몇 가지 점에서 차이를 보이는데 이러한 이유에서 2010년 이후에 출생한 이들을 알파세대라고 부르기도 한다.

세대라는 용어는 특정한 시대에 태어난 사람들이 공유하는 의식, 문화, 지식을 종합적으로 고려하여 특징을 범주화한 것이다[3]. 최근에는 특정한 세대 집단이 경험하게 되는 기술과 대중문화의 발달, 경제적 상황 등에 의한 영향을 중시하기도 하며[4], 역사적, 정치적 사건과 고유한 경험을 공유하며 고유한 의식이 범주화되는 정도를 반영하는 경향도 있다[5]. 예컨대 "전통 세대(1922~1945년 출생), 베이비부머 세대(1946~1964년 출생), X세대(1965~1980년 출생), Y세대(1981~1995년 출생), Z세대(1996~2009년 출생)" 등으로 분류하는 것이다[6]. 하지만 최근에는 온라인 가상세계와 익숙해진 세대가 나타나면서 기존에 오프라인을 기준으로 세대를 분류하던 과거의 방식을 이용하여 세대를 분류하는 방식은 타당성이 약하다는 비판도 나오고 있다. 정보통신 기술의 비약적인 발전과 정보인프라 확충, 메타버스, AI, 코로나19의 장기화, 온라인 교육이 보편화된 사회에서 생활해 온 세대는 기존 세대와는 차별되는 무엇인가가 있다는 인식에서 알파세대라는 용어를 사용하기 시작하는 사람들이 많아지기 시작한 것이다. 이러한 생각을 하는 사람들은 2010년 이후에 출생한 사람들을 알파세대라고 부르고 있다[7].

이러한 맥락에서 보면 알파세대를 디지털 네이티브라고 규정할 수 있지만, 이전 세대인 Z세대와 Y세대 역시 디지털 시대에 태어나고 경험하였기 때문에 알파세대가 새로운 것이 없다고 비판하는 사람들도 있다. 그러함에도 불구하고 Schwabel(2014)과 같은 사람들은 알파세대가 이전 세대와는 다른 분명한 특징이 있다고 주장한다. 이전 세대와 비교하여 모험적이며 과거 세대보다 진보

3 Mannheim, K.(1952). The Problem of Generations. In P. Kecskemeti (Ed.). *Essays on the sociology of knowledge* (pp. 276-320). London: Routledge and Kegan Paul.

4 이승연·정영현·이정연(2021). 포스트 Z세대를 위한 미래 교육평가의 방향. **학습자중심교과교육연구**, 21(20), 1-24.

5 박치완(2019). 문화콘텐츠기획과 세대론. **인문콘텐츠**, 53, 9-32.

6 Grose, M.(2005). XYZ: *The new rules of generational warfare*. North Sydney: Random House Australia.

7 이승연·정영현·이정연(2021).

한 교육을 받으며, 태어나면서부터 스마트폰은 물론 스마트TV, 태블릿PC, 인공지능 스피커 등 다양한 기기를 접하고 이를 활용하며 성장해 왔다는 것이다. 이러한 특징은 알파세대가 새롭게 등장하는 디지털 기술에 쉽게 적응할 수 있고 이를 활용하여 원활하게 소통하는 능력을 갖출 수 있게 해주었기에 온라인 활동이 증가하는 세대에서 중요한 의미가 있다고 평가할 수 있다[8].

그림 10-2 알파세대

이상과 같은 알파세대의 특징을 키워드를 중심으로 분류하면 일곱 가지로 제시할 수 있다.

첫째, 온라인 세대이다. 온라인 세대는 정보화 사회의 시기를 거쳐 구축된 다양한 정보통신 기기를 직접 활용하면서 자라온 세대이며 정보화를 통해 구축된 데이터를 온라인을 통해 접해왔다. Z세대가 디지털 기기에 대한 사용법을 배우고 제한된 온라인 환경에서 성장한 것에 반해 알파세대는 온라인을 기

8 Santos & Yamaguchi(2015).

반으로 하는 이미 구축된 온라인을 배경으로 하는 다양한 콘텐츠를 누리며 자라온 세대라는 점에서 큰 차이가 있다. 알파세대는 온라인 세계가 삶의 일부가 된 것이다.

둘째, 체험 중심의 세대이다. 초중등학교에서 체험 중심의 교육을 받고 자라왔다. 이러한 체험은 오프라인과 온라인을 넘나들며 이루어졌다. 초중등학교의 다양한 진로 체험 수업, 유튜브를 이용한 다양한 경험, 첨단교실을 활용한 AR과 VR 수업 등이 이루어졌다. 이러한 이유에서 실제 만져보고 경험하는 것을 좋아하며 유튜브 영상이나 감각적인 영상에 대한 만족도가 매우 높다.

셋째, 표현과 소통의 세대이다. 알파세대는 다양한 매체에서 제공하는 콘텐츠를 경험하며 경험을 바탕으로 자신을 표현하는 것에 익숙하다. 정보를 받아들이는 것 이외에도 자신을 더 적극적으로 표현하려고 한다. 예컨대 틱톡(TikTok)을 통해 자신을 알릴 수 있는 영상이나 음악을 제작하여 공유하기도 하고, SNS를 활용한 의사소통에도 매우 능숙하다.

넷째, 이미지와 영상 세대이다. 알파세대는 어머니 배 속에서부터 이미지와 영상에 노출되어왔다. 출생 후에도 어린이 캐릭터나 영상물을 접하며 학습하고 놀이하는 과정을 겪으며 자라왔다. 인터넷이 무엇인지 몰라도 스마트폰을 이용해 애니메이션, 오락이나 교육용 영상을 매일 접해왔고, 텍스트 기반으로 자료를 검색하는 것보다 유튜브 검색이 더 친근하다. 이러한 특성으로 인해 다른 세대에 비해 언어보다 영상과 이미지에 더 익숙하다.

다섯째, 콘텐츠 세대이다. 어릴 때부터 수많은 콘텐츠의 홍수 속에서 자라왔고, 자신이 선호하는 콘텐츠를 선택하며 즐겨왔다. 음악, 동영상, 웹툰, 웹소설 등 콘텐츠에 대한 소비욕이 강한 특성이 있으며, 소위 말하는 덕후의 성향이 나타나기도 한다. 과거의 공급자 중심의 통일된 콘텐츠에는 금방 싫증나고, 무엇인가 차별화되고 흥미 있는 맞춤형 콘텐츠를 선호하는 경향이 강해지고 있다.

여섯째, 콘텐츠 소비자에서 생산자로 나아가고 있다. 과거 세대는 주로 자신이 원하는 콘텐츠를 소비하는 데 관심이 많았다면 알파세대는 자신이 좋아하는 분야의 콘텐츠를 자체 제작하여 SNS에 공유하며 타인으로부터 관심과 인정을 원하는 경우가 많다. Z세대의 경우 4명 가운데 1명이 유튜브 영상을 생산한 경험이 있었으나 알파세대에 이르러 이러한 경향이 더욱 강화되는 것이다.

일곱째, 온라인을 활용한 상호 연결과 개방이다. 알파세대의 경우 매일 상당 시간을 SNS를 이용하는 데 쓰고 있다. 과거에는 물리적인 장소가 또래 집단의 주된 소통장소였다면 이제는 온라인이 주된 소통의 장소가 되는 것이다. 과거에는 어떠한 관계가 직접적인 대면 관계에만 영향을 주는 경향이 있었으나, 온라인에서의 관계는 불특정 다수에게 영향을 줄 수 있기에 자신의 SNS 내용이나 콘텐츠에 대한 외부인의 반응에 매우 민감하게 반응하는 경향도 나타난다. SNS를 삶의 일부로 생각하기 때문에 SNS에서 고립되는 것은 사회에서 고립된다는 것을 의미하는 것이고 이에 대한 두려움도 크게 가진다(Fear of Missing Out). SNS에는 경계가 없기 때문에 전 세계 어디에 있는 사람과도 연결될 수 있고 소통할 수 있다. SNS의 범위는 너무나도 넓다. 게임을 하는 동안에도 전 세계 여러 이용자와 동맹을 맺기도 하고 서로 소통하며 전략을 짜기도 한다. 한국의 BTS에 열광하는 팬들은 SNS를 통해 서로 만나 정보를 공유하고 팬들을 더욱 끌어모으고 있다. 이러한 SNS의 특징은 온라인에서의 새로운 공감과 연대 의식이 존재하는 것을 의미하는 것이다.

3. 메타버스와 대학생

알파세대인 20대 대학생은 앞서 언급한 바와 같이 교육, 문화, 여가, 경제 등 다양한 분야에서 기존 세대와는 차별되는 점들이 발견된다. 온라인 플랫폼을 생활 속에서 자연스럽게 접하면서 자라왔으며 온라인 활용 영역을 메타버스로 확장하고 있어 향후 메타버스에서의 다양한 활동이 증가할 것으로 예상된다.

2021년 한국대학신문(한국대학신문, 2021년 10월 18일 보도자료)에 의하면 우리나라의 대학생 14.2%가 메타버스의 개념을 정확하게 이해하고 있으며, 정확한 개념은 모르지만 들어본 학생은 86.8%에 달한다. 이러한 결과는 대학생들이 메타버스를 아직 활발하게 이용하고 있지 않다는 의미로 해석될 수 있다. 다만 모여봐요 동물의 숲, 네이버 제페토, 로블록스, SKT 이프랜드 등을 이용하는 학생들이 꾸준히 증가하고 있으며, 대학에서 메타버스를 활용한 비대면 수업에서 성공을 거둔 사례들이 꾸준히 늘어나고 있는 점은 인상적이다.

| 그림 10-3 | 성균관대학교의 메타버스를 활용한 세계성균한글백일장

출처: 매일경제(2021.8.17) 보도자료

실제 메타버스 강의를 운영한 포항공대는 AR, VR, MR을 이용한 강의 만족도를 조사한 결과 일반 강의에 비해 강의 만족도가 높게 나타나는 것으로 이야기하고 있다. 이는 새로운 강의법이나 매체를 도입할 때 교육콘텐츠에 더욱 몰입하게 되는 신기효과(novelty Effect)가 발생한 것으로 볼 수도 있지만, 대면 수업에서 발생할 수 있는 한계를 극복하거나 대면 수업의 장점을 강화하는 데에서 오는 효과를 무시할 수 없는 것이다. 실제로 학생들은 수업에 대한 흥미 제고, 수업 시간에 이루어지는 자유로운 의견교환이 이루어지거나 AR, VR, MR을 활용한 생생한 교육정보를 접하면서 교육효과가 높아진다고 이야기하는 경우가 있다.

┃그림 10-4┃ 포항공대 MR(Mixed Reality) 강의실의 원자로 관련 강의

출처: 파이낸셜뉴스(2022.4.25.) 보도자료

아울러 4차산업혁명의 도래로 플랫폼 기업이 등장하고 AR, VR 관련 기술 연구와 산업이 급성장하며 메타버스 관련 기업도 증가하고 있다.

예컨대 CJ올리브네트웍스는 2022년부터 메타버스 플랫폼을 활용하여 지역 거점 대학교 3~4학년을 대상으로 인턴십 프로그램을 운영하고 있다. 이를 통해 대학생들이 데이터 기획 및 분석 능력을 갖출 수 있도록 하고 있다. CJ올리브네트웍스는 게더타운과 러닝 플랫폼을 활용하여 인턴사원에게 직무 체험 기회를 부여하고 직무별 학습과 PBL(Project Based Learning) 방식의 멘토링을 제공하며 디지털 전환(DT) 역량 개발을 지원하고 있다. 구체적으로는 데이터 기획과 데이터 리터러시, 기초통계, 사무용 프로그램, 파이썬 프로그래밍을 공통 역량으로 갖추게 하고, 시티즌 트랙에서는 데이터 분석을 학습하는 전문가 트랙, 마케팅 기초와 파워브랜드 아이덴티티 등을 학습하도록 한다.

| 그림 10-5 | 메타버스 직무체험

출처: 아주경제(2022.4.11). 메타버스로 직무체험한다… CJ올리브네트웍스 리모트 인턴십 운영.

인턴십을 운영하는 사례 이외에도 메타버스로 일하는 기업들도 점차 늘어나고 있다. 부동산 플랫폼 기업인 직방의 경우 2021년부터 메타버스 환경의 근무를 시작했다. 과거 강남에 있는 사무실을 대신해 가상건물 '메타폴리스'로 출근하는 것이다. 직원들은 자신의 아바타를 설정하고 메타폴리스에 로그인하여 업무를 수행하고 있다. 메타폴리스에는 가상의 로비도 있고 엘리베이터도 있다. 각각의 층마다 업무 공간이 있고 그 공간에서 동료들의 아바타를 만나 업무를 협의하고 일을 할 수 있다. 이는 단순히 업무용 메신저나 앱을 활용하던 기존의 방식과는 차원이 다른 개념이다. 이에 대한 임직원의 만족도가 매우 크다고 한다. 출퇴근에 들어가는 시간과 경제적인 부담을 줄일 수 있고, 회사에서는 사무실 임대와 유지 운영에 들어가는 고정비용을 줄일 수 있고 해외 전문 인재를 유치하는 시간과 비용도 획기적으로 절감할 수 있기 때문이다.

다만 온라인 플랫폼에서 발생하기 쉬운 회사에 대한 소속감과 유대감 감소 문제를 해소하기 위해 월 1회 정도 사무실에서 직접 만나며 전국 각지에 회사 라운지를 운영하고 있다.

| 그림 10-6 | 직방 글로벌 가상오피스 '소마'

출처: 조선비즈(2022.5.18) 보도자료

게임 회사인 컴투스는 내부적인 업무 이외에 사회, 문화, 오락, 경제 분야의 사업영역을 포괄할 수 있는 '컴투버스'를 개발하여 운영하는 것을 추진하고 있다. '컴투버스'는 스마트 업무 공간인 '오피스 월드', 금융 의료 교육 유통 등 서비스를 제공하는 '커머셜 월드', 게임 음악 영화 공연 등 여가를 즐기는 '테마파크 월드', 일상 소통과 공유의 장인 '커뮤니티 월드' 등 네 개의 월드를 통해 현실 세계를 가상에 구현하고 있다.

▌그림 10-7▐ 컴투스의 컴투버스

출처: 전자신문(2021.12.28) 보도자료

4. 메타버스에서 대학생 역량

메타버스는 이미 우리 일상생활 속에 스며들어 있다. 아직 메타버스의 개념과 운영 방법에 대해 잘 알지 못하는 대학생도 있지만, 현재의 기술 진보와 온라인 환경에 익숙한 알파세대의 특징을 고려할 때 메타버스는 아주 빠르게 일상생활에 자리할 가능성이 크다. 대학생들이 이러한 메타버스에서 삶을 주도적으로 영위하기 위해서는 '삶의 문제에 관한 관심과 해결 의지', '적극적인 참여와 소통', '온라인 콘텐츠 활용 능력', '사이버 보안과 윤리'와 같은 역량이 중요해질 것으로 기대된다.

우선 삶의 문제에 관한 관심과 해결 의지를 높일 필요가 있다. 메타버스는 온라인을 기반으로 다양한 세계를 연결하고 확장해 가는 특징을 가지고 있다. 삶의 다양한 문제가 메타버스로 투영되며 확장된다. 또한 메타버스는 문제에 대한 다양한 실험 공간이 될 수 있다. 현실 세계에서는 한 번의 실패가 돌이킬 수 없는 결과를 초래하기도 하지만 메타버스에서는 자신의 관심 주제에 대해 실험하고 결과를 개선하며 발전시켜 갈 수 있는 장점이 있기 때문이다.

아울러 적극적인 참여와 소통이 필요하다. 메타버스가 상호 소통을 확장할 가능성이 큰 것으로 알려져 있다. 하지만 개인이 성향이나 적극적인 참여가 수반되지 않는 경우 오히려 소외와 고립, 개인 간 격차가 커질 수 있는 잠재적인 위험성도 있다. 화상회의 방식의 수업에 익숙해져 있는 대학생의 경우 온라인상에서 이루어지는 다양한 활동에 적극적으로 참여할 가능성이 크지만, 적극적으로 활동에 참여하지 않아 활동에서 배제되는 학생도 있다. 화상회의 화면을 끄거나 음성을 소거한 상태로 수업에 참여하는 학생의 경우 대면 수업에 비해 수업집중도가 떨어지고 학습효과가 크게 반감되는 경험을 하기도 한다.

온라인 콘텐츠 활용 능력이 필요하다. 메타버스에서는 다양한 형태의 콘텐츠가 개발되고 이용자에게 제공된다. 대부분 이용자의 편리성을 고려하여 콘텐츠가 제작되고 활용되지만, 일부 특수하고 전문적인 분야에 제공되는 콘텐츠는 콘텐츠 이용을 위한 기본적인 지식을 요구하기도 한다. 예컨대 항공 분야에서 사용되고 있는 플라이트 시뮬레이터 콘텐츠의 경우 비행을 위한 기초지식이 없으면 활용하기가 쉽지 않다. 전문적인 분야 이외에 범용으로 사용되는 콘텐츠 경우에는 그 종류가 매우 다양하며 기본적인 원리를 알고 있을 때 활용도를 높일 수 있는 측면도 있다.

마지막으로 사이버 보안과 윤리가 필요하다. 메타버스의 특징은 익명성이 보장되며 가상의 아바타를 이용한 삶이 가능하기에 현실 세계와 다른 자아가 활동할 가능성도 있다. 이러한 특징으로 인해 사이버 공간상에서 지켜야 할 윤리나 법 규범을 지키지 않는 경우가 메타버스 내의 질서는 매우 혼탁해질 우려가 있다. 최근 메타버스 내에서의 성희롱, 게임 아이템 해킹을 비롯한 재산권에 대한 침해, 상표권 및 저작권 침해, 테러리스트 모집 및 선동 등의 피해 사례가 늘어나면서 정책당국에서 방지책을 마련하고 있다.

생각할 문제

1 대학생들이 메타버스에서 삶을 주도적으로 영위하기 위해 갖추어야 할 역량은 무엇일까요?

2 사이버 공간에서 발생할 수 있는 성희롱, 게임 아이템 해킹을 비롯한 재산권에 대한 침해, 상표권 및 저작권 침해, 테러리스트 모집 및 선동의 문제를 예방하거나 해결하는 방법은 무엇이 있을까요?

메타버스 유니버시티

METAVERSE
UNIVERSITY

Chapter

11

메타버스와 대학교수

1. 메타버스의 등장과 사회변화

메타버스의 개념은 1992년 미국의 닐 스티븐슨의 공상 소설 “snow crash”에서 등장하였다. 우리는 1999년에 개봉한 영화 “매트릭스”나 2018년에 방영된 “알함브라 궁전의 추억” 드라마를 통해 메타버스의 세계를 간접적으로 체험하기도 했다. XR Reports에서는 메타버스를 “증강현실(AR), 가상현실(VR) 및 블록체인을 소셜 미디어의 개념과 함께 사용하여 현실 세계를 모방한 풍부한 사용자 상호작용을 위한 공간을 만드는 가상의 디지털 환경”이라고 정의하고 있다.

|그림 11-1| 드라마 “알함브라 궁전의 추억”

출처: 문화기술대학원 홈페이지(2022.6.25. 검색).

영화나 드라마와 같은 가상현실 세계는 기성세대에게는 낯설게 느껴질 수 있으나 알파세대에게는 익숙하게 느껴지기도 한다. 태어나면서부터 온라인 콘텐츠를 활용하여 놀이나 학습을 해왔으며 일상생활에서 많은 온라인 콘텐츠를 활용하고 있어 가상세계에 대해 친숙하고 적응력도 매우 뛰어나다. 알파세대의 이러한 특징은 최근 코로나19 장기화로 인해 가속화되는 상황이다. 메타버스에 대해 다소 부정적인 견해를 피력하는 이들도 있다. 메타버스에 대해 아직 잘 모르는 사람들이 많고, 신기루와 같이 잠깐 나타났다가 사라지는 현상이라고 비판하기도 한다. 과거 싸이월드가 유행처럼 번지다가 잠잠해졌던 것을 보면 설득력이 있어 보인다. 하지만 이러한 주장에도 불구하고 메타버스가 가진 여러 가지 장점으로 인해 메타버스가 점차 확장하는 경향이 나타나고 있다.

메타버스의 가장 큰 장점은 가상의 공간을 활용하여 물리적인 공간의 제약과 시간의 제약을 극복하도록 해주며 현실 세계에서 할 수 없는 여러 가지 실험적이고 모험적인 일들을 저렴한 비용에 비교적 쉬운 방법으로 해결할 수 있기 때문이다. 특히 가상세계와 현실 세계를 통합하는 통합적 기능도 함께 구현할 수 있다는 점은 매력적인 요소 가운데 하나이다. 이미 온라인 게임을 즐기는 사람들은 가상의 공간에서 자신의 아바타로 게임을 즐기며 다른 이용자와 소통하고 아이템을 거래하기도 한다. 또한 메타나 구글 등 SNS를 이용하며 음악이나 동영상, 텍스트 등을 자유롭게 이용하고 국경을 초월하여 전 세계 사람과 소통하기도 한다. 오락이나 단순한 소통을 넘어 기업 운영에까지 적용되고 있다. 최근 우리나라 부동산 기업 가운데 하나인 직방은 메타버스 플랫폼을 이용하여 직원들이 가상의 공간에서 근무하도록 하고 있으며 온라인 전자계약 서비스를 제공하고 있다. 메타버스 기업이 다소 낯설게 느껴질 수도 있으나 코로나19 이후 플랫폼 기업이 급속하게 성장하고 있다는 점도 주목할 부분이다. 플랫폼 기업에서는 금융, 쇼핑, 오락, 정보검색 등의 다양한 서비스를 블랙홀처럼 흡수하며 거대한 공룡으로 진화하고 있다. 알파세대를 비롯한 다양한 연령층에서도 플랫폼 기업에서 제공하는 온라인 서비스에 대해 적응이 빠르게 이루어지고 있고 이러한 현상은 지속적일 것으로 전망된다. 이미 온라인을 기반으로 하는 가상세계에 익숙한 대학생들은 메타버스의 개념과 원리에 대해 알지 못하더라도 이미 일상생활에서 메타버스의 요소들을 체험하고 있으며 메타버스를 기반으로 하는 기업에 취업하거나 현실과 가상세계가 융합된 생존해 갈 것은 부인하기 어렵다.

4차산업혁명의 도래와 함께 급속하게 발전하는 정보통신 기술과 AR, VR,

MR 기술은 교육 현장에서 메타버스 적용 가능성을 높여주고 있다. 특히 현재의 대학생들이 알파세대라는 점을 고려한다면 메타버스를 활용한 생생한 교육에 대한 유용성은 더욱 커지고 있다.

고등교육 분야에서 온라인 교육에 대한 가능성을 타진하고 이미 적용한 사례도 있다. 미네르바스쿨은 2014년 첫 입학생을 받은 이후 매년 200명 정도를 선발하고 있는데 하버드 대학교와 견줄 수 있을 만큼 인기 있는 대학으로 알려져 있다. 이 대학은 거대한 강의실이나 도서관, 운동장 등의 많은 건물을 갖추는 대신 온라인 기반 교육에 필요한 교육콘텐츠와 대학 운영 방법을 가지고 있다. 모든 수업을 비대면 원격강의로 진행하며 수업에서 교수의 참여는 최소화하고 학생들이 각자 학습한 주제를 중심으로 토론하는 것이 중심이 된다. 교수는 토론 주제에 대한 권위자이기 때문에 학생들의 생각을 촉진하는 촉진자 역할을 주로 한다. 비대면 방식의 한계를 극복하기 위한 요소도 가지고 있다. 재학생들은 재학하는 동안 미국, 인도, 한국, 독일, 영국, 대만, 아르헨티나 등 7개 국가의 호텔을 기숙사로 활용하며 수업에서 학습한 내용을 삶의 현장에서 어떻게 적용할지 체험하는 LBA(Local Base Assignment)를 수행한다. 미네르바대학은 현실 세계의 대학 운영방식의 일부를 가상세계로 이전하여 대학의 효율성과 확장성을 높여주었다는 평가를 받아왔다. 현실 세계의 대학들이 대규모의 공간과 시설 및 기자재를 운영하는 데 막대한 비용을 지불하고 있으나 공간 활용이나 시설 가동률이 높지 않은 점을 고려하면 미네르바대학 운영사례는 큰 시사점을 제공해 주었다. 미네르바대학과 같은 온라인 기반 고등교육은 우리나라의 사이버대학이나 MOOC 강좌와 유사하다는 점에서 비교되기도 한다. 하지만 온라인 플랫폼의 운영방식이나 학생들의 적극적인 수업 참여가 부족하며 강의 중심의 수업이 주로 운영되는 문제점은 여전히 개선할 과제로 남아 있다.

메타버스에 대한 관심은 4차산업혁명의 가속화와 팬데믹 공포와 함께 높아지고 있다. 특히 최근 코로나19 팬데믹의 장기화와 새로운 바이러스의 출현에 대한 우려는 기존의 대면 방식의 수업에 대한 본질적인 대안을 마련해야 함을 시사하고 있다. 유니세프는 코로나바이러스 대유행으로 인해 전 세계 학생들의 91%의 교육이 대면 교육이 중단되었고 모두 새로운 원격 학습 스타일에 적응해야 했다고 보고하고 있다. 우리나라 대부분의 고등교육기관도 온라인 강의를 위한 플랫폼을 마련하고 비대면 수업을 3년 넘게 운영해 오고 있으며, 기존의 화상회의 방식의 수업에 한계를 인식하고 메타버스를 활용한 교육에 관심을 보이는 상황이다.

2. 대학에서 메타버스

온라인 교육이 장기화하면서 온라인을 활용한 새로운 교육 환경에 관심이 커지고 있다. 이러한 관심 속에 메타버스가 주목받고 있다. 국내 여러 대학이 입학식, 졸업식, 취업박람회 등을 메타버스로 진행하기도 하였다. 광운대의 경우 메타버스 캠퍼스를 운영하고, 서강대는 메타버스 대학원을 운영하기도 하였다.

| 그림 11-2 | 광운대 메타버스 캠퍼스

출처: 대학저널(2021.10.5) 보도자료

메타버스를 구현하는 교육플랫폼은 ‘게더타운’, ‘제페토’, ‘이프랜드’ 등이 잘 알려져 있는데 이러한 프로그램을 활용한 사례도 많다. 성균관대는 ‘세계 성균한글백일장’을 메타버스 플랫폼 ‘이프랜드’를 이용하여 열고 외국인 학생들이 한글 실력을 겨룰 수 있도록 했다. 서울대, 연세대, 서강대, 한양대 등은 ‘게더타운’ 플랫폼을 이용하여 온라인 취업박람회를 성공적으로 개최하기도 하였다. ‘게더타운’을 이용한 경험이 있는 대학들은 프로그램을 통해 구현된 아바타가 박람회장에 입장하여 기업 취업담당자와 상담할 수 있고 동료 학생들과 채팅으로 소통하거나 정보를 교환하는 것이 가능해 큰 관심을 모았다고 평가하고 있다.

메타버스는 대학 행사 이외에 강의에도 접목되고 있다. 코로나19 장기화로 인해 대학 교육을 3년 이상 온라인으로 진행하면서 발생한 여러 가지 한계점을 극복하는 과정에서 메타버스가 활용되기 시작한 것이다. 화상회의 방식의 수업방식은 갑자기 닥친 팬데믹 상황에 임시로 대응하는 수단이 되었지만 질 높은 온라인 교육을 충분하게 제공하는 데 한계가 있었다. 대면 수업에서 기대할 수 있는 교육적 효과를 충분하게 발휘하기 어려웠고, 학습자의 참여 의지와 자기주도적 학습 능력에 따라 교육성과가 차별적으로 나타난 것이다.

메타버스는 실험 실습이 필요한 과목이나 특수한 공간이나 상황 등이 필요하여 직접적으로 체험하는 것이 사실상 불가능한 영역에서 큰 역할을 해내기도 한다.

포항공대는 대학 캠퍼스를 ‘메타버시티’(Meta-versity)로 확장하고 있는데 이러한 특징을 잘 활용하고 있다. 경북 포항에 있는 캠퍼스를 메타버스로 확장하여 가상과 현실을 융합하여 시공간의 제약을 뛰어넘는 대학으로 발전하는 것을 도모하고 있다. ‘메타버시티’에서 이루어지는 대표적인 강의는 일반 물리학 실험(VR), 인공지능 기초(AR), VR 콘텐츠 제작기법(VR), MR 기술의 이해와 응용(MR), 일반 화학 실험(VR) 등이다. 이는 VR·AR·MR 강의가 유해가스나 유독물질 등 위험한 주제를 다루거나, 직접 체험하기 위해서는 고비용의 부담이 발생하고, 나노 세계나 우주 등 직접 체험할 수 없는 영역에 대한 현장감 있는 교육에 매우 효과적이기 때문이다. 개설된 강의의 질을 높이기 위해 MR을 활용할 수 있는 강의실을 구축하고 VR과 AR을 활용할 수 있는 교수법을 개발해 운영하고 있다. VR·AR·MR 강의에 필요한 콘텐츠는 교수가 직접 제작하는 대신 대학 내 전담 인력들이 콘텐츠 제작을 지원하며 콘텐츠 제작과정에서도 학생, 지역사회를 비롯한 다양한 사람들의 참여 기회를 제공하여 콘텐츠를 제작하는 기술을 누구나 익힐 수 있도록 하는 전략을 구사하고 있다. 교육 이외에 상담 분야에서 아바타를 기반으로 하는 지원체제 구축도 시도하고 있다.

서울대 의과대학의 경우는 해부학 수업 등 학생들이 직접 경험하기 어려운 수업에 활용하고 있다. 실습과목에서 의료영상을 3D로 구현하고 VR을 통해 인체 내부를 분석하는 해부학 콘텐츠 활용 실습을 하는 것이다. 이는 스타트업 기업과 대학병원이 연계하여 AI의료영상 3차원 분석기술 등을 활용하여 교육용 콘텐츠로 발전시킨 사례이다.

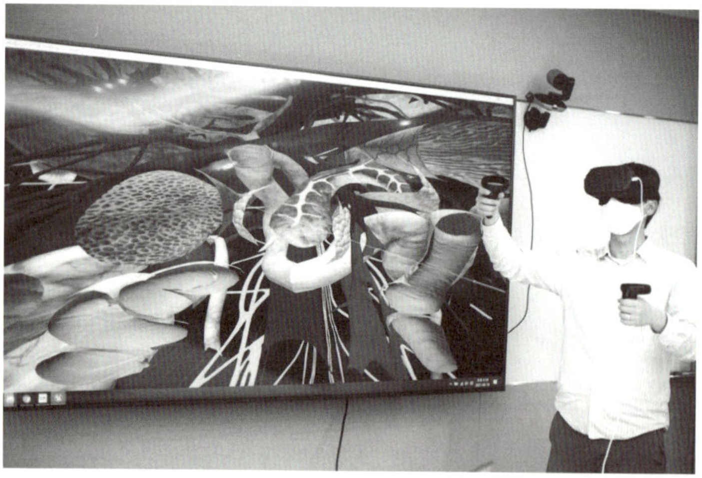

| 그림 11-3 | 의과대학 학생들의 메타버스 적용 수업 모습(서울대)

출처: 전자신문(2021.6.21) 보도자료

메타버스 세계를 구현하는 전문인력을 양성을 특화한 교육사례도 있다. 메타버스 구현을 위한 기술 전문인력과 콘텐츠 제작 전문인력이 수요에 비해 매우 부족하다는 문제를 인식하고 대안을 마련한 것이다. 서강대 영상대학원은 대학원 명칭을 메타버스전문대학원으로 변경하고 메타버스 산업에 투입될 인재를 양성하고 있다. 메타버스비즈니스, 메타버스엔터테인먼트, 메타버스테크놀로지전공이 있으며 메타버스비즈니스, 메타버스엔터테인먼트는 박사학위까지 취득할 수 있도록 교육과정을 운영하고 있다.

메타버스 플랫폼의 장점을 활용하여 교육 현장에 적용한 사례도 있다. 메타버스는 최신의 트렌드이기 때문에 새로운 강의법이나 매체를 도입할 때 교육 콘텐츠에 더욱 몰입하게 되는 신기효과(novelty Effect)를 누릴 수도 있고, 익명성이 보장되는 경우 학생 간 상호작용이나 교수와 학생 간 상호작용을 촉진할 수 있는 장점이 있다. 아울러 확장성도 있기에 온라인을 이용한 다양한 자료를 수집하고 활용하는 데에도 매우 유용할 수 있다. 예컨대 영산대의 경우 패션디자인 분야에서 이프랜드를 이용하여 'SW융합교과 쇼핑몰앱스토어' 강의를 메타버스로 진행하고 있다. 메타버스 내 대형 스크린으로 수업자료를 전송하고 학생들은 자신의 캐릭터를 가지며 음성으로 질문하고 토론하는 방식으로 수업이 진행된다. 영산대는 수업 초기에 화상회의 방식의 온라인 수업을 진행하였으나 부캐를 활용하여 수업하는 경우 자신의 개성을 구현하는 경험을 할 수 있고 질의응답이 활발해지는 가능성에 관심을 가졌으며, 수용 가능 인원, 방의 개설 난이도, 창작자 참여 가능 콘텐츠 여부, 메타버스 내 외부 데이터 활용 가능성 등을 고려하여 메타버스 수업을 진행한 것으로 알려져 있다.

3. 고민할 점들

앞서 제시한 메타버스의 장점들은 매우 매력적으로 보일 수 있지만 메타버스가 고등교육에서 만능의 해결책이 될 것인가 하는 것에 대해서는 이견이 있다. 메타버스의 많은 장점에도 불구하고 고민이 필요한 부분은 기존에 구축된 대학 인프라의 구조적인 변화, 교육콘텐츠의 변화, 교수의 역할 변화, 메타버스에서 이루어지는 교육의 효과성과 한계에 대한 검증이 부족하기 때문이다.

1) 인프라 구축

우선 메타버스를 구현하기 위한 인프라 구축에 대한 고민이다. 현재까지 메타버스를 적용한 대학의 사례를 보면 전문적이고 특수한 분야에 적용한 사례와 일반적인 강의 현장에 적용한 사례로 구분된다. 전문적이고 특수한 분야의 경우 대면수업에서 제공하기 어려운 부분을 가능하게 해주기 때문에 교육적 효과는 매우 크다. 다만 메타버스에서 AR, VR, MR 등을 구현하기 위해서는 메타버스 플랫폼 개발, 관련 장비 구축, 콘텐츠를 개발, 콘텐츠 운영을 위한 교육, 유지보수 체계 등을 갖추어야 하기에 상당한 재정 투자가 필요하다. 전문적이고 특수한 분야 이외에 일반적인 강의 현장에서 적용도 고민할 부분이 있다. 현재 개발된 메타버스 플랫폼은 고등교육을 위해 설계된 것이기보다 범용으로 개발된 사례가 대부분이다. 따라서 기존의 플랫폼을 이용하는 강의에서는 일정 부분 한계가 발생하게 된다. 앞서 제시한 영산대의 사례에서도 상호작용성, 소규모 토론 가능성, 동시접속 가능 인원, 자료 검색이나 공유를 통한 확장 가능성 등에 대한 고민이 있었으며, 교내 대다수 과목을 메타버스 수업으로 전환을 시도하는 광운대의 경우 운영 과정상에서 발생할 수 있는 시행착오와 수업 설계에 대한 두려움을 호소하기도 하였다. 따라서 효과가 검증된 범용 메타버스 플랫폼 개발과 강의용 콘텐츠 개발이 절실하다. 이러한 상황에서 한정된 재원과 인력으로 운영되는 대학의 경우 재정 투자에 대한 어려움이 많은 것이 현실이며 정부나 기업의 후원이 없다면 상당한 어려움이 예상된다. 재정이 뒷받침된 대학일지라도 메타버스의 유용성은 세계 여러 대학의 플랫폼과 상호 연계될 때 강화할 수 있는 것이기 때문에 이를 뒷받침하는 플랫폼과 콘텐츠 개발에 관심을 가질 필요가 있다.

2) 교육용 콘텐츠 개발과 운용

최근 온라인 강의가 고등교육에서 필수가 되어 버렸고 온라인 강좌를 선호하는 학생들이 늘고 있으며 질 높은 콘텐츠 마련에 대한 요구가 크다. 포항공대의 '메타버시티'(Meta-versity) 일반 물리학 실험(VR), 인공 지능 기초(AR), VR 콘텐츠 제작기법(VR), MR 기술의 이해와 응용(MR) 등이 학생들로부터 좋은 호응을 이끈 사례나 서울대 의대가 해부학 실습수업 등에 메타버스 콘텐츠를 활용한 사례는 기존의 대면수업이나 화상회의 방식으로 진행하던 온라인 수업의 한계를 극복하게 한 콘텐츠가 있었기 때문에 가능하였다. 하지만 이러한 콘텐츠는 하루아침에 쉽게 만들어지는 것이 아니며 강의를 진행하는 교수자 한 명의 노력으로 만드는 것은 더욱 불가능하다. 좋은 콘텐츠를 만들기 위한 내용 요소, 콘텐츠 구성 시나리오, 콘텐츠 구현을 위한 기술 능력, 콘텐츠를 운영할 수 있는 장비나 시설, 콘텐츠를 활용하고 유지 관리하기 위한 능력이 하나로 합쳐질 때 콘텐츠를 개발하고 운영할 수 있기 때문이다. 이미 마이크로소프트사나 META에서도 교육용 콘텐츠 제작을 위해 막대한 재정을 지출하고 있으나 아직 초기 단계에 머물고 있고 콘텐츠의 목적과 활용범위에 따라 요구되는 장비나 시설이 서로 다를 수 있다는 점도 고려할 부분이다.

3) 방향감 상실과 학습격차

메타버스 교육의 중요한 특징은 연결과 확장 가능성이다. 학습자가 메타버스를 통해 다양한 정보를 학습하고 자신의 역량을 발전시켜 나가기에 유리한 구조가 갖추어져 있다. 게임과 같은 요소를 도입하여 학습자가 하나하나의 과제를 해결해 나가도록 유도하고 과제를 해결하는 과정에서 교수자와 동료 학습자와 협력하는 경험을 이끈다면 상당한 효과를 발휘할 수도 있을 것이다. 다만, 메타버스에서 제공되는 주제나 정보량이 적절하게 관리되지 못하는 경우 비효율성을 발생시킬 수 있다. 이 경우 학습자는 방향감을 상실하고 교육효과가 반감할 우려도 있다. 이러한 현상은 하이퍼미디어 방식의 교육에서 검증된 바 있다. 하이퍼미디어 방식으로 교육내용을 구성하여 교육하는 경우 네트워크에서 자유롭게 항해하듯이 학습할 수 있었지만, 학습자가 현재 위치하는 지점과 방향성을 잃어버리는 방향성 상실의 문제와 지금까지의 과정을 기억하는 데 필요한 인지적 부담감이 큰 문제가 발견된 적이 있다.

아울러 일부 연구에서는 메타버스에서의 교육이 학생의 자발적인 참여를 유도하는 것으로 보고하고 있지만 이러한 결과가 장기적으로도 이어질 것인지에 대해서는 추가적인 검증이 부족한 상황이다. 대면 교수 상황에서도 경험하듯이 학생들은 수준 차이가 있으며 흥미를 갖는 분야도 매우 다양하다. 현실 세계의 수업상황을 가상세계로 옮겼다고 해서 학생들의 수준 차이나 관심 분야에 대한 차이가 없어질 것이라고 기대하기는 어렵다. 이미 메타버스에서 교육을 수행한 경험이 있는 포항공대의 경우도 학생 간에 격차가 있어 이를 보완하기 위해 연구실 인원을 추가로 배치하는 등의 노력을 기울인 것으로 알려져 있다.

4) 기타 고려할 사항

메타버스를 활용한 교육이 대면 방식의 교육을 보완할 가능성이 크다고 주장하는 이들이 많지만 모든 대학 활동이 가상세계인 메타버스에서 이루어진다고 생각하거나 VR 헤드셋을 하루 5~10시간을 착용하며 생활할 때 발생할 수 있는 부수적인 문제점에 대해서도 고민할 필요가 있다.

메타버스는 시간과 공간의 한계를 극복하여 다른 사람들과 폭넓게 상호작용할 수 있다는 장점이 있지만, 반대로 사람들의 성향에 따라서는 고립을 촉진시킬 수도 있다. 상호작용의 본질은 사람과 사람의 관계이며 온라인과 오프라인은 상호작용을 위한 수단이기 때문이다. 이러한 이유에서 학생들이 사회생활을 하면서 다른 사람들과 직접 상호작용하고 소통하는 방법을 배워갈 수 있도록 하는 교육 기회를 충분하게 마련해 주어야 한다.

아울러 학생들이 장시간 동안 메타버스에서 삶의 대부분을 보냈을 때 생길 수 있는 부수적인 효과에 대해서도 충분히 고민해야 한다. 예컨대 리셋증후군은 이러한 위험을 설명해 준다. 가상세계에서는 실험이 실패했더라도 리셋하는 것이 가능하지만 현실 세계는 이러한 리셋기능이 없다. 가상세계에서 현실세계로 돌아오고 난 뒤 무의식적으로 잘못된 행동을 범할 가능성이 있다. 이미 여러 차례 언론보도에서는 게임과 현실을 구분하지 못해 끔찍한 살인을 저지른 사례가 여러 차례 보도되기도 하였다.

메타버스에 참여하기 위해 사용한 VR 헤드셋의 위험성을 경고한 사례도 있다. VR 헤드셋은 1990년대 초 소니와 같은 게임 회사에서 출시되었고, 기술이 대중화되면서 게이머들 사이에서 대중화되었다. 이러한 VR 헤드셋은 스마트 안경에 비해 착용하기 불편하기도 하지만 소형 비디오 스크린과 환경 조명을 차단하는 기능이 제공되어 콘텐츠에 몰입할 수 있다는 장점이 있다. 하지만 일부 사용자에게는 멀미나 현기증을 유발하기도 한다. VR 헤드셋 이용과 멀미 발생 비율의 관계를 연구한 미네소타 대학 등 연구기관은 장시간 장치를 착용하는 경우 멀미를 유발할 수 있다고 경고하기도 하였다.

장애 학생들에 대한 접근권도 생각할 부분이다. 청각장애나 시각장애가 있는 학생의 경우 메타버스 환경에서 어떻게 소통하고 적응할 수 있게 하는 기술적 뒷받침이 부족한 상황이기 때문에 접근성과 형평성 측면에서 상당한 위험 요소로 다가올 수 있다.

4. 대학교수의 역할

포항공대나 서울대 의대의 사례에서 볼 수 있듯이 대면 수업에서 제공하기 어려운 부분을 메타버스를 통해 보완할 수 있으며, 다른 일반적인 수업에서도 대면 수업의 한계를 극복할 수 있게 해주는 여러 사례들을 볼 수 있었다. 하지만 메타버스를 활용하기 위해서 고민할 점들도 상당 부분 있기 때문에 대학생을 대상으로 교육활동을 전개하는 교수의 역할이 매우 중요하다고 할 수 있다. 이러한 의미에서 메타버스를 활용하기 위한 교수의 역할을 제시하면 아래와 같다.

1) 참여형 교육과 체험을 통한 역량 강화의 장 마련

전통적인 의미에서 교육은 교수가 가진 전문적인 지식을 학생들에게 효과적으로 전달하는 의미가 있었으나, 3차산업혁명 이후 수요자의 요구와 참여, 역량이 강화되는 추세로 발전하고 있다. 특히 메타버스에서는 이러한 추세가 더욱 강화되고 있다. AR, VR, MR, 인공지능(AI), 블록체인 등의 다양한 정보통신 기술이 집약된 메타버스는 시공간을 초월하고 물리적 장애요인을 극복하게 해준다는 강점이 있으며 참여자의 적극적인 참여가 강조된다. 이러한 이유에서 개인이 필요로 하는 맞춤화된 교육을 쉽게 접근할 수 있도록 해주는 참여형 교육활동이 중요해지고 있다. 학생들을 전문가로 성장시키기 위한 경험을 설계하여 학생들이 그러한 경험에 적극적으로 참여하도록 유도하여 학생 스스로 역량을 강화해 갈 수 있도록 조장하는 교수의 역할도 점차 중요해지고 있다.

2) 다양한 분야의 연구성과를 종합하고 재해석

메타버스의 공간에서는 대면 위주의 사회와는 다르게 정보의 교환 속도가 매우 빠르고 다양한 자원들이 서로 연계·활용된다. 대학교수의 역할은 전통적으로 볼 때 해당 분야의 전문적인 지식을 고도로 체계화하여 이론을 정립하고 후학을 양성하는 것이었다. 하지만 정보의 유통속도가 고도화되고 기술의 진화가 빨라질수록 여러 분야의 연구성과를 융합하고 재해석하는 활동이 점차 중요해질 것으로 전망된다. 특히 메타버스의 도래가 가속화되면 이러한 활동은 더욱 중요해질 것으로 전망된다. 교수의 역할은 자신의 분야에 대한 연구성과를 고도화하면서도 다양한 연구성과를 종합하고 재해석하는 역할이 중요해지는 것이다.

3) 새로운 교수법의 개발과 적용

메타버스의 장점을 최대화할 수 있는 교수법을 개발하고 적용하는 활동이 필요하다. 알파세대에 해당하는 대학생들은 이미 온라인 콘텐츠에 매우 익숙하고 활용하는 속도가 매우 빠르다. 반면 교수들은 새로운 플랫폼에 익숙하지 않고 적응하는 데 많은 시간을 투자하는 경우가 많다. 이로 인해 메타버스를 활용하여 강의를 진행하는 것이 아니라 메타버스를 활용하는 것이 자체가 목적이 되는 목적전치 현상이 발생하기 쉽다. 기존의 강의식 수업을 메타버스에서 진행한다고 하여 메타버스를 활용한 강의라고 평가하기는 어려울 것이다. 때문에 학습자의 참여를 강조하여 학생들이 스스로 역량을 키워나갈 수 있도록 교육내용을 구성하고 교수법을 개선할 필요가 있다.

예컨대 기존에는 교수가 전달하는 내용을 암기하고 이를 스스로 적용해 보는 과정을 통해 학습하였다면, 이제는 교수가 학생들이 학습할 주제와 주제에 대한 정보를 안내하는 길잡이 역할로 변화하여 학생들이 학습 주제에 대해 깊이 생각하고 다양한 학생들과 소통하며 발전시켜가고 마치 게임에서 퀘스트를 수행해 가는 것처럼 학습활동을 조장하도록 하고 학습자의 역량을 높일 수 있을 것이다.

이론으로만 배웠던 것을 가상의 공간에서 실제로 수행하여 대면 수업을 보완할 수도 있다. 전기공학을 전공하는 학생들이 실제 배선을 시뮬레이션해볼 수 있으며, 화학공학과 학생들이 위험한 화학물질을 가상의 공간에서 다루어 볼 기회도 제공할 수도 있다. 아울러 이러한 과정을 데이터로 축적해 가며 학생들이 과제를 수행하는 과정을 모니터링하고 평가하며 데이터에 기반하여 교육활동을 과학적으로 관리할 수도 있을 것이다.

4) 부캐의 의미를 재발견하고 활용

부캐는 게임에서 사용하는 용어인데 본래 사용하는 캐릭터 이외에 별도로 만든 보조 캐릭터를 의미한다. 메타버스를 활용한 다양한 수업의 사례를 살펴보면 학습자 간, 학습자와 교수자 간에 상호작용이 활발해졌다는 이야기가 많다. 이는 부캐를 활용하여 서로 소통하기 때문이다. 대면 상황에서 말하기 어려웠던 부분도 자신의 개성을 담은 부캐를 활용하여 좀 더 편안하고 자신감 있는 모습, 익살스러운 느낌으로 소통할 수 있기 때문이다. 마치 가면무도회에 참여한 참여자들이 무도회에 좀 더 적극적으로 참여하는 심리적인 경향과도 관련이 있다.

생각할 문제

1 메타버스를 대학에 도입하기 위해 검토할 사안들은 무엇이 있을까요?

2 메타버스를 활용한 강의를 진행할 때 강의에 적극적으로 참여하지 않는 학생이 있는 경우 참여를 유도할 방법에는 무엇이 있을까요?

METAVERSE
UNIVERSITY

Chapter

12

Z세대가 열광하는 메타버스 문화 콘텐츠

1. 메타버스 트렌드를 주도하는 새로운 세대

1) Z세대가 이끄는 메타버스

현재 지구상에서 메타버스를 가장 활발히 사용하는 세대는 Z세대다. Z세대는 1990년대 중반에서 2000년대 중반에 걸쳐 태어난 젊은 세대를 지칭하는 용어로, 지금의 대학생 대부분이 이 세대에 속한다. Z세대는 이미 태어나면서부터 디지털 기기에 노출되어 있었고 따라서 이를 일상생활에 자유자재로 이용하는 일에 익숙하다. 그래서 이들을 가리켜 '디지털 네이티브(디지털 원주민)'라 부르기도 한다. Z세대의 특징은 세 가지로 정리할 수 있다.

첫째, 문화적 개방성이다. 이들은 이전 세대보다 훨씬 개방적이다. 또한 자기의 개성을 드러내길 좋아하고, 온라인상에서 자신의 관심사와 취향 등을 다인과 공유하고자 하는 성향을 보인다. 이전 세대보다 다른 문화, 인종, 종교에 편견이 없다. 방탄소년단이 미국과 유럽에서 폭발적인 인기를 끈 이유 중 하나가 Z세대가 이들을 '아시아인'으로 보지 않고 '글로벌 뮤지션'으로 바라봤기 때문이라는 분석도 있다.

둘째, 온라인 검색 시 동영상 검색을 선호한다. 구글과 네이버를 온라인 검색 도구로 사용하는 기존 세대와는 달리 대부분의 정보를 유튜브에서 검색한다. 예를 들어 Z세대는 SNS 중에서 틱톡을 가장 선호한다. 틱톡은 5초에서 1분 길이의 숏폼(Short-form) 비디오 영상을 제작 및 공유할 수 있는 플랫폼인데 사진이 중심이 되는 페이스북과 인스타그램 등의 SNS와는 차별성을 갖고 있다. 또한 넷플릭스, 웨이브 등과 같은 OTT 서비스에 매우 익숙하다. SK 인사이트 팀에서 Z세대 대상으로 조사한 설문조사에 따르면 Z세대에서 TV를 시청하는 시간보다 OTT를 시청하는 시간이 많다고 응답한 수가 62.5%에 달했다.

마지막 셋째, 공유정신이다. Z세대는 뭐든지 공유하는 일에 익숙하다. SNS

와 디지털 매체를 통해 자기의 취미와 관심사를 타인과 공유하는 것이 대표적인 예이다. 특히 이들은 문화적으로 개방되어 있어, 관심사가 매우 다양하다. 케이팝 뮤직, 미국 드라마, 예술, 그림과 같은 문화적 관심사는 물론, 과학, 첨단기술, 역사, 우주 등의 학술적 분야까지 한 분야에 푹 빠지는 소위 덕후 기질을 보이는데 이러한 자신의 취향을 디지털 매체를 이용하여 타인과 함께 즐긴다. 이때 온라인에서 만난 이들로부터 현실의 친구관계처럼 마음의 인정을 얻기도 한다. 소비에 있어 이들은 불확실한 미래를 위해 절약하거나 투자하기보다 현재의 삶의 만족을 증대시킬 수 있는 욜로(YOLO, You Only Live Once)족과 비슷한 소비 성향을 보인다. 소비 품목으로는 패션이나 여행뿐 아니라 신기술 활용에 민감하여 새로운 디지털 기기를 출시와 함께 구매하는 소비활동을 보인다.

위와 같은 Z세대의 특징은 M세대와 여러모로 비슷해 보이나 극도로 개인화된 점이 다르다. 예를 들어 M세대는 개인도 중요하지만 가족과 함께하는 활동을 선호하는 반면 Z세대는 지극히 개인주의적인 성향으로 개인만의 시간을 선호한다. 따라서 이러한 관점에서 MZ세대로 이 두 세대의 공통점을 묶는 것은 무리가 있다. 특히 Z세대들은 MZ라는 용어 자체가 문제가 있어 사용되지 않기를 원하지 않는다고 한다. 유정균 경기연구원 연구위원은 "MZ세대가 청년세대로 묶여있긴 하지만 청년 내에서도 연령대별 특성이나 경험적 배경에 따라 현재 생활과 원하는 정책의 차이가 존재한다"라고 설명한다. 특히 Z세대들은 2020년부터 시작된 코로나 팬데믹으로 인하여 학창 시절에 온라인 교육을 의무적으로 접한 세대이다. 이들의 이러한 독특한 경험은 새로운 온라인 소통 플랫폼으로 주목받고 있는 메타버스의 활용 경험으로 확장된 것이다.

2) 알파세대는 인공지능 첫 세대

Z세대 다음 세대는 누구일까? 알파세대(Generation Alpha)라고 한다. 이들은 Z

세대가 끝나는 약 2010년 초반 이후로 태어난 세대를 이야기하는데, 현재 초등학생과 유치원생 그리고 영아기를 보내고 있는 아이들이 이 세대에 속할 것이다. 그렇다면 앞에서 살펴본 Z세대와는 어떤 면에서 차이가 있을까? 크게 두 가지 차이점이 있다.

첫째, Z세대의 경우 어린 시절의 아날로그를 조금이나마 경험한 세대이고, 알파세대에게는 아날로그가 그저 책 속에만 존재하는 '역사'라는 점이다.

둘째는, 알파세대는 인공지능과 교류를 자연스럽게 받아들이고 성장해 왔다는 점이다. 이들 중 대다수는 이미 영아기와 유아기 시절 인공지능 스피커를 경험한 적이 있다. 인공지능이 부모를 도와 육아 도우미로서 '키즈 콘텐츠'를 중심으로 아이들과 놀거나 공부시키는 역할을 담당한 것이다. 현재 알파세대인 유아들에게 가장 인기 콘텐츠는 '동화'다. 다양한 이야기를 인공지능이 직접 낭독하거나 간단한 설정을 통해 부모나 인기 연예인의 목소리를 합성해 읽어줄 수 있다. 예를 들어, KT GIGA 지니에서는 '내 목소리 동화'라는 앱을 서비스하고 있다. 부모 중 한 명이 자신의 휴대폰에서 이 앱을 실행하고 자신의 목소리를 등록하면 된다. 조용한 실내에서 약 300문장 정도를 읽어야 하는 번거로움은 있지만 이러한 수고를 거친 이후에는 인공지능이 어떤 동화든지 미리 녹음된 목소리를 합성하여 동화를 읽어준다. 물론 지금의 인공지능 스피커나 챗봇의 기술력이 자연스러운 대화, 곧 자연어 처리기술(Natural language processing)이 완벽하다고 말하기는 어렵다. 하지만 나이 어린 알파세대의 언어능력 또한 부족하기에 IT 업체들은 시간이 지남에 따라 기술력이 향상될 것이 분명하다.

이 같은 인공지능 서비스의 가장 큰 특징은 모든 업무의 자동화다. 그러나 더 깊이 들어가 보면 디지털 기기를 활용한 개인형 맞춤형 서비스다. 업체들은 인공지능 기술에 대한 대규모 투자로 어린 '알파'들을 미래의 충성스러운 소비자로 끌어드리려 노력 중이다. 각 개인에 대한 데이터가 축적될수록 맞춤형 서비스의 질이 올라갈 수밖에 없고, 고객의 만족을 높일 수 있을 것으로 기대된다.

알파세대를 비롯한 인류는 앞으로 인공지능과 더불어 살아갈 것으로 예상된다. 인공지능은 꾸준히 진화되고 있으며, 다양한 영역에서 빠른 속도로 영향을 미치는 중이다. 이러한 영역의 확장은 제조업이나 단순 사무직을 넘어 영화, 광고, 음악, 언론, 문학, 미술 등 창의성이 중시되는 문화예술 분야에서도 인간의 역량과 비슷해지거나 이를 넘어서고 있다.

알파세대가 성인이 되는 2030년 이후에는 인공지능과 인간이 대화하고 교류 협력하는 일이 매우 자연스러운 일이 될 것이다. 이러한 알파세대가 인공지능을 제대로 활용할 수 있도록 하기 위해서는 무엇보다 새로운 교육의 도입이 필요하다. 사실 인공지능의 본질은 지능적 행동을 명령하도록 설계된 컴퓨터 알고리즘이다. 따라서 컴퓨터가 인간에 대해 학습하듯이 인간도 컴퓨터와 알고리즘에 대해 더 잘 알아야 한다. 앞으로 컴퓨팅은 직업교육 분야, 즉 특별한 이들을 위한 전문 영역으로 대학에서 전공하는 것이 아니라 마치 영어처럼 모두를 위한 필수 교육으로 인식해야 한다.

인공지능과 함께 성장한 알파세대는 인공지능을 훌륭한 협력자로 인식하기 때문에 메타버스 공간에서 인공지능과 더불어 놀고, 학습하며 살아갈 가능성이 크다. 앞으로 Z세대와 함께 미래의 주역이 될 알파세대는 인공지능이 맞춤형으로 제공하는 메타버스 환경에서 인공지능이 조정하는 아바타와 더불어 놀고, 학습하며 친구처럼 살아갈 가능성이 크다.

3) 메타버스의 구현과 인공지능

메타버스라는 초월적 세상과 인공지능과의 결합은 필수적이다. 메타버스 플랫폼 안에서 사용자들은 자유롭게 활동하며 엄청난 분량의 데이터들을 만들게 된다. 메타버스의 기술적 발전과 서비스 질의 향상은 이렇게 생성되는 데이터를 인공지능을 통해 실시간으로 분석하기에 가능하다. 물론 메타버스 구축에 적용할 수 있는 인공지능 기술은 데이터 분석 외에도 많다.

위키리크스한국의 최석진 기자는 메타버스에 적용할 수 있는 인공지능 기술로 다섯 가지를 꼽았다.

첫째, 정확한 아바타 생성이다. 아바타는 메타버스의 핵심 요소로 인공지능 엔진을 활용하여 사용자 이미지 또는 3D 스캔 이미지 분석이 가능하며, 이를 통해 다양한 얼굴 모습과 몸동작 등을 사실적으로 나타낼 수 있다. 둘째, 디지털 인간(Digital Human)이다. 디지털 인간은 전적으로 인공지능 기술에 의해서만 만들어진다. 디지털 게임에서 디지털 인간이 등장하기도 하며, 가상현실 업무 공간 내에서의 자동화된 보조자까지 디지털 인간의 응용 분야는 무궁무진할 것으로 예측된다. 셋째, 다언어 접근성이다. 디지털 인간이 인공지능을 활용하는 핵심 요소 중 하나는 언어 처리 기능이며, 영어와 같은 자연언어를 인공지능이 이해하도록 적절한 반응을 할 수 있도록 지원할 수 있다. 특징적인 것은, 인공지능의 언어 학습 속도에 따라 전 세계 어느 언어로도 변환 될 수 있다는 것이다. 앞으로 세계 각국의 사용자들은 이런 메커니즘의 도움을 받아 자신의 모국어로 메타버스에서 다른 언어 사용자들과 대화를 나눌 수 있게 될지도 모른다. 넷째, 가상현실의 무한 확장이다. 인공지능은 스스로 학습한다. 따라서 메타버스상에서 데이터가 축적한 결과는 머신러닝(machine learning) 메커니즘에 의해 강화될 뿐 아니라, 새로운 입력 자료들과 사용자의 피드백을 통하여 매번 향상된다. 다섯째, 직관적 인터페이스(Intuitive interfacing)다. 메타버스에서 사람이 다양한 신체적 감각을 느끼기 위해서는 인간과 컴퓨터의 양방향 소통(human-computer interactions/HCI) 기술이 필요하다. 정교한 인공지능 지원 헤드셋을 착용했을 때 그 기기의 센서는 사용자 개인의 신체적 특성과 행동의 경향을 인공지능에게 보낸다. 이를 인공지능은 빠르게 이해하고 사용자가 메타버스 내에서 어떻게 움직이고 싶어 하는지를 정확히 예측하게 된다. 예를 들어 인공지능은 가상현실 내에서 사용자가 만족할만한 촉감을 재생해내는 데에도 도움을 줄 수 있다.

메타버스가 지금보다 크게 발전하기 위해서는 인공지능과의 접목이 필수적이다. 앞으로 인공지능이 증강현실(AR)과 가상현실(VR)에 적용되는 일은 당연한 일이 될 것이며, 이 외에도 가상현실을 무한히 확장하는 핵심 동력이 될 것이다.

2. 디지털 생활에 재미는 필수, 학습도 재밌게!

1) 메타버스와 공연문화

방탄소년단(BTS)의 음악 중 가장 큰 히트한 노래는 무엇일까? 워낙 히트곡이 많아서 우열을 가리길 힘들지만 아마 다이너마이트(Dynamite)일 가능성이 크다. 다이너마이트는 국내와 해외 차트 정상을 휩쓸며 K-POP 최초로 빌보드 핫 100 차트 1위 및 32주 차트인을 달성한 곡이다. 그뿐만이 아니다. 국내 최초로 제63회 그래미 어워드 Best Pop Duo/Group Performance 부문에 노미네이트 되기도 했다. 그런데 특이한 점은 이 노래의 안무를 최초로 공개한 곳이다. 이들은 코로나 팬데믹으로 대면 공연이 어려운 상황에서 메타버스 플랫폼 중 하나인 포트나이트(Fortnite)에서 그들의 퍼포먼스를 최초로 선보였다. <Dynamite>는 디스코 팝(Disco Pop) 장르 음악으로, "힘든 상황이지만 각자 할 수 있는 것들을 하자. 춤과 노래를 통해 자유와 행복을 찾자"라는 메시지를 담았다고 한다. 다이너마이트가 달성한 음악적 성취가 단순히 메타버스의 활용 때문이라는 것이 아니다. 하지만 방탄소년단이 그간 보여준 실험적 음악과 도전의 이미지는 메타버스라는 신기술과 적절하게 어울리는 조합이다. Z세대가 열광하는 메타버스란 공간에서 첫선을 보인 BTS의 퍼포먼스는 두고두고 화제로 남을 것이다.

BTS 외에도 아리아나 그란데, 블랙핑크 등 메타버스를 활용한 공연과 쇼케이스는 매년 증가하는 추세다. 메타버스의 기술을 공연에 도입하면서 이전보다 인기가 크게 오른 뮤지션도 있다. 대표적인 사례가 미국의 유명 래퍼인 트래비스 스콧(Travis Scott)이다. 트래비스 스콧은 메타버스에서 세계 최초의 라이브 공연을 벌였는데 공연에 참가한 사람이 무려 2770만 명에 달했고, 45분의 단 한 번의 공연으로 약 200억 원의 매출을 거뒀다. 이 엄청난 수익은 그가 일반적으로 대면 공연에서 벌어들일 수 있는 최대 매출의 10배에 달한다고 한다.

메타버스 플랫폼을 활용한 온라인 공연문화의 변화 외에도 메타버스의 모션 캡처, 물리 기반 렌더링, 안면인식 등 최신 기술적 특성이 음악 콘텐츠와 빠르게 결합하면서 새로운 음악산업의 태동을 예고하고 있다. 국내에서는 90년대 서태지와 아이들의 등장과 함께 뮤직비디오가 큰 인기를 끌면서 X세대에게 음악은 듣는 것뿐만 아니라 보는 것이라는 새로운 인식이 생겨났다. 이제 Z세대에게 음악은 보고 듣는 것뿐만이 아니라 능동적으로 참여하고, 실시간으로 소통하는 새로운 문화로 변하게 된 것이다.

SM엔터테인먼트 소속 걸그룹 에스파는 데뷔부터 아바타를 이용한 가상세계 활동으로 화제를 모았다. 에스파는 4인조 그룹이면서 8인조 그룹이다. 본인들의 아바타를 통해 공연도 하고, 인터뷰도 진행한다. SM엔터테인먼트는 걸그룹 에스파를 비롯하여 기존의 다른 아티스트가 참여하는 메타버스 세계관으로 온·오프라인 엔터테인먼트 시장을 선도할 계획이다.

메타버스에서 트래비스 스콧을 비롯한 유명 뮤지션이 보여준 공연처럼 이제 관람객들은 능동적으로 활발히 움직이며 함께 공연을 만들어내는 창작자의 위치에 선 것이다. 관람객은 자신의 분신인 아바타를 이용해 자신이 좋아하는 뮤지션과 함께 똑같이 춤추고, 음악에 따라 달라지는 가상공간의 분위기를 VR헤드셋을 비롯한 각종 장비를 통해 느끼게 된다. 이러한 몰입감과 상호작용이 당장 오프라인 콘서트를 대체할 수는 없겠지만 코로나와 같은 팬데믹 상황이나 이동이 어려운 경우 충분히 대안이 될 수 있다. 이제 온라인 공연산업은 단순히 보고 듣는 영상의 시대를 넘어, 메타버스라는 가상 플랫폼에서 게임과 결합한 새로운 모습으로 재창조될 것이다.

2) Z세대와 메타버스 장르의 게임

1990년대 후반부터 2000년대 초반 크게 유행했던 스타크래프트, 이 게임이 국내 온라인 게임의 역사를 바꿨다고 해도 과언이 아닐 것이다. 스타크래프트가 제공하는 멀티플레이 환경(배틀넷)에 더 빠르게 접속하길 원하는 사용자가 크게 늘면서 PC방이 우후죽순처럼 문을 열게 되었다. 또한 이렇게 스타크래프트가 크게 인기를 얻으면서 e스포츠라는 산업이 생겼고, 프로게이머라는 신종 직업이 탄생하게 된 원인이 되었다.

그렇다면 20여 년이 흐른 지금은 인기 있는 온라인 게임은 어떻게 변화했을까? 현재 온라인 게임은 네트워크 기술과 그래픽 기술이 크게 발전한 만큼 20년 전과 비교할 수 없이 매우 다양해졌다. 그리고 또 하나의 특징은 이전에 볼 수 없었던 메타버스 게임이 크게 인기를 끌고 있다는 점이다. 메타버스 게임으로는 로블록스, 포트나이트, 제페토, 마인크래프트 등이 있다. 먼저 네이버의 자회사인 스노우가 개발한 제페토는 증강현실(AR)과 인공지능(AI) 기술을 접목해 사용자와 닮은 3D 아바타를 만들고, 제페토 월드에서 활동하면서 방마다 다양한 미션이 주어지고 성공함으로써 코인이나 아이템 등을 얻을 수 있는 새로운 소통 중심 게임 플랫폼이다.

다음으로 로블록스에 대해 알아보자. 로블록스는 현재 거의 2억 명에 달하는 사용자를 두고 있는 Z세대의 대표 게임이다. 이 게임이 유독 Z세대의 사랑을 받은 이유는 2020년 코로나 팬데믹으로 초·중·고 학생들이 학교에 가지 못하면서 가상세계를 통해 만나서 이야기하고, 게임을 함께하면서 성장했기 때문이다. 로블록스는 로벅스(Robux)라는 화폐를 사용한다. 이 게임의 사용자들은 로벅스를 가지고 아이템을 사고팔 수 있다. 로블록스는 사실상 모든 게임들이 유저들의 창작물이다. 유저들은 창작자가 되어 새로운 게임을 계속 만들고, 사용자들이 인기 있는 게임을 방문하여 로벅스를 사용하여 아바타 치장, 아이템 구입, 게임패스, 유료 게임 입장권 등을 구입할 수 있는데, 인기에 따라 게임의 창작자가 큰 수익을 벌 수 있는 구조를 갖추고 있다.

현재 메타버스 게임으로 가장 가입자가 많은 포트나이트는 3인칭 배틀로얄식 게임으로 전 세계 3.5억 명 이상이 이용하고 있다. 비슷한 슈팅 게임으로 배틀그라운드가 있지만 다른 점은 포트나이트에서는 다양한 공연과 쇼케이스가 종종 이뤄진다는 점이다. 실제로 코로나 팬데믹이 시작된 2020년 이후로 BTS와 트래비스 스콧, 아리아나 그란데와 같은 유명 뮤지션과 협업하여 메타버스 공연을 진행하였고, 대성공을 거뒀다.

마지막으로 마인크래프트가 있다. 마인크래프트는 크게 두 가지 유형으로 나뉘는데, 서바이벌 게임이 있고, 샌드박스 모드가 있다. 이 중 샌드박스 모드는 메타버스 플랫폼 형식으로 운영된다. 마인크래프트의 샌드박스 모드에서는 모든 사용자가 마치 모래놀이를 하듯 정해진 목표 없이 자유롭게 즐길 수 있다. 마인크래프트는 본래 비디오 게임으로 시작되어, 시간이 지나면서 PC와 모바일까지 확장되었기 때문에 사용자 수치를 정확히 집계하기가 어려운데, 2020년 기준 모든 플랫폼에서 2억 장 이상 판매된 역대 가장 많이 팔린 비디오 게임으로 알려져 있다. 마인크래프트에서 유저는 테마를 선정하여 가상의 공간을 만들 수 있고 다른 사람들과 게임을 하거나 이야기를 만들어가는 방식을 취하고 있다. 게임의 방식이나 그래픽이 로블록스와 유사하며, 마인크래프트도 마켓플레이스를 통해 콘텐츠를 거래할 수 있는데 이때 콘텐츠를 판 창작자는 수익을 낼 수 있다.

3) 게임 기반 학습(Game based Learning)

게임 중심 학습이라고도 불리는 게임 기반 학습은 주로 디지털 게임이 갖는 흥미와 재미 같은 장점을 최대한 살리면서 학습 요소를 게임에 적용하는 것이 특징이다. M세대와 Z세대는 모두 디지털 게임을 하며 자란 세대이기 때문에, 이러한 게임적 요소를 통해 공부를 할 수 있다면 학습의 집중력과 효과성을 높일 수 있을 것으로 기대된다. 최근 국내 교육현장에서 게임 기반 학습을 활용한 사례가 쏙쏙 보고되고 있다. 가령 대구과학고등학교에서는 마인크래프트 게임을 이용하여 프로그래밍 학습을 진행했는데, 가상공간에서 학생들이 같이 모여 자신이 만든 코드를 실행하면 마인크래프트 세상에 순식간에 성이 만들어지고, 탑이 만들어지는 방식으로 운영하여 교육적 성과를 거뒀다.

이와 유사한 용어로는 게이미피케이션(Gamification)이 있다. 게이미피케이션은 게임의 설계요소와 특징을 게임이 아닌(Non Game) 특정 맥락에서 활용하는 것이다. 쉽게 설명하면 게임의 여러 특징을 살려 우리의 일상생활이나 교육을 더 신나고 몰입감 있게 만드는 방법을 말한다. 꼭 디지털 게임이 아니더라도 우리 인간은 동서양을 막론하고 고대 사회부터 다양한 게임을 하며 여가를 즐겼다. 우리나라만 해도 설날과 추석과 같은 전통 명절에 윷놀이 등을 하며 시간을 보내고 있다. 네덜란드 역사가 요한 하위징아(Johan Huizinga)는 이러한 인간의 본성을 호모 루덴스, 곧 놀이하는 인간이라 정의한다.

그렇다면 게임이란 무엇이기에 남녀노소 이렇게 사람들이 좋아할까? 케이티 샐런과 에릭 짐머만은 『게임 디자인 원론』에서 게임을 다음과 같이 설명하고 있다.

"게임은 플레이어가 규칙에 따라 설정된 가상의 갈등을 마주해, 정량화할 수 있는 결과를 내는 시스템이다."

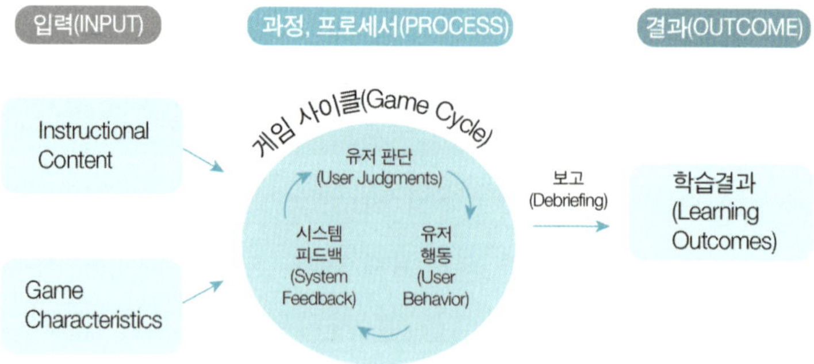

┃그림 12-1┃ Garris의 게임 모델

출처: 박형성, 위남환(2007). 교육용 게임의 액션수준이 성격유형에 따라 내적동기에 미치는 효과.

이들의 정의에 따르면 게임은 일종의 시스템인데, 게임의 원리가 작동하기 위해서는 1. 규칙이 필요하고, 2. 가상의 갈등이 필요하고, 3. 마지막으로 게임의 결과가 정량화될 수 있어야 한다.

메타버스에서 게임 기반 학습이나 게이미피케이션을 활용하여 학습을 증진할 수 있게 만들 수 있을까? 먼저 현재 인기 있는 메타버스 콘텐츠의 대다수가 게임이라는 점에 주목하자. 로블록스와 포트나이트 그리고 마인크래프트 등은 이미 가상세계 속에서 사용자들이 다양한 게임을 만들어 낼 수 있다. 따라서 게임에 열광하고 있는 젊은 세대들이 게이미피케이션을 적용한 학습 콘텐츠에 익숙하고 그 효과성 또한 상당할 것으로 예상된다. 특히 메타버스는 증강현실 및 가상현실의 최첨단 기술을 제공하여 사용자에게 몰입감 있는 체험을 유도할 수 있어, 앞으로 교육과 게임을 결합한 방식의 에듀테인먼트(Edu-tainment) 콘텐츠가 교육현장 확산될 것으로 예상된다

그렇다면 메타버스 활용 게임 기반 학습이 단순히 흥미 위주가 아닌 깊이 있는 학습 성과로 이어지기 위해서는 어떤 전제가 필요할까? 에듀테인먼트 전문가들은 우선 교사의 새로운 역할에 주목한다. 게임을 진행하는 과정에서 학생들이 자칫 게임의 승패나 보상에 지나친 관심을 두거나 흥미와 재미 위주의 학습만 추구할 수 있고 이로 인하여 교육내용과 학습 성과가 소홀히 취급되지 않도록 경계해야 한다. 따라서 내적·외적 학습 동기부여의 측면에서 장점을 가진 게임 기반 학습 방법이 교육의 본질적 측면과 부합하도록 유의하면서 학생들이 소통하고 협업하는 역량 증진의 경험을 쌓도록 유도해야 한다. 현재 메타버스가 활용 게임 기반 학습의 순기능을 수업에 적용하는 교수학습 방법이 학계에 소개되고 있는데 이러한 검증된 방법을 활용하는 것이 바람직하다.

3. 실감콘텐츠(XR)로 놀면서 학습하라!

1) 박물관과 미술관이 살아 숨 쉰다.

앞서 언급했듯이 메타버스는 정의하기 어려울 만큼 매우 범위가 큰 개념이다. 메타버스는 기술의 특징에 따라 크게 가상세계(Virtual World), 증강현실(Augmented Reality), 거울세상(Mirror World), 라이프로깅(Life logging) 네 가지로 분류할 수 있다. 실감 콘텐츠는 이러한 메타버스의 다양한 기술을 혼합하여 개발된 콘텐츠를 말한다. 영어로 eXtened Reality로 불리는 실감 콘텐츠는, 정보통신기술(Information and Communications Technology, ICT)을 기반으로 시간과 공간의 제약을 극복하면서 실재감(presence)과 몰입감(immersion)을 극대화할 수 있도록 모든 감각의 정보를 전달할 수 있는 다양한 메타버스 기술이 응용된 새로운 유형의 콘텐츠를 일컫는다.

정보통신산업의 혁신적인 발달로 인하여, 실감형 콘텐츠를 위한 하드웨어의 이동성과 상황성이 높아지면서, 이를 생생한 경험이 필요한 교육에 적용하면서 능동적인 학습 환경을 조성하려는 시도가 활발히 일어나고 있다. 특히 이러한 실감형 콘텐츠의 특성과 장점이 크게 환영받고 있는 곳이 있는데 바로 박물관과 미술관이다. 2020년 발생한 코로나 팬데믹으로 인하여 국내외의 박물관과 미술관은 관람객이 급감하면서 큰 위기를 겪었다. 하지만 위기 속에 기회가 찾아오듯 현재 실감형 콘텐츠 도입을 통해 대면 접촉을 줄이는 방법으로 돌파구를 찾은 박물관과 미술관을 중심으로 관람객이 증가하고 있다.

해외에서는 프랑스 오르세 미술관이 자국의 XR 기업과 손잡고 VR 콘텐츠로 모네의 정원, 작업실을 안내하는 영상을 만들었고, 루브르 미술관 역시 고대 이집트 속 피라미드 등 관람객이 실제로 방문하기 어려운 장소를 VR로 탐험할 수 있도록 하였다.

국내에서도 박물관, 미술관에 실감형 콘텐츠 기술이 활발히 적용되고 있다.

먼저 국립중앙박물관은 '디지털 실감영상관'을 만들고 정선의 신묘년풍악도첩 등을 고화질 첨단영상으로 만들어 폭 60m, 높이 5m의 3면 파노라마를 통해 관람객에게 보여주는 전시를 진행하였다.

컨트롤러 사용모습

체험 모습(한산도 대첩)

체험 모습(진주 대첩)

QR 스캔 모습

| 그림 12-2 | 디지털 실감영상관

출처: 국립진주박물관 제공

또 다른 사례로 국립진주박물관이 있다. 2022년 5월 이 박물관에서는 실감체험관을 개관하면서 XR(확장현실) 콘텐츠 공개를 공개했다. '승자총통, 대첩의 불꽃이 되다.'란 제목의 이 콘텐츠는 체험자가 훈련병에서 정예병으로 성장하고, 임진왜란에서 외적을 물리친다는 내용을 담고 있다. 체험자는 약 15분간 승자총통 컨트롤러를 들고 조선 총통수가 되어 한산도 대첩과 진주 대첩에 참전하는 방식으로 구현된다. 특별한 점은 콘텐츠 개발 과정에서부터 역사 전문가가 참여하여 임진왜란과 조선무기 그리고 성곽의 구현에 대한 고증이 이뤄질 만큼 역사적 사실에 충실했다는 점이다. 기술적으로도 XR기술을 활용, 발사 충격과 산탄효과를 구현하여 사실감과 흥미를 높였다. 역사와 첨단 XR콘텐츠 기술과의 융합이라는 과감한 시도가 큰 인기를 끌면서 현재 진주박물관을 찾는 관람객이 크게 늘었다.

2) 실감 콘텐츠가 교육을 바꾼다!

미국 가트너사(Gartner)의 하이프 사이클(Hype Cycle) 보고서(2017)는 향후 10년 동안 산업 분야에 영향을 끼치게 될 미래 기술 중 세 가지 주류를 예측하였다. 즉, 맞춤형 학습으로서의 '인공지능(AI; Artificial Intelligence)', 참여 학습 형식으로서의 '몰입 체험(Immersive Experience)', 비공식 및 사회적 학습이 가능한 환경으로서의 '디지털 플랫폼(Digital Platform)'이 그것이다. 그중에서 '몰입 체험'은 메타버스의 기술을 말한다. '몰입 체험'은 가상현실(Virtual Reality), 증강현실(Augmented Reality), 혼합현실(Mixed Reality)을 통칭한 실감형 콘텐츠(XR)를 통해 효과적으로 구현할 수 있다. 실감콘텐츠(XR)는 메타버스의 기술인 VR, AR, MR, 홀로렌즈를 통칭한 개념이다. 근래 들어 실감형 콘텐츠(XR) 사용에 꼭 필요한 하드웨어들이 기술의 발달과 생산 단가하락으로 도입장벽이 낮아지면서 수업에서의 사용이 점차 증가하고 있다.

기존 전통적인 교육 매체(예: 컴퓨터, 혹은 웹 기반 학습)들은 실제와 같은 생생한 경험, 곧 '몰입 체험'을 달성하기가 매우 어려웠다. 하지만 실감형 콘텐츠(XR)는 현실 세계와 상당히 유사한 학습 환경을 가상환경에서 구현할 수 있고, 학습자에게 현실감과 실재감의 바탕 위에 흥미 있는 체험학습을 경험토록 하는 장점을 갖고 있다.

실감형 콘텐츠는 게임, 엔터테인먼트 산업에서 시작되어 다양한 분야에 적용되고 있는데, 그중에서도 교육 분야에서 그 효과성을 크게 인정받고 있다. 실감형 콘텐츠를 통한 학습은 학습자가 학습 내용에 몰입하게 하고, 주도적,

능동적 학습을 유도함은 물론 '몰입 체험'을 통해 실제처럼 체험시키는 효과가 있다. 학습과 의사전달의 효율성을 높일 수 있으며 시간과 공간의 제약을 받지 않기 때문에, 학습자는 언제 어디서든 학습할 수 있는 장점을 갖고 있다.

앞으로 실감콘텐츠를 활용한 교육은 관련 콘텐츠의 개발과 함께 교육의 판도를 바꿀 것으로 예상된다. 그럼, 국내에서 교육콘텐츠를 수업에 적용한 사례를 살펴보자.

초등학교에서의 증강현실의 교육적 활용 가능성을 모색하기 위한 1차 년도(2005년) 연구에서는 초등학교 학생을 대상으로 한 과학과 콘텐츠를 개발하고 이를 학교환경에 적용하는 연구를 실시하였다. 연구결과, 학습에 대한 흥미, 현존감이나 체험적 경험의 제공, 학습자에 의해 인지된 학습 효과에 있어 긍정적 결과가 나타났으며, 실제 학습내용의 이해 정도에 대한 성취도 평가 결과에 있어서도 높은 성취도를 보인 것으로 보고되었다(김정현 외, 2005).

2021년 EBS는 학생들의 실감 콘텐츠라고도 불리는 가상융합기술(XR) 활용 능력과 미래역량을 키우기 위한 'EBS 실감형 콘텐츠 제작사업'을 진행하면서 군포 둔전초등학교 2학년과 4학년을 대상으로 시범사업을 진행하였다. 각 학급은 실감형 콘텐츠 수업이 가능한 미래 교실에서, AR 실감형 콘텐츠를 활용한 미술 교과 연계 및 ICT 창의 체험을 경험할 수 있도록 진행됐다. 2학년은 나만의 가구를 디자인하고 현실 공간에 배치해 보는 '소망을 담은 생활 가구 디자인' AR 콘텐츠를, 4학년은 미래사회에 대한 이해와 학생 주도적 참여형 수업의 '자율주행 버스' AR 콘텐츠를 활용한 수업을 실시했다. 이 수업은 학생들의 미래에 대한 호기심과 기대감을 충족시키고, 학습이해도와 몰입도를 높였다는 긍정적인 평가를 받았다.

포스코는 2022년 한국교육방송공사(EBS)와 함께 초등학교 저학년을 대상으로 증강현실(AR)을 활용한 재활용성이 우수한 철강재의 친환경성을 교육하는 애플리케이션 '번개맨과 친환경 번개파워'를 개발해 공개했다. 초등학생들이 좋아하는 번개맨 캐릭터와 실감 콘텐츠의 기술적 만남은 교육계에서 학습 효과를 높이는 방안으로 주목받았다.

여주 점동초등학교에서는 초등학교 고학년 학생들을 대상으로 역사교육을 진행하였다. 이 초등학교는 독일 회사인 스페이시스 콘텐츠를 통해 VR을 체험하고 응용 학습을 할 수 있도록 역사 수업을 기획하였다. 컴퓨터실에서 수업을 진행하면서 문화유산에 대한 이론 수업 후 컴퓨터를 이용하여 학생 개별적으로 자신만의 박물관을 만들고 큐레이팅을 수행하는데, HMD 기기를 이용하여 가상현실을 3D로도 체험할 수 있도록 하여 교육계로부터 긍정적 평가를 받았다.

"교육현장에서 아이들은 백 번 보는 것보다 한 번 체험하는 것이 낫습니다."

가상현실(VR) 교육 콘텐츠를 실제로 수업에서 활용해온 이상근 경희여자중학교 교사는 메타버스의 교육 효과를 '백문이불여일견(백 번 듣는 것보다 한 번 보는 것이 낫다)'에 빗대 이렇게 설명한다. 앞으로 교육 분야에서 실감 콘텐츠는 실제적 학습(Authentic learning)의 제공이라는 이점으로 인해 더 많이 활용될 가능성이 크다.

일부에서는 이러한 실감 콘텐츠의 교육적 활용이 초등학생 또는 중등 수준에서만 적합하리라는 생각을 가질 수 있다. 그러나 여러 연구에서 실감 콘텐츠의 개발과 활용이 집중력과 추상적 사고능력이 부족한 미성년의 학습자뿐 아니라 성인 학습자를 대상으로도 효과적이라는 보고가 늘고 있다. 현재 실감 콘텐츠를 적용한 교육이 가장 활발히 일어나고 있는 교육기관은 대학이다. 다수의 대학이 다양한 전공에서 이를 활용하고 있으며 그 사례 또한 크게 확산 중이다.

삼육대학은 학습자가 360도 회전을 통해 관찰할 수 있는 물리치료 콘텐츠를 개발하였고, HMD 착용 후 VR 콘텐츠를 활용한 실습을 통해 입체적으로 인체를 관찰할 수 있는 기술로 주목을 받았다. 거제대학은 크레인 운전 분야의 고위험성에 대한 문제를 해결하기 위해 실제 운전 체험이 가능한 캐빈 시스템(cabin system) 1대를 설치하였는데, 이 캐빈 시스템을 활용하면 실제 타워크레인을 타고 있는 느낌을 받을 수 있고, 중량물을 들어 올릴 때 실제로 흔들림을 느낄 수 있다고 한다.

이외에도 포스텍은 '메타버시티'라는 미래목표를 내걸고 실감콘텐츠를 위한 VR, AR, MR을 활용할 수 있는 강의실 시스템을 구축하였고, 2021년 입학한 신입생 320명 전원에게 VR기기를 나눠주고 비대면으로 VR을 활용한 물리학 실험 수업을 진행하였다.

실감 콘텐츠 개발과 활용에 투입되는 비용을 효과적으로 줄이기 위해 전국의 대학들이 연합한 사례도 있다. 전문대학을 중심으로 이뤄진 한국고등직업교육학회에서는 전국 63개 대학이 모여 메타버스 공유대학 컨소시엄을 구성하고, 실감 콘텐츠를 활용하여 취업 현장에서 필요로 하는 직무능력을 증진토록 교육하는 방안을 추진 중이다.

메타버스의 환경은 고위험 혹은 고비용의 문제로 학습자가 경험하기 어려운 환경을 시간과 장소에 상관없이 경험토록 해준다. 앞으로 투입 비용 개선 등 개발의 용이성이 한층 개선된다면 실감 콘텐츠 활용 교육은 모든 교육기관에서 붐을 이룰 것으로 기대된다. 미래에는 교재 없는 수업은 가능해도 실감 콘텐츠 없는 수업은 불가능한 새로운 시대가 도래할 것이다.

생각할 문제

1 인공지능 세대라 불리는 알파세대는 인공지능을 학습에 어떻게 활용할까요?

2 게임을 활용한 교육 곧 게이미피케이션 교육의 장점과 단점은 무엇일까요?

3 앞으로 실감 콘텐츠 기술이 크게 발전해서 교육에 활발히 사용된다면 교실이나 강의실은 어떤 모습으로 변할까요?

METAVERSE
UNIVERSITY

Chapter

13

메타버스와 대학의 미래

1. 대학의 시작

오늘날의 대학은 중세부터 시작되었다. 중세의 대학은 오늘날처럼 제도화된 모습의 대학은 아니었다. 지적 호기심을 갖고 있는 학생들과 그들을 가르치는 교수들의 학문적 공동체였다(Denfle, 1956). 특정 목적을 지닌 최상급 학교였다고 할 수 있다. 그러다가 점차 대학의 모습을 갖추며 제도화의 길을 걷게 된다. 때문에 언제부터 대학이 설립되었는지 정확한 날짜를 확인하는 것은 쉽지 않다. 대체적으로 1158년 볼로냐 대학이 법학대학으로 개교하고, 1215년에는 파리 대학이 신학대학으로 출범한 것으로 알려지고 있다. 볼로냐 대학은 처음으로 "대학(universitas)"이란 명칭이 부여된 대학으로 이후 설립된 대학의 모범이 되었다. 중세의 대학은 처음에는 단과대학 형식으로 출발하였으나, 점차 신학, 법학, 의학 등 세 가지 학부 및 교양학부인 철학부를 포함하여 네 가지 학부가 대학의 기본 학부로 정착되게 되었다[1].

[그림 13-1] 중세 대학의 교양교육

출처: British Literature Wiki - The Medieval University
(https://sites.udel.edu/britlitwiki/the-medieval-university/)

1 김창환(2007). 인본주의 교육사상. 학지사.

중세가 가톨릭 종교의 지배 아래 있는 신본주의 사회라는 점은 대학의 여러 학부 가운데 특별히 신학부가 중심적인 역할을 하게 하였다. 따라서 신학대학으로 출범한 파리 대학은 중세 시대와 근세 시대에 가장 영향력 있는 대학으로 이름을 떨치게 된다. 유럽 각지에서 수많은 학생들이 신학을 전공하고자 파리로 모여들었다. 이름에 걸맞게 파리 대학에는 보나벤투라(Bonaventura, ca.1221–1274), 토마스 아퀴나스(Thomas Aquinas, ca.1225–1274) 등 유명한 신학자들이 교수로서 활동하였다.

중세 대학의 학문은 전적으로 문헌 학문이라고 할 수 있다. 어떤 전공을 하던 문헌을 가르치고 공부하는 것이 전부였다. 경험적인 관찰이나 실험 등의 방법은 거의 찾기 힘들었다. 베이컨(Roger Bacon, ca.1214–1294), 마그누스(Albertus Magnus, ca.1193–1280) 등이 경험적인 방법의 중요성을 언급하였으나, 크게 주목받지 못하였다. 심지어는 의학도 책을 통해서만 공부하였다.

교육방법과 관련하여서는 스콜라 철학의 대가인 토마스 아퀴나스의 교수방법이 모든 대학의 교육방법을 지배하였다. 그는 아벨라두스(Petrus Abaelardus, 1079–1142)가 고안한 “예/아니오(sic et non)” 방법을 스콜라 철학을 공부하는 데 적용하였다. 그것은 한마디로 교수 중심의 교육방법이라고 말할 수 있다. 교수는 문헌을 해석해주고, 학생들은 질문하고, 학생들이 올바른 해답을 찾도록 도와주는 것이다. 날카로운 사고와 비판적인 관점은 여기서 요구되지 않았다[2].

신학 분야에서 스콜라 철학적 사고는 진리가 하나만 존재한다는 믿음에 기초하고 있었다. 하나만 존재하는 진리는 다름 아닌 계시의 진리이다. 성경이 가르치고 교부들이 해석한 것이 유일한 진리이다. 이 진리로부터 다른 모든 것들이 연역된다. 인간 오성의 과제는 이 절대적 진리를 깨우치는 것이다. 만약 인간 오성이 발견한 진리가 계시적 진리와 상치될 때는, 인간의 오성이 잘못된 상태에 있는 것이기 때문에, 진리를 발견할 때까지 생각을 바꾸어 다시 노력해야 한다. 신학은 불변의 진리를 탐구하는 학문이고, 그렇게 때문에 다른 모든 학문보다 우월하였다. 진리를 소유하고 관리하는 교회 역시 교인들이 진

2 김창환(2007).

리를 찾도록 인도하여야 하는 과제를 갖고 있고, 교인들은 교회의 가르침에 절대적으로 순종하여야 하였다.

볼로냐, 파리, 옥스퍼드, 케임브리지 대학 등 중세에 설립된 대학은 대체적으로 유사한 형태를 띠고 있었다. 네 가지 학부가 설치된 점, 신학이 중심에 놓여 있던 점, 스콜라 철학이 지배하였던 점, 교양학부에서 가르쳐지던 철학은 주로 아리스토텔레스 철학으로서 그것은 신학에 봉사하여야 하는 특징을 지녔다는 점 등에서 유사하였다.

중세 시대 대학이 설립되었을 때, 대학은 유니버시티(universitas, university)로 불렸다. university는 universe와 관련을 맺고 있다. 신이 창조한 우주(universe)와 통합적 세계를 탐구하는 것이 대학(university)의 사명이었던 것이다. 중세 시대 교회를 가톨릭교회라고 부르는데, 여기서 가톨릭(catholic)이란 '보편적인 것'이라는 뜻을 갖고 있다. 절대 신이 창조한 우주적 보편적 질서를 탐구하는 것이 대학의 역할이었던 것이다.

2. 현재의 대학

20세기에 들어오면서 대학은 전문화, 세분화의 길을 걸어왔다. 철학으로부터 다양한 학문이 분화되었다. 특정 분야의 전문성이 강조되며 학문은 발달하여 왔다. 따라서 현재의 대학은 더 이상 유니버시티(university)로 불리기보다는 멀티버시티(multi-versity)에 가까운 형태를 띠고 있다.

21세기에 들어오면서 대학에는 또 다른 사명이 부여된다. 세분화된 전문성이 설명하지 못하는 영역이 늘어간 것이다. 예를 들어, 인간을 탐구할 때, 인간은 하나의 통합된 전체인데, 그것을 철학, 심리학, 의학, 생물학의 영역에서 따로 다루다 보니 전체를 설명하는 데 한계를 보이는 현상이 포착된 것이다. 그 해결책으로 '융합'이란 개념이 등장하면서 대학을 이해하는 방식, 대학의 기능과 역할이 변하고 있다.

4차산업혁명 시대에 융합의 중요성이 더욱 강조되면서 대학은 전문가형 인재 양성과 더불어 융·복합형 인재 양성을 주요 과제로 부여받고 있다. 이에 따라 대학은 종합대학, 멀티기능대학, 융·복합대학 등으로 사회의 요구에 따라 역할과 기능이 재구조화되는 과정에 있다.

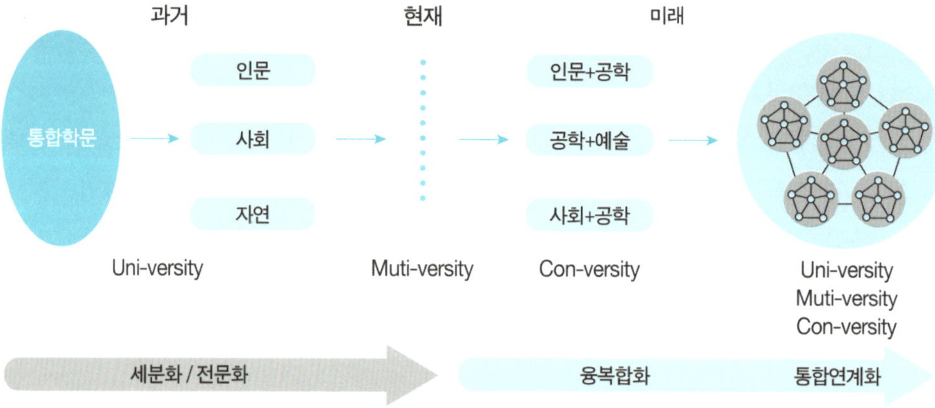

┃그림 13-2┃ 대학의 변화

3. 디지털 대학의 탄생

1990년대 중반 정보화혁명이 시작되면서, 디지털 세계와 디지털 공간이 우리 삶에 들어왔다. 디지털 교육도 시작되었다. 초기 디지털 교육은 이러닝 교육으로 불렸다. 컴퓨터와 인터넷을 활용하여 교육콘텐츠가 전달되고 학습하는 활동이 시작된 것이다. 한국에서는 사이버대학이 설립되었고, 미국에서는 오프라인 대학들이 앞다투어 온라인 대학을 만들었다. 전 세계 유명 대학의 강의콘텐츠를 공유하는 플랫폼 MOOC가 활성화되면서 디지털 교육 역시 더욱 확대되었다.

2012년에 개교한 미네르바스쿨은 개교 4년 만에 아이비리그와 어깨를 나란히 하는 대학으로 급성장했다. 입학 경쟁률이 매우 높다. 2016년엔 306명을 뽑는 데 1만 6000여 명이 지원했다. 지원자 중 합격률이 1.9%였다. 당시 파이낸셜타임스는 "미네르바스쿨은 하버드(5.2%), 예일(6.3%), 스탠퍼드대(4.7%)보다 합격률이 낮다. 전 세계에서 가장 들어가기 어려운 대학"이라고 평가했다. 서울대 등 SKY 대학을 포기하고 미네르바스쿨에 진학하는 학생이 늘고 있다.

미네르바스쿨 수업방식

- 모든 강의는 20명 이하의 세미나 형식으로 진행
- 실시간 온라인 화상 강의를 통해 토의, 토론, 협력활동 위주의 수업 실시
- 영상통화, 영상회의, 그룹채팅, 구글독스 등 기술을 활용한 팀 프로젝트 지원
- 녹화된 수업영상을 통해 일대일 맞춤형 피드백 및 종합적 학생평가 가능

자료: 교육부

출처: 세계일보(2019.03.18).

또 하나의 흐름은 마이크로 칼리지(Micro College)이다. 신기술이 대두되기 시작한 2000년대 후반부터 본격적으로 마이크로 칼리지가 등장하였다. 구글 수석 엔지니어이면서 미래학자인 레이 커즈와일(Ray Kurzweil)은 2008년 마이크로 칼리지인 싱귤래리티 유니버시티(Singularity University)를 설립하였다. 온라인 대학 유다시티(Udacity)에서도 2010년대 초반부터 마이크로 칼리지를 체계적으로 운영하고 있다.

마이크로 칼리지의 주요 프로그램은 프로그래밍(코딩), 데이터 과학, 인공지능, 클라우드 컴퓨팅 등 4차산업혁명과 관련된 기술 분야로 구성되어 있다. 프로그램 이수 기간은 3개월에서 6개월로 다양하다. 프로그램을 성공적으로 이수할 경우, 나노디그리(nano degree)를 수여한다.

유다시티(Udacity)의 인공지능 프로그램 운영 사례

- Step 1 : AI Programming with Python (파이썬을 이용한 AI 프로그래밍 – 3개월, 주당 10시간)
- Step 2 : Machine Learning Engineer (머신러닝 엔지니어 – 3개월, 주당 10시간)
- Step 3 : Data Structure and Algorithms (데이터 구조 및 알고리즘 – 4개월, 주당 10시간)

마이크로 칼리지의 교수진은 실제 현업에 종사하는 기술 전문가들이다. 이들은 주로 미국 최고의 기술 기업에서 근무하는 전문가들이다.

마이크로 칼리지는 온라인으로 프로그램을 운영한다. 동시에 멘토가 일대일로 지도하면서 운영된다. 멘토는 주로 해당 분야 기술 전문가(주로 기업체에 근무)로 구성되어 있다. 또한 커리어 코치가 지도하며 학생의 커리어를 상담하고 지도하는 서비스를 제공하고 있다.

유다시티(Udacity)의 경우 현재 100개 이상의 기업과 제휴를 맺고 운영하고 있다. 또한 200명 이상의 기술 전문가들과 협력을 체결하고 있다. 유다시티에서는 졸업자들을 대상으로 취업 기회를 제공한다. 인재가 필요한 기업에게 인재풀을 제공하여 준다. 우수 졸업생의 경우, 유다시티의 파트타임 멘토로 활동하기도 한다.

마이크로 칼리지는 다면적 효과를 거두고 있다. 유다시티의 2017년 미국인 수강생 조사 결과, 강좌 수강생들의 평균 만족도는 5점 만점에 4.4로 나타났다. 84%의 수강생들이 수강 이후 더 좋은 직업을 획득하였다. 강좌 이수 후 평균 24,000달러의 임금이 상승한 것으로 나타났다.

이렇게 아날로그 교육과 디지털 교육이 병행되는 상황 속에서 코로나19 타격을 받은 것이다. 코로나19는 디지털 교육을 촉진하였다. 전 세계 모든 대학에서 온라인 교육이 실시되었다. 코로나19가 발생한 이후 2년 동안 학생들은 가정에 머물며 컴퓨터와 모바일 기기를 활용해 교육에 참여하였다. 그러나 동

시에 코로나19는 온라인 교육의 한계도 명확히 보여주었다. 온라인교육에서는 시각과 청각은 강조되었으나, 다른 감각 기관은 활용되지 못하였다. 특정 감각은 지나치게 강조되고, 특정 감각은 차단되다 보니, 감각의 불일치로 인해 오랜 집중력을 갖기가 힘들었고 피로도는 높아졌다. 또한 온라인교육에서는 지식교육은 가능하나, 경험교육이 사실상 불가능한 상황이 되었다. 친구관계를 맺으며 사회성을 발달시키는 데에도 한계가 명확히 드러났다. 디지털 공간 안에서 쌍방향 교육, 다자간 활동이 거의 불가능하기 때문이다.

| 그림 13-3 | 온라인 강의

출처: SK Telecom Newsroom. (https://news.sktelecom.com/121811)

4. 메타버스 대학의 탄생

메타버스 세계는 현실과 가상의 융합세계이다. 현실세계와 디지털 세계가 더욱 가까워지고, 중첩되고, 융합되고, 더 나아가 현실세계와 디지털세계의 구분이 불가능한 세계를 말한다. 물리적 지구(현실세계)와 가상의 공간(가상세계)이 실감기술을 매개로 결합하고 상호작용하면서 만들어진 새로운 세계이다.

디지털 세계를 맞이하며 오프라인 대학에서 디지털 대학이 탄생한 것과 같이 메타버스 세계가 도래하면 자연스럽게 메타버스 대학이 탄생할 것이다.

현재 메타버스 기술이 초기 단계이기 때문에 메타버스 대학교육 역시 이제 시작단계이다. 입학식, 졸업식, 축제 등 교육행사부터 메타버스 속에서 이루어지고 있다. 일부 대학에서는 메타버스 안에서 강의와 수업도 시도하고 있다. 향후 기술이 발전하고 메타버스 플랫폼이 구축되면 주요 교육활동을 메타버스 내에서 할 수 있게 될 것이다.

메타버스 대학이 본격적으로 시작되면 대학교육에 큰 변화를 가져올 것으로 전망된다. 메타버스 대학교육에서는 공간의 확장과 창조가 가능하다. 학교와 강의실 여건 속에서 교육이 이루어지는 것이 아니라, 교육을 위해 학교와 강의실이 만들어지는 것이다. 메타버스 속 3차원 학교 공간에서 확장된 경험이 이루어진다. 이는 유형의 학교에서 무형의 학교로 진화하는 것을 촉진한다. 메타버스 속에서 교육시간도 확장되고 유연해진다. 학습자의 필요에 따라 언제 어디서나 학습이 가능하게 된다.

1) 메타버스 교육 공간

전통적 아날로그 교육이 디지털 교육으로 전환되는 시점에 메타버스가 등장하였다. 아날로그 공간과 디지털 공간의 융합인 메타버스는 새로운 교육공간, 학습공간을 만들어 내고 있다. 메타버스 교육공간은 다음과 같은 특징을 지니고 있다.

첫째, 현실 교육공간과 디지털 교육공간의 융합이라는 점이다. 메타버스는 컴퓨터가 만들어낸 디지털 공간을 바탕으로 한다. 디지털 공간 안에 현실과 똑같은 세계를 구현해 놓은 것이다. 디지털화된 지구, 디지털화된 학교인 것이다. 디지털 세계에서의 공간은 물리적 법칙에 지배되지 않기 때문에 확장과 변형이 가능하다. 메타버스 속에서 대학교의 확장과 변형이 가능한 것이다. 이는 교육의 기회를 확장하는 효과를 가져온다. 또한 디지털은 특정 공간이 특정 목적으로만 활용되는 경직성에서 탈피하도록 하고 있다. 특정 위치의 중요성이 감소하고 장소는 보편적으로 접근 가능한 공간이 되고 있다. 장소의 보편성은 서비스가 공간에 내재되면서 더 강화되고 있다. 앞으로 집이 일터이고 학교이고 병원의 역할을 하는 세상을 맞이할 것이다.

| 그림 13-4 | 메타버스 교육 공간

출처: 대학저널(2021.09.26).

둘째, 메타버스 공간은 현실과 똑같은 3차원 입체 공간(3D)이라는 점이다. 3차원 가상공간 안에 강의실을 만들어 교수와 학생이 아바타의 형태로 참여하여 수업이 가능한 것이다. 메타버스 내에서 학교뿐 아니라 평소 강의실에서 하는 모습과 같이 행동하면 아바타가 동일하게 움직이게 된다. 학생의 몸과 아바타가 연동하며 작동되는 것이다. 인터넷, SNS 등 기존의 디지털 세계는 평면적인 2D 형태이다. 온라인 교육 역시 2D 형태의 플랫폼에서 이루어지고 있다. 그러나 메타버스 교육공간은 3차원 입체공간이고(3D), 오감을 느낄 수 있는 입체 공간(4D)으로 진화할 것이다. 현실세계와 똑같은 학교와 강의실의 모습이 메타버스 안에서도 구현되는 것이다. 온라인 교육에서는 감각의 단절이 있었으나, 메타버스에서는 모든 감각을 이질감 없이 느끼는 것이 가능하게 된다. 물론 이는 햅틱 기술 등 실감기술의 발전을 필요로 해 현실화되려면 시간이 더 필요하기는 하다. 감각의 불일치가 해소될 경우, 몰입감은 훨씬 높아진다. SNS에서는 언어적 소통만 가능하였으나, 메타버스에서는 교수와 학생의 언어적 소통과 더불어 비언어적 소통(아바타를 통한 몸의 소통)도 가능해진다.

셋째, 메타버스 교육공간은 체험공간이다. 향후 메타버스 안에는 수많은 교육콘텐츠가 만들어질 것이다. 학년별, 전공별로 교육콘텐츠들이 만들어질 것이다. 현실세계에서 체험할 수 있는 똑같은 콘텐츠를 메타버스 속에서 체험하며 지식과 경험을 쌓을 수 있게 되는 것이다. 교과교육 콘텐츠 외에도 진로 콘텐츠, 직업 콘텐츠, 상담 콘텐츠 등 다양한 교육콘텐츠들이 만들어지고 활용될 것이다. 더 나아가 메타버스 자체가 수많은 교육 콘텐츠를 담고 있는 교육과 학습의 장이 될 수 있다. 현실세계에서는 체험교육 장소를 찾아가는 데 많은 시간이 걸리나, 메타버스 속에서는 이러한 한계가 극복될 것이다.

넷째, 메타버스 교육공간은 창조가 가능한 공간이다. 공간 환경의 창조와 변형이 마음대로 가능하다. 대학생들은 여기서 새로운 창조적 경험을 쌓게 된다. 프로그래밍되어 만들어진, 즉 구조화된 경험도 가능하지만, 마인크래프트 플랫폼 안에서 창의적인 블록을 쌓는 것처럼 대학생이 자유롭게 창조하는 경험도 가능하다. 가상공간 안에서 학습하고자 하는 콘텐츠에 맞는 환경을 조성하는 것도 가능하다. 이는 개인화된 학습환경을 만드는 것으로 발전할 것이다. 메타버스 내에서 공부방을 잠실 롯데월드타워 꼭대기 층에 만들어 놓을 수도 있고, 바닷가가 보이는 전망 좋은 장소에 만들 수도 있다. 멋진 카페를 만들어 그곳에서 공부할 수도 있다. 적절한 소음도 만들 수 있고, 음악을 들을 수도 있다. 상황에 따라 기분에 따라 달라지는 환경을 만들어 조절할 수 있다.

다섯째, 메타버스 교육공간은 국경의 제약이 없다. 메타버스 교육공간은 다문화공간이다. 디지털 지구 안에서 전 세계의 대학생들과 만나서 교류할 수 있다. 전 세계에서 만든 교육콘텐츠에 누구나 접근할 수 있다. 관심 있는 주제에 따라 전 세계 학생들이 모일 수도 있다. 하버드 대학에서 진행되는 세계 최고 교수의 강의를 전 세계 학생들이 함께 들을 수 있다. 전 세계 학생들이 함께 모여 축제를 하고 경연을 하는 것도 가능하다.

메타버스 교육공간, 학습공간이 갖고 있는 위와 같은 특징은 대학에 대한 새로운 관점을 제공해 준다.

첫째, 대학의 의미와 가치를 확장시킨다는 점이다. 그동안 대학은 세상의 지식과 기술을 정리하여 교재를 만들고, 그것을 가르치는 공간으로 이해되었다. 그러나 대학은 동시에 경험과 실습과 실험을 하고 역량을 개발하고 공간이다. 메타버스 속에서 대학은 지식 전달보다는, 실험과 실습과 프로젝트를 수행하는 것을 더욱 강조하게 된다.

둘째, 메타버스에서 대학은 유형의 학교에서 무형의 학교로 확장된다는 점이다. 학교와 강의실이란 특정 공간에서만 교육을 받는 것이 아니라, 교육콘텐츠가 있는 곳에 교수와 학생이 모여 교육을 실시하는 것이 가능해진다. 수많은 교육콘텐츠가 존재하는 곳, 교육적 경험이 발생하는 곳이 학교요 강의실인 것이다. 기존의 교육공간에서는 이러한 방식이 불가능하였으나, 메타버스 안에서는 이동의 자유에 제약이 없기 때문에 가능하게 된다. 이는 학교와 강의실이 유형의 공간에서 무형의 공간으로 확장되는 것을 의미한다.

셋째, 현실공간은 고정되어 있으나, 메타버스 공간은 확장과 변형과 창조가 가능한 것과 같이, 메타버스 내에서 새로운 대학, 새로운 강의실을 창조하는 것이 가능하다는 점이다. 현실세계에서는 주어진 공간(학교, 강의실) 속에서 교육을 하게 된다. 메타버스 속에서는 교육의 목적과 교육의 내용에 따라 적절한 교육공간을 만들 수가 있다. 최적의 교육공간을 창조해 유의미한 교육을 실시하고, 필요 시 해체하고 재창조하는 것이 얼마든지 가능하다. 교육공간에 맞추어 교육을 계획하는 것이 아니라, 교육계획을 하고 에에 필요한 공간을 만들어 낼 수 있는 것이다. 연극 무대처럼 만들고, 활용하고, 리폼하는 것이 얼마든지 가능하다.

넷째, 스마트 학교, 스마트 강의실이 구현되고, 강의실 혁명을 가져올 수 있다는 점이다. 메타버스는 디지털 공간이기 때문에 인공지능이 작동할 수 있는 공간이다. 디지털 환경 속에서 모든 것(음성, 행동, 표정 등)이 기록된다. 모든 교수 학습활동이 기록되고 빅데이터가 만들어지고 분석될 수 있게 된다. 이는 인공지능 기반 교육을 비약적으로 발전시킬 수 있다. 그럴 경우 교수 맞춤형 수업, 대학생 맞춤형 학습이 가능해진다.

2) 메타버스 교육시간

그동안 대학교육은 주로 대학생을 대상으로 하였다. 4년이 교육 기간이다. 교육은 '평생'이라는 시간 속에서 이루어지는 것이라기보다는 '특정' 기간에 필요한 것으로 이해되어 왔다.

메타버스 대학교육에서는 시간의 제약이 풀린다. 언제나 공부하고 체험할 수 있는 기회가 주어진다. 성인이 되어도, 직장인 이어도 본인이 원하면 언제든지 접속하여 고품질의 콘텐츠와 함께 학습할 수 있다. 특정 기간에 학습하는 것을 초월(meta)하는 것이 가능하다.

물리적 이동의 시간도 줄일 수 있다. 온라인 화상회의를 이동 없이 집에서 접속하여 개최할 수 있는 것과 유사하다. 이는 교육시간의 유연성을 높인다. 필요할 때 적시에 교육할 수 있는 가능성을 높인다. 궁금한 것이 있으면 바로 구글과 유튜브에 접속하여 궁금증을 해결하는 것과 같이 메타버스 학습 플랫폼에 언제든지 접속하여 공부할 수 있게 된다.

오프라인 대학은 학년, 학기에 따라 정해지고 움직여졌다. 메타버스에서 교육은 학년에 따라 교육할 수도 있고, 학년의 개념을 초월(meta)할 수도 있다. 관심과 능력에 따라 다양한 교육과정이 만들어지고, 수준별 학습을 할 수 있다. 학년이 아니라, 능력과 관심에 따라 교육이 이루어지는 것이 가능한 것이다. 학생 발달의 개인차를 고려한 수업도 가능하다. 메타버스에서는 인공지능(AI Tutor)의 도움을 받아 자신만의 학습경로를 만들 수도 있다. 나만의 학습속도에 부합하는 개별화된 학습이 가능해지는 것이다. 나만의 학습커리어, 나만의 진로커리어를 설계할 수 있는 것이다.

현실세계에서 대학교육은 주로 아침에 시작해서 오후까지 이루어졌다. 1교시, 2교시 등 특정 시간에 학급 단위로 모여 학습이 이루어졌다. 메타버스에서는 언제나 교육이 가능하다. 오전에도, 오후에도, 밤에도 가능하다. 사실상 언제든지 원하면 학습이 가능하다고 할 수 있다. 오전에는 교수님, 친구들과 함께 교육받고, 오후에는 혼자 다양한 학습경험을 쌓을 수 있다. 시간의 경계가 무너지는 것이다. 정해진 시간에 맞춰 교육을 받는 것이 아니라, 교육받는 시간을 학습자가 정할 수 있는 것이다.

또한 메타버스 내에서의 모든 교육활동은 무한하게 '반복'될 수도 있다. 과거의 교육활동, 과거의 영상들을 언제든 쉽게 찾아볼 수 있다. 즉, 반복학습이 가능하다. 실삼 콘텐츠를 반복적으로 학습하면 학습효과는 배가된다. 과거의 사건이 마치 현재의 일인 듯 착각을 일으키면서 집중을 불러올 수 있다. 미래에는 현재의 메타버스 활동이 과거를 공부하는 교육재료로 활용될 수도 있다.

이와 같이 메타버스는 특정 기간, 학년, 교시 등의 시간 개념을 초월할 수 있고, 평생학습, 수시교육, 맞춤형 교육을 보편화할 수 있다. 학습자의 필요에 따라 언제든지 원하는 교육을 받을 수 있는 시대가 오는 것이다.

5. 메타버스 대학의 발전

윤기영 교수는 미래 연구에서 사용하는 '스리 호라이즌(Three Horizon)' 개념을 활용하여 메타버스의 미래 대학을 다음과 같이 전망하였다[3].

3 윤기영(2021c). 메타버스 캠퍼스는 어떻게 발전할까?. 한국대학신문(2021.08.30).

표 13-1 메타버스 캠퍼스 스리 호라이즌(Three Horizons)

메타버스 사례	호라이즌1	호라이즌2	호라이즌3
트렌드	• 증강현실 안경 시판 • 가상현실 기기 고도화	• 증강현실 안경 등 대중화 • 인간의 맨눈 수준의 가상현실 기기 • 메타버스와 사물통신 융합 • 1인 메타버스 크리에이터 대중화 • 동시 통역 기능의 점진적 대중화	• 완전한 몰입형 증강현실 기술로 성숙 • BMI(Brain Machine Interface) 일부 등장 • 메타버스를 위한 사물통신, 물리컴퓨팅 고도화
미래 시점	2021년~2024년	2024년~2030년	2030년~2040년
메타버스 캠퍼스	• 메타버스 강의실 • 메타버스 실험실	• 일부 메타버스 캠퍼스 • 메타버스와 오프라인 메타버스 융합	• 완전한 메타버스 캠퍼스

호라이즌1에서 메타버스 캠퍼스는 태블릿과 같은 모바일 기기 등에서 메타버스 교육 경험을 하게 될 것이다. 여기에 더해 증강현실 안경 등을 이용해 캠퍼스에 부가적인 정보를 제공할 것이며 가상실재 공간에서 설계 및 실험을 할 수 있는 메타버스 실험실이 대학에 도입되기 시작할 것이다. 또한 가상현실 기기를 이용해 메타버스 강의실도 등장할 것으로 전망된다[4].

호라이즌2는 중기 미래에 해당하며 2024년에서 2030년까지이다. 이 기간 동안 증강현실 안경과 가상현실 기기가 급격하게 보급돼 스마트폰 수준이 될 것으로 예측된다. 이때가 되면 물질세계의 강의실과 메타버스 강의실 간에는 차이가 없어질 것이다. 물질적 공간을 가진 대학은 증강현실 기능을 적극적으로 활용하기 위해 사물통신을 이용한 증강현실 메타버스 캠퍼스도 본격적으로 등장할 것이다. 이를 통해 캠퍼스 라이프의 의미가 달라지며 지식 전달과 창

4 윤기영(2021c).

의성이 촉진되기 시작할 것이다. 전문적 직업 교육 등은 메타버스 공간 내에서 효율적이고도 효과적으로 진행될 것이며 교사와 학생이 참여하는 실험과 실습은 안전하면서도 효과적으로 그리고 그 결과를 즉시 확인할 수 있도록 메타버스 세계에서 진행될 것이다[5].

호라이즌3는 장기미래로 2030년에서 2040년까지의 기간이다. 이 기간 동안 증강현실 기술은 상당히 성숙할 것으로 가상실재 공간은 현실과 구분할 수 없을 정도로 발달할 것이다. 이때가 되면 메타버스 캠퍼스는 모든 대학에 정착할 것으로 물질적 공간의 메타버스 캠퍼스와 가상실재의 메타버스 캠퍼스를 굳이 분간할 이유도 필요도 없어질 것으로 전망된다. 모든 캠퍼스는 메타캠퍼스로 발전할 것으로 전망된다[6].

호라이즌3 시대 메타버스 교육에서는 인공지능이 본격적으로 활약하게 될 것이다. 메타버스와 인공지능이 함께할 때, 가장 두드러지는 특징은 개별화학습이 촉진된다는 점이다. 기존의 교육에서는 표준화된 강의실 속에서 표준화된 교육을 실시하다 보니 대학생에게 최적의 교육기회를 제공하기 어렵다. 메타버스 속에서 인공지능은 대학생들의 수준과 성향에 따라 학습 내용을 자동으로 조정한다. 대학생의 학습태도, 학습패턴, 학습능력, 학습성과, 강약점 데이터에 기초하여 학습 정보와 학습량, 학습방법 등을 맞춤형으로 제공한다. 대학생 맞춤형 학습과정(교육모듈)과 적시적 학습 콘텐츠를 큐레이션하고 학습 도구를 지원한다. 대학생 학습을 가이드하고, 피드백하고, 학습의 질문에 답하고, 학생의 요구에 부합하는 학습을 추천하게 된다.

메타버스 시대가 오게 되면 대학은 크게 두 가지 형태로 분화할 수 있다. 하나는 오프라인 대학과 온라인이 합쳐진 융합대학이 되는 것이다. 즉, 디지털 융합대학으로 변모하는 것이다. 현존하는 오프라인 대학에 증강현실 캠퍼스가 만들어지고 다양한 디지털 경험이 추가되는 것이다. 현실대학과 가상대학의 경계를 구분하는 것이 무의미한 시대가 올 것이다. 다른 하나는 대학의 지리

5 윤기영(2021c).
6 윤기영(2021c).

적 경계가 무너지고 통합되는 글로벌 융합대학으로 변모하는 것이다. 메타버스 내에서 물리적 공간과 경계는 무의미하다. 따라서 외국 대학이 국내 학생을 유치할 수 있고, 국내 대학이 외국으로 진출하는 것도 얼마든지 가능하다. 많은 대학이 플랫폼 대학으로 변모하는 것이다.

| 그림 13-5 | 한양대학교 "메타버시티" 참여협의체 출범

출처: 한양뉴스포털(2021.11.26). Consultative Body for "Metaversity" HYU Participated Launched.

이렇게 미래 메타버스 시대 대학은 오프라인 대학(실제 대학), 온라인-디지털대학(가상대학), 국경 없는 대학으로 발전해 갈 것으로 전망된다. "대학은 무한 경쟁의 정글 입구에 발을 걸치게 될 것이다. 모든 대학은 전 세계 학생을 대상으로 전 세계의 대학과 경쟁해야 한다. 다시 말하자면 우리나라 대학은 파리대학, 옥스퍼드나 케임브리지, 하버드나 스탠퍼드 등과 경쟁해야 한다. 어디서나 접근 가능하며 인공지능 조교에 의해 24시간 질의하고 설명을 들으며 기계 통번역기에 의해 자국어 강의를 들을 수 있는"[7] 시대가 오게 될 것이다.

7 윤기영(2021d). 메타버시티, 멀티버시티 전략. 한국대학신문(2021.09.06).

6. 메타버스 대학의 가치

메타버스 대학은 기회이다. 메타버스로 인해 교육공간이 확장되고, 가상공간 안에서 더 많은 교육기회가 만들어진다. 교육시간도 확장된다. 언제든 접속하면 수많은 교육콘텐츠를 접할 수 있다. 교양교육, 전공교육, 직업교육 등 다양한 콘텐츠가 수준별로 제시된다. 교육콘텐츠는 수시로 업데이트된다. 가장 최근의 콘텐츠, 양질의 콘텐츠를 접할 수 있어 학습자의 만족도를 높일 수 있다. 서책형 교과서는 종말을 맞게 되고, 디지털 교과서, 디지털 교육콘텐츠가 그것을 대신할 것이다. 메타버스는 체험공간이고, 표현공간이고, 창조공간이 된다. 체험과 표현과 창조는 인간의 성장과 발달을 구성하는 핵심 개념이다. 따라서 메타버스 안에서도 교육적으로 의미 있는 경험이 가능하고 성장이 가능하다. 수동적이던 대학생이 교육의 주체로 변신할 수 있는 기회를 제공해준다. 대학생이 체험의 주체, 표현의 주체, 창조의 주체로 변신하는 것이다. 자기주도성이 존중되면서 교육효과도 제고될 것이다. 액티브 러닝(active learning), 자기주도형 학습, 맞춤형 학습, 협동형 학습 등이 활성화될 것이다. 소통방식의 변화도 예상되고 있다. 교수-학생 간, 학생-학생 간 소통이 더욱 활발해질 것으로 예상된다. 메타버스는 대학생 진로지도와 미래 직업세계의 탐구에도 영향을 미칠 것으로 보인다. 잘 하는 일, 하고 싶은 일을 하면서 메타버스 속에서 직업을 얻을 수 있는 기회가 열리는 것이다.

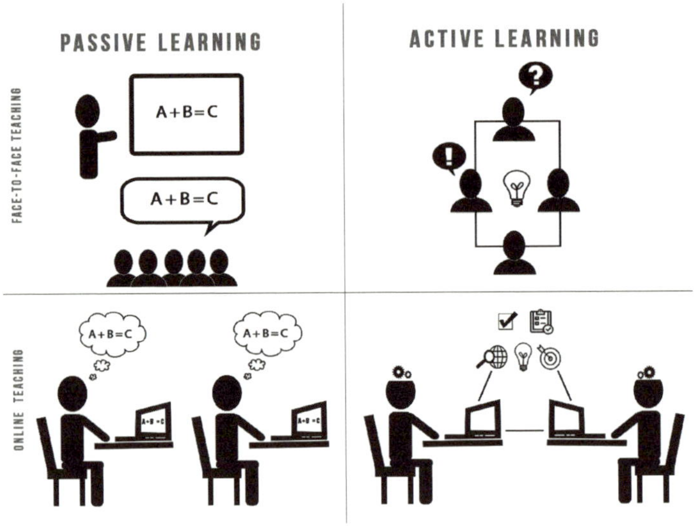

| 그림 13-6 | 대면/비대면 교육에서 교사중심/학생중심 학습

출처: https://iubmb.onlinelibrary.wiley.com/doi/full/10.1002/bmb.21574

메타버스 교육은 혁신이다. 교육을 혁신하려고 할 때, 여건이 갖추어지지 않아 큰 어려움을 겪는다. 적절한 교육여건을 만들려면 많은 시간과 투자가 필요해 적시성이 떨어진다. 특히, 시설을 개선하려면 큰돈이 들고 시간이 많이 소요되는데, 메타버스는 이러한 문제를 쉽게 해결해 준다. 메타버스 플랫폼 안에서 강의실, 실험실습실을 얼마든지 만들 수 있다. 공간 문제가 해결되는 것이다. 시간문제도 해결된다. 교수와 학생이 거리와 상관없이 언제든지 만날 수 있다. 이렇게 교육환경을 쉽게 구축할 수 있게 되면, 다양한 교육개혁 실험을 할 수 있게 된다. 더 나아가 가상의 교육개혁 시뮬레이션을 메타버스 플랫폼 안에서 시도하고, 장단점을 파악하고, 실현 가능성을 사전에 파악하는 것도 가능하다.

메타버스 교육은 미래 대학생들에게 크게 환영받을 것이다. 디지털 세대의 특성에 잘 부합하기 때문이다. 대학생들은 수많은 실감교육 콘텐츠에 몰입하게 되고, 수업에 적극 참여하는 주체로 거듭난다. 모든 교육자가 꿈꾸는 액티브 러닝이 실현되는 것이다. 이는 명문 온라인 대학인 미네르바스쿨에서 이미 입증되었다. 대학생들에게 동기가 부여되고, 대학생들이 흥미를 갖고 몰입할 수 있는 교육이 실현되는 것이다. 이것이 메타버스 교육이 주는 가장 큰 혜택이 될 것으로 보인다.

생각할 문제

1 메타버스는 교육에 어떤 영향을 미칠까요?

2 메타버스는 교육공간(학교, 강의실 등)에 어떤 영향을 미칠까요?

3 메타버스 시대 현재 대학은 어떤 모습으로 변하게 될까요?

4 메타버스 대학의 장점과 단점은 무엇일까요?

5 우리 대학은 메타버스 시대를 어떻게 준비해야 할까요?

용어정리

- 가상세계: 디지털 기반 3D 중심으로 창조된 세계로 현실과 유사 또는 대안적인 세계
- 거래/디지털화폐: 사용자에 대한 인증 및 다양한 콘텐츠 유통을 위한 거래 기술
- 거울세계: 현실세계의 정보가 사실 그대로 투영된 디지털 환경
- 게더타운: 게더타운은 화상회의 플랫폼에 메타버스요소가 결합한 플랫폼이다. 실제현실의 모습을 가상현실로 옮겨와 비대면으로 소통할 수 있는 서비스이다.
- 경험중심 교육과정: 경험중심 교육과정은 전통적인 교과중심의 교육과정을 벗어나 학생의 흥미, 요구, 경험, 활동 등을 바탕으로 한 학습자 중심의 교육과정이다. 경험중심 교육에서 추구하는 교육목표는 지식을 가르치는 것이 아니라, 학습자의 실생활의 활용 능력과 바람직한 개인 성장에 초점을 두고 있다.
- 라이프로깅: 개인 일상생활의 다양한 이벤트 및 정보를 기록, 공유하는 환경
- 로블록스(Roblox): 사용자가 게임을 프로그래밍하고, 다른 사용자가 만든 게임을 즐길 수 있는 온라인 게임 플랫폼 및 게임 제작 시스템이다
- 몰입형 콘텐츠: 사용자에게 몰입감이 극대화된 콘텐츠 서비스를 제공하기 위한 기술
- 실감형 콘텐츠: ICT를 기반으로 인간의 감각과 인지를 유발하여 실제와 유사한 경험 및 감성을 확장하는 기술
- 융복합 콘텐츠: 엔터테인먼트, 공공, 안전·복지, 국방, 의료, 제조 등 산업분야와 ICT기술을 융합한 디지털 콘텐츠 서비스를 제공하기 위한 기술
- 융합교육과정: 융합교육과정은 단일 학문 또는 분화된 학문체계가 아닌 학문 간의 새로운 결합을 통해 새로운 시각으로 사회현상을 해석하고 적용하고 이끌어 낼 수 있는 능력의 교육과정이다. 하나의 학문으로 풀 수 없는 다양한 사회문제들을 여러 학문영역에 걸쳐 종합하고 통합하여 새로운 학제적 이해를 도모하는 교육과정이다.
- 증강현실: 현실세계에 가상의 사물 또는 정보를 추가하여 원래 존재하는 사물처럼 인지하는 환경
- 지능형 콘텐츠: 다양한 콘텐츠 데이터에 대해 자가 학습에 기초한 객체 검출, 식별, 분석 등으로 맞춤형 콘텐츠 정보 제공하는 기술

- 페이스북: Facebook은 친구, 가족 및 동료 간의 상호 작용을 촉진하는 무료 소셜 네트워크 서비스이다. 같은 생각을 가진 사람들이모여 서로의관심사에 대해 토론할 수 있다.
- 포트나이트: 에픽게임즈에서 개발 및 유통하고 있는 배틀로얄식온라인 비디오 서바이벌 슈팅 게임이다. 포트나이트는 자신의 캐릭터, 즉 아바타를 조종해 요새를 구축하고 상대방과 싸우는 배틀 장르의 게임을 말한다.
- 하이프 사이클: 미국 컨설팅 그룹인 가트너에서 신기술의 흐름을 나타내기 위해 발표하는 기술 발전 사이클
- 홀로렌즈: 홀로렌즈란 실세사물과 중첩되도록 하는 안경이나 머리에 쓰는 형태로서 반투명한 디스플레이를 통해 사용자의 주변 환경을 볼 수 있도록 하는 가상현실 VR기기이다. 마이크로소프트에서 개발한 혼합현실 기반의 웨어러블 기기라고 할 수 있다.
- NFT: Non Fungible Token의 준말 블록체인 기술을 통해 위조가 불가능한 형태로 기록되는 디지털 장부에 절대적으로 유일한 토큰을 기록해 둠으로써 해당 토큰의 소유자가 유일하게 인식되는 디지털 인증방법
- P2E: 'Play To Earn'의 준말로 게임을 하면서 돈을 번다는 의미
- PBL(Problem-Based Learning): 문제기반학습. 문제를 활용하여 학습자 중심으로 학습을 진행하는 교수-학습 방법이다. PBL 수업은 현실적이고 실제적인 문제를 중심으로 학생들이 개별학습과 협동학습을 기반으로 해결안을 마련하는 학습자 중심의 수업형태이다.
- STEAM: STEAM은 융합교육의 한 분야로 과학기술에 대한 학생의 흥미와 이해를 높이고 과학기술 기반으로 융합적 사고력과 실생활 문제 해결력을 배양하는 교육이다. STEAM은 과학(S), 기술(T), 공학(E), 인문·예술(A), 수학(M)요소를 바탕으로 학문간 통합과 융합을 통해 실생활의 문제를 해결하기 위한 교육과정이다.

참고문헌

제1장

고인석(2008). 사이버 공동체에서 아바타의 존재론적 지위 - 매체와 준-주체로서의 아바타. 철학논총 53, 3-23.

김상균(2020). 메타버스. 디지털 지구, 뜨는 것들의 세상. 플랜비디자인.

김상균(2021). 게임인류. 몽스북.

김준연(2021). 메타버스 콘텐츠의 혁신 생태계와 지속 성장의 조건. Future Horizon+ 49 (2021.01·02호).

김지현(2021). 포스트 모바일, 메타버스 패러다임. Future Horizon+ 49(2021.01·02호).

닐 스티븐슨(저), 남명성(역)(2021). 스노 크래시 1, 2. 문학세계사.

서성은(2008). 메타버스 개발동향과 발전전망 연구. 한국HCI학회 학술대회, 2008.2, 1450-1457.

윤기영(2021a). 메타버스와 미래전략. 소프트웨어정책연구소.

윤기영(2021b). 메타버스가 캠퍼스에 몰려온다. 한국대학신문, 2021. 8.16.

윤정현(2021). Metaverse, 가상과 현실의 경계를 넘어. Future Horizon+ 49(2021.01·02호).

이승환(2021). 로그인(Log In) 메타버스: 인간 × 공간 × 시간의 혁명. 소프트웨어정책연구소.

이승환·한상열(2021). 메타버스 비긴즈(BEGINS) : 5대 이슈와 전망. 소프트웨어정책연구소.

이임복(2021). 메타버스. 이미 시작된 미래. 천그루숲.

이진규(2021). 메타버스와 프라이버시, 그리고 윤리- 논의의 시작을 준비하며. 2021 KISA Report. Vol.2.

최형욱(2021). 메타버스가 만드는 가상경제 시대가 온다. 한스미디어.

한상열(2021). 메타버스 플랫폼 현황과 전망. Future Horizon+ 49(2021.01·02호).

Acceleration Studies Foundation(2007). Metaverse Roadmap. Pathways to the 3D Web. https://www.metaverseroadmap.org/overview/

Ark Invest(2021). Big Ideas 2021.

Lenggenhager, B., et al(2007). Video Ergo Sum: Manipulating Bodily Self-Consciousness. Science 317, 1096.

Triberti, S., et al(2015). Being in an Avatar: Action and Embodiment an a Digital Me. *Annual Review of Cyber Therapy and Telemedicine. Vol 13.*

단비뉴스(2021.11.30.). (http://www.danbinews.com/news)

사례뉴스(2021.10.5.). MZ세대가 부릅니다. 모여봐요, 메타버스의 숲. http://www.casenews.co.kr/news/articleView.html?idxno=4624

게임뉴스(2022.2.28.). 메타의 메타버스 '호라이즌 월드' 유저 수 30만 명 돌파. https://m.inven.co.kr/webzine/wznews.php?idx=268833&site=vr

위키트리(2021.01.13). "쓰기만 하면…" 애플이 내놓는다는 안경, 깜짝 놀랄 특허 승인됐다. https://www.wikitree.co.kr/articles/609846 (트위터 @appleinsider)

pressreader(2021.7.26.). 게임넘어의료·제조까지... 빅테크기업들 '메타버스 전쟁' (정명섭 기자). https://www.pressreader.com/korea-republic/aju-business-daily/20210726/281831466762800.

제2장

과학기술정책연구원(2021). 미래연구 포커스: 메타버스, 가상과 현실의 경계를 넘어. FUTURE HORIZON+, Vol. 49.

과학기술정책연구원(2021.12.22.). 메타버스 가상세계의 진화전망과 혁신전략. STEPI Insight 제284호.

디지털데일리(2018.05.02). '모바일게임 절반이 유니티로 개발돼'…비게임 활용도 증가. https://www.ddaily.co.kr/m/m_article/?no=168449

소프트웨어정책연구소(SPRi)(2021.03.17.). "로그인(Log In) 메타버스: 인간×공간×시간의 혁명". 이슈리포트 IS-115, 참조 자료 기반 저자가 일부 재구성

소프트웨어정책연구소(SPRi)(2021.03.17.). 로그인(Log In) 메타버스: 인간×공간×시간의 혁명. 이슈리포트, IS-115.

애픽 게임즈 홈페이지, https://www.epicgames.com/fortnite/ko/home

엔비디아 홈페이지, https://www.nvidia.com/ko-kr/

정보통신기획평가원(2018.12). "중소기업 전략기술로드맵 2021-2023, 실감형콘텐츠". 중소벤처기업부/중소기업기술정보진흥원(TIPA), "ICT R&D 기술로드맵 2023".

정보통신기획평가원(2021.11). "메타버스 플랫폼 현황과 전망" 및 "주간기술동향" 자료에 정의된 내용을 기반으로, 저자가 사례, 주요 기술 추가 등 재구성

주간기술동향(2019.1.16). “VR·AR·MR 관련 기술 및 정책 동향”. 정보통신기획평가원(IITP).

한겨레(2021.12.6.). “메타버스의 꽃 ‘XR 기기’…빅테크들 선점경쟁 뜨겁다”.
https://www.hani.co.kr/arti/economy/it/1022076.html

한국과학기술정보연구원(2021.11.15.). “비대면이 일상으로, 메타버스(Metaverse)의 부상과 새로운 기회”. KISTI ISSUE BRIEF, 제36호.
https://kisti.re.kr/promote/post/issuebrief

한국인터넷진흥원(KISA)(2021.09.10.). NFT 기술의 이해와 활용, 한계점 분석. KISA Insight, 2021, Vol.3.

한국전자통신연구원(ETRI)(2021.8). 메타버스 비즈니스 모델 및 생태계 분석. 전자통신동향분석, 36(4).

Metaverse Roadmap Overview, https://metaverseroadmap.org/overview

OSC Tech News(2022.03.21.). “2022년 클라우드 네이티브 트렌드에 대처하는 방법”. https://www.osckorea.com/post/2022nyeon-keulraudeu-neitibeu-teur-endeue-daeceohaneun-bangbeob

제3장

가트너 그룹(Gartner)(2021.8.23). 3 Themes Surface in the 2021 Hype Cycle for Emerging Technologies (Contributor: Kasey Panetta).
https://www.gartner.com/smarterwithgartner/3-themes-surface-in-the-2021-hype-cycle-for-emerging-technologies

기획재정부 경제배움e. 경제교육, 왜 필요할까?.
https://www.econedu.go.kr/mec/ots/cms/content.do?mnuBaseId=MNU0000349&tplBaseId=TPL0000017

나무위키. Play to Earn. https://namu.wiki/w/Play%20to%20Earn

보 브레넌(Beau Brannan)(2021.5.20). Education NFTs Will Replace Diplomas and Resumes. 링크드인,
https://www.linkedin.com/pulse/education-nfts-replace-diplomas-resumes-beau-brannan

성소라 외(2021). NFT 레볼루션. 더퀘스트.

영남일보(2021.10.12). NFT 작품 컬렉터 조은래씨 “한정판·희소성에 열광하는 MZ세대에겐 매력적 시장”.

https://m.yeongnam.com/view.php?key=20211009010001047

코인데스크(2021.2.3.). 크립토키티 드래곤카드 한 장에 10억 원, NFT란?. (그림: NFT 활용 수입형 게임 엑시인피니티. 출처=스카이마비스).
https://www.coindeskkorea.com/news/articleView.html?idxno=72672

크리스티 경매 온라인 사이트.
https://onlineonly.christies.com/s/beeple-first-5000-days/beeple-b-1981-1/112924

크립토펑크 트위터.
https://twitter.com/cryptopunksbot/status/1453872415591829504

한겨레(2020.1.15 입력, 2020.1.26 수정). 사용되지 않아도 98% '완판'되는 우표의 인기비결.
http://h21.hani.co.kr/arti/economy/economy_general/48135.html

한경 오피니언(2021.11.29). [박성완 칼럼] '개정 교육과정'서 드러난 경제교육 현실.
https://www.hankyung.com/opinion/article/2021112926151

제4장

김창환(2022). 메타버스가 교육한다. 학이시습.

과학기술정보통신부(2022.1.20). "메타버스 신산업 선도전략".

이경아(2021). 메타버스(Metaverse) 세계에서의 실감미디어 기술 연구. *Journal of the Korea Society of Computer and Information 26*(9), 73-79 (7 pages).

이병권(2021). 메타버스 세계와 우리의 미래. 한국콘텐츠학회지.

윤헌준(2021). 메타버스(Metaverse) 시대로의 원격수업: 새로운 상호작용 및 소통을 향하여. 기계저널, 61(8).

정준화(2021). 메타버스(metaverse)의 현황과 향후 과제. 국회입법조사처 이슈와 논점, 제 1858호.

최재붕(2020). [최재붕의 '2020 포노 사피엔스 문명의 개막'(8)] 포노사피엔스 시대에 바꿔야 할 9가지 관념(1). 중앙시사매거진.

최형욱(2021). 메타버스가 만드는 가상경제 시대가 온다. 한스미디어.

한상열(2021). 메타버스 플랫폼 현황과 전망. Future.Hori-zon, 49호, 19-24.

한송이·노양진(2021). 메타버스 활용 교육에 대한 대학 교수자 인식 연구. 디지털콘텐츠학회 논문지(J. DCS), 22(11), 1793-1806.

한송이·김태종(2021). 메타버스 뉴스 빅데이터 분석: 토픽 모델링 분석을 중심으로. 한국디지털 콘텐츠학회 논문지, 22(7).

강원대학교 갭스톤 디자인 유튜브 채널. https://www.youtube.com/watch?v=qNP4JOxIAJs

교수신문(2021.07.09.). 대학, 메타버스 세계가 열린다. http://www.kyosu.net/news/articleView.html?idxno=71926

교수신문. http://www.kyosu.net

교육정책뉴스. http://www.edupolnews.com

대학내일20대연구소 홈페이지(2021.7.) 연구자료 '[데이터베이직]미디어·콘텐츠'

대학신문. http://news.unn.net

대학신문. http://news.unn.net/ 메타버스에 캠퍼스 강의실을 구현한 광운대 (사진 = 광운대)

대학저널(2021.12.29). 강원대, 캡스톤디자인 메타버스 페스티벌 열어. http://www.dhnews.co.kr/news/articleView.html?idxno=201714

동명대학교 시각디자인학과 홈페이지. https://www.tu.ac.kr

동신대학교. https://blog.naver.com/dsublog/222491440583

매일경제 뉴스(2021.8.17.). "성균관대, 메타버스 활용해 한글백일장 개최" (2022.6.25. 검색). https://www.mk.co.kr/news/society/view/2021/08/796607/

성균관대. www.skkujobfair2021.com

연세대학교. https://www.yonsei.ac.kr

전자신문(2009.8.13). [이머징 이슈] 특이점 대학을 가다. https://www.etnews.com/200908120027?m=1

전자신문. https://www.etnews.com

지식저장고(Knowledge Storage)(2020.11.12.). 싱귤래리티 대학(Singularity University). https://mathphysics.tistory.com/1231

Blackmagic Design. https://www.blackmagicdesign.com

BRIC 커뮤니티. [이머징 이슈] 특이점 대학 (SU, Singularity University). https://www.ibric.org/myboard/read.php?Board=sori&id=31727

CEO&(2015.10.1.). 지구인 대표들이 모인 싱귤래리티 대학을 아시나요?. http://www.ceopartners.co.kr/news/articleView.html?idxno=187

CIVIC뉴스(2021.5.22.). 건국대, '메타버스' 기술로 비대면 가상 축제 전국 최초 진행… 학생들, 각자 아바타 되어 캠퍼스 활보하며 선후배와 감격의 '채팅'. http://www.civicnews.com/news/articleView.html?idxno=31752

Global Tech Korea. [미국58] 세계 최고의 창업대학인 싱귤래리티 대학교. https://www.gtonline.or.kr/data/download.do?data_sid=223621&attach_seq=35155

MTN 뉴스(2021.9.28). 강원대학교, 춘천시 메타버스 연구용역 착수보고회 개최. https://news.mtn.co.kr/news-detail/2021092817011966543

제5장

김광집(2021). 메타버스 사례를 통해 알아보는 현실과 가상세계의 진화. 방송과 미디어, 10-19.

유갑상·전긍(2021). 메타버스 기반의 게임형 어학교육 서비스 플랫폼 개발에 관한 연구. 한국디지털콘텐츠학회, 22(9), 377-1386.

오혜정(2021). 메타버스 플랫폼의 유형별 사례를 통한 콘텐츠 활용방안. 인문사회21, 12(6), 2673-2684.

장지영(2021). 메타버스(Metaverse)를 활용한 한국어 말하기 수업 방연 연구. 한국어교육, 32(4), 79.

임태형·양은별·김국현·류지헌(2021). 메타버스를 활용한 고등학생 진로체험 프로그램 사용자 경험 분석, 학습자중심교과교육연구, 21(15), 679-695.

박진철(2021). 한국어교육에서의 메타버스(Metaverse) 활용 가능성 탐색. 한국언어문화학, 18(3), 117-146.

이명숙(2021). 해커톤 수업사례를 통한 메타버스 플랫폼의 교육적 활용방안. 컴퓨터교육학회, 24(6), 61-68.

홍희경(2021). 메타버스의 교육적 적용을 위한 탐색적 연구. 문화와 융합, 43(9).

Amelia Ijiri(2022). Reimagining Language Lessons for Immersive Learning in Virtual Reality. IALLT's free language technology magazine.

Ellis, R.(2003). Task-based Language Learning and Teaching, Oxford University Press.

Long, R. U.(2019). *Roblox and Effect on Education* (Doctoral dissertation, Master's Thesis, Drury University, Springfield, MO, USA). narrative curriculum. Albany, N.Y: Delmar Publishers

서울대뉴스(2021.9.8.). 취업 정보도 메타버스에서? 2021 서울대학교 메타버스 채용박람회. https://www.snu.ac.kr/snunow/snu_story?md=v&bbsidx=133195

아주경제(2022.2.11). 메타버스 취업상담회 방문해보니… 필요한 플랫폼이지만 보완할 점도 많아. https://www.ajunews.com/view/20211012144222139#PL2

한경라이프(2021.9.23.). 메타버스 취업박람회, 취준생들 '좋아요'.

https://www.hankyung.com/life/article/2021092312971
한국모바일게임협회, https://www.gamemeca.com/view.php?gid=1636905
Matthew Parsons, https://skift.com/2020/03/23/second-life

제6장

김병연·김소영·이근·이상승·주병기·이정민·안동천·이철희·박지희(2021). 혁신의 시작. 서울: 매일경제신문사.

김상균·신병호(2021). 메타버스 새로운 기회. 서울: 베가북스.

김성완(2006). 교육공학과 미디어 교육 교수 방법 (문혜성 외, 미디어 교육과 교수법, 2장). 서울: 커뮤니케이션북스.

김성완(2021). 창의적 문제해결을 위한 디자인씽킹. 서울: 동문사.

김성완·이명근(2005). 영화와 교육공학. 연세대학교 교육연구소 국제세미나 (영화와 교육, 그리고 교육공학) (2005년 6월 3일). 연세대학교.

김준호·이병성·최성진(2022). 비대면 교육을 위한 메타버스 구축 및 활용사례에 대한연구. 문화기술의 융합, 8(1), 483-497.

박석희(2021). 한국산업기술대학교, 메타버스 공학교육실습실 구축. 뉴시스(2021.4.5.). http://newsis.com/view/?id=NISX20210406_0001397380&cID=10803&pID=14000.

서순식·김성완(2006), 다중참여 온라인 역할수행 게임 활용 초등영어교육 효과 분석, 연세대 교육연구소 국제심포지엄 (교육과 게임) (2006년 11월 25일). 연세대학교.

송덕순(2021). [교육이 미래다] 국내 대학 첫 '퓨처VR랩' 구축… 미래융합형 공학인재 양성 박차. 중앙일보(2021.10.27.). https://www.joongang.co.kr/article/25018413#home.

오대석(2021). 메디컬아이피, 서울대 의과대학에 메타버스 적용 실습교육 국내 첫 도입. 매일경제(2021.6.21.).

이명근(2012). 능력기반 교수학습환경의 원리와 효과성. 한국컴퓨터정보학회 학술발표논문집, 20(1), 163-16.

이명근·강수연(2011). 초등학교 수학 수업의 인지기제 활용 문제기반학습 효과분석. 한국컴퓨터정보학회 동계학술대회 논문집, 19(1), 159-162.

조일현·임규연·이현우(2002). GBS+ 설계 모델을 적용한 e-learning 코스웨어 개발 연구. 기업교육과 인재연구, 4(2), 95-117.

최용훈(2011). 학습부진학생의 학습능력 향상을 위한 구성주의 능력기반 교수학습설계 모형 개발. 한국컴퓨터정보학회 학술발표논문집, 19(1), 141-144.

최희수·김상헌(2017). 역사교육을 위한 메타버스 콘텐츠 연구. 글로벌문화콘텐츠, 26(7), 209-226.

한송이·노양진(2021). 메타버스 활용 교육에 대한 대학 교수자 인식 연구. 디지털콘텐츠학회 논문지, 22(11), 1793-1806.

Grundy, S.(1991). A computer adventure game as a worthwhile educational experience. *Interchange, 22*(4), 41-55.

Jonassen, D. H.(1991). Evaluating constructivist learning. *Educational Technology, 28*(11), 13-16.

Jonassen, D. H.(1997). Instructional design model for well-structured and ill-structured problem-solving learning outcomes. *Educational Technology Research and Development, 45*(1), 65-95.

Jonassen, D. H.(1999) Designing constructivist learning environments. In C. M. Reigeluth (Ed.), *Instructional-desgin theories and models: A new paradigm of instructional theory* (Vol. Ⅱ, pp.215-239), Mahwah, NJ: Lawrence Erlbaum Associates.

Schank, R. C., Berman, T. R. & Macperson, K. A.(1999). Learning by doing. In C. M. Reigeluth (Ed.), *Instructional Design Theories and Models: A New Paradigm of Instructional Theory (Vol. II)* (pp. 161-181). Mahwah, NJ: Lawrence Erlbaum Associates.

Spiro, R. J. et al.(1988). Cognitive flexibility theory: Advance knowledge-acquisition in ill-structured domains. In *Proceedings of the Tenth Annual Conference of the Cognitive Science Society*. Hillsdale, NJ: Lawrence Erlbaum Associates.

Spiro, R. J., & Jehng, J. C.(1990). Cognitive flexibility and hepertext: Theory and technology for the nolinear and multidimentional traversal of complex subject matter. In D. Nix, & R. J. Spiro (Eds.), *Cognition, education, and multimedia: Exploring ideas in high technology*. Hillsdale, NJ: Lawrence Erlbaum Associates.

Vilmi, R. & Malmi, L.(1996). Learning english by creating, writing and playing WWW adventure games. *Educational Technology Research & Development, 44*(3), 109-118.

뉴시스(2021.4.6). 한국산업기술대학교, 메타버스 공학교육실습실 구축. http://newsis.com/view/?id=NISX20210406_0001397380&cID=10803&pID=14000

매일경제(2021.06.21.). 메디컬아이피, 서울대 의과대학에 메타버스 적용 실습교육 국내 첫 도입. https://www.mk.co.kr/news/it/view/2021/06/598643/

전자신문 포스트(2021.07.04.). 의료 교육에도 '메타버스' 접목… 비대면 시대 주목. https://post.naver.com/viewer/postView.naver?volumeNo=31963353&memberNo=19850389&vType=VERTICAL

중앙일보-The JoongAng(2021.10.27). [교육이 미래다] 국내 대학 첫 '퓨처VR랩' 구축… 공학인재 양성 박차. https://www.joongang.co.kr/article/25018413#home

한국대학신문(2022.01.10). [신년 기획] 메타버스로 도약하는 고등교육… "미래교육 열어가는 핵심 역할 기대".
http://slv.news.unn.net/news/articleView.html?idxno=522347

제7장

교육부·한국교육개발원(2020). 2021년 대학 기본역량 진단 편람.

김광재·김용세·김현수·박광태·박근완·양인석·이강윤·이상원·임호순·현소영(2011). **서비스사이언스**. 경기: 생능출판사.

김성완(2008)(역). **원격교육활용론**. 서울: 시그마프레스.

김성완(2018). **인터넷 정글에서 생존하기: 인터넷과 윤리**. 서울: 강현출판사.

김성완(2021). **창의적 문제해결을 위한 디자인씽킹**. 서울: 동문사.

백평구·김성완(2019). 교육서비스 관점에서 본 대학교육 혁신 사례분석. **기업교육과 인재연구**, 21(3), 155-177.

엄윤미·한성은(2020). **미래학교**. 서울: 스리체어스.

이현경(역)(2017). **플랫폼 레볼루션**. 서울: 부키.

장환영·백평구·김성완·홍정순(2018). '교육서비스과학'의 정립을 위한 이론적 탐색. **기업교육과인재연구**, 20(4), 125-147.

홍성연·유연재(2020), 코로나19로 인한 비대면 원격교육환경에서 학습성과 영향 요인 분석. **교육공학연구**, 36, 959-989.

Attallah, B.(2020). Post COVID-19 higher education empowered by virtual worlds and applications. *Proceedings of the 2020 Seventh International Conference on Information Technology Trends (ITT)*, USA, 161-164.

경향신문(2021.10.12.). 코로나 시대의 예술, 메타버스 위에 올라타다.
https://www.khan.co.kr/culture/culture-general/article/202110120955018

뉴시스(2022.08.05). 미결사건이던 '메타버스', 블랙핑크 덕에 마침내.

https://newsis.com/view/?id=NISX20220803_0001966342&cID=10601&pID=10600

중앙일보(2021.10.8). 서울신학대학교, H+비교과페어 in 메타버스 개최.

연세대 공식블로그(2022). Y대학교 글로벌인재대학, 메타버스로 오징어게임 등 MT 진행. https://blog.naver.com/yonseiblog/222561773574

한국대학신문(2021.12.1). 장애인과 비장애인이 하나되는 메타버스 축제의 장 '2021 아이소리 축제' (황정일 기자). http://news.unn.net/news/articleView.html?idxno=520106

한국대학신문(2022.1.10). [신년 기획] 메타버스로 도약하는 고등교육… "미래교육 열어가는 핵심 역할 기대". http://news.unn.net/news/articleView.html?idxno=522347

Sciencetimes(2020.11.18). BTS 신곡 발표의 무대가 된 '메타버스'. https://www.sciencetimes.co.kr/news/bts

제8장

류지영(2021). 뉴노멀 시대의 미술교육-포스트휴먼 시대의 감성과 기술적 상상력으로서의 미술교육. **미술교육연구논총**, 66, 103-131.

바라예술성장연구소(2021). 메타버스와 함께 가는 문화예술교육 연구보고서.

조이킴(2021). 예술교육 매체로서 메타버스 사례연구-SK텔레콤 ifland를 중심으로. **문화기술의 융합**, 7(4), 391-396.

한국문화예술교육진흥원(2020). 온라인 문화예술교육 동향 리포트.

경향신문(2021.10.12). 코로나 시대의 예술, 메타버스 위에 올라타다. https://www.khan.co.kr/culture/culture-general/article/202110120955018

뉴시스(2022.8.5). 미결사건이던 '메타버스', 블랙핑크 덕에 마침내. https://newsis.com/view/?id=NISX20220803_0001966342&cID=10601&pID=10600

한국대학신문(2021.12.01.). 장애인과 비장애인이 하나되는 메타버스 축제의 장 '2021 아이소리 축제'. http://news.unn.net/news/articleView.html?idxno=520106

무브케이 홈페이지(http://www.movek.co.kr/)

아트앤테크 플랫폼 홈페이지 (https://www.arko.or.kr/artntech/)

강현민(2021). 독일의 교육분야 메타버스 운영 및 활용 현황, 한국교육개발원 교육정책네트워크정보센터 웹자료, 1-6.

김정애·조의영(2016). 대학생들의 스마트폰 사용 경험. **한국인터넷방송통신학회 논문지**, 16(3), 한국인터넷방송통신학회, 187-201.

모아라·이소현(2017). 대학생의 수업 중 스마트폰 사용 경험에 관한 연구. **한국디지털콘텐츠학회논문지**, 18(2), 한국디지털콘텐츠학회, 303-309.

백영균(2010). **가상현실공간에서의 교수-학습**. 학지사.

오송석·정현용(2021) COVID-19 이후 대학생의 스마트폰 이용 실태 조사. **한국정보기술학회논문지**, 16(4), 한국지식정보기술학회, 753-763.

이면재·고기숙(2013). 질적 연구에 기반한 대학생의 스마트폰 사용 특성. **디지털융복합연구**, 11(9), 한국디지털정책학회, 301-310.

이수진(2021). 중국의 교육 분야 메타버스 운영 및 활용 현황. 한국교육개발원 교육정책네트워크정보센터 웹자료, 1-12.

이용숙·이수현(2019). 삶의 중요한 일부로서의 스마트폰: 직장인·대학생 대상 설문조사와 여자 대학생 대상 현장 연구. **비교문화연구**, 25(1), 서울대학교 비교문화연구소, 211- 267.

조안나·조재범·배준호·이서·최동영·손용식(2022). **교육을 위한 메타버스 탐구생활**. 지노.

Burge, E. & Boberts, J. M.(1993). *Classrooms with a difference: A practical guide to the use of conferencing technologies*. Toronto, Ontario: The Ontario Institute for Studies in Education, Distance Learning Office.

Driscoll, M. P.(2000). *Psychology of learning for instruction*(2nd Ed.), Boston: Allynand Bacon.

Jonassen D.(1996). A Manifiesto for a constructivist approach to technology in higher education, In T. Duffy, D. Jonassen & J. Lowyck(Eds.), *Designing constuctivist learning environments*. Heidelberg, Germany: Springer Verlag.

Jonassen, H.(1994). Thinking technology: Toward a constructivist design model. *Educational Technology, 34*(4), 34-37.

New Media Consortium & Educause Learning Initiative(2007). Hrizon Report, Retrieved September 2. (http://www.nmc.org/horizon)

Ancient Olympia: Common Grounds.

https://inculture.microsoft.com/arts/ancient-olympia-common-grounds/
Expedition Wilde Welten. https://www.expedition-wilde-welten.de/#
Phoenix(Das Ganze Bild). https://bundestag360.phoenix.de

제10장

금봉수 외(2022). 2021 인터넷이용실태조사. 한국지능정보사회진흥원.

남종훈(2010) 스마트 노매드 시대 스마트폰의 확산과 전망에 대한 연구. **디지털콘텐츠학회 논문지**, 11(3), 315-322.

이승연·정영현·이정연(2021). 포스트 Z세대를 위한 미래 교육평가의 방향. **학습자중심교과교육연구**, 21(20), 1-24.

Grose, M.(2005). *XYZ: The new rules of generational warfare*. North Sydney: Random House Australia.

Mannheim, K.(1952). The Problem of Generations. In P. Kecskemeti (Ed.). *Essays on the sociology of knowledge* (pp. 276-320). London: Routledge and Kegan Paul.

매일경제 뉴스(2021.8.17). "성균관대, 메타버스 활용해 한글백일장 개최" (2022.6.25. 접속).
https://www.mk.co.kr/news/society/view/2021/08/796607/

아주경제 뉴스(2022.4.11). "메타버스로 직무체험한다… CJ올리브네트웍스 리모트 인턴십 운영" (2022.6.25. 접속).
https://www.ajunews.com/view/20220411105804448

전자신문(2021.12.28. 발행). "컴투스 메타버스 플랫폼 '컴투버스', 첫 공개" (2022.6.25. 접속).
https://www.etnews.com/20211228000247

조선비즈(2022.5.19.). "직방, '메타버스 사무실'로 글로벌 진출… 美 법인 설립" (2022.6.25. 접속).
https://biz.chosun.com/real_estate/real_estate_general/2022/05/19/7R4UCWB4K5EABFRZBMOMW5C6Y4/

파이낸셜뉴스(2022.4.25.). "메타버스 혁신 시작점으로… POSTECH '초연결' 강의실·연구실 선봬 ['인재양성 메카' 과학기술특성화대학]" (2022.6.25. 접속).
https://www.fnnews.com/news/202204251817411449

한국갤럽(2020.8.12). "2012-2020 스마트폰 사용률 & 브랜드, 스마트워치, 무선이어폰에 대한 조사” (2020년 8월 6일 접속).
https://www.gallup.co.kr/gallupdb/reportContent.asp?seqNo=1134

제11장

대학저널(2021.10.5.). “광운대, 메타버스 강의 플랫폼 구축…” “메타버스 캠퍼스에서 만나요!”. (2022.6.26. 접속)
http://www.dhnews.co.kr/news/articleView.html?idxno=145557

문화기술대학원 홈페이지(2019.3. 개시). “알함브라 궁전의 추억 드라마로 본 증강현실의 현재와 미래”. (2022.6.25. 검색).
http://ctpress.kaist.ac.kr/2019/03/06/ct-opinion-%EC%95%8C%ED%95%A8%EB%B8%8C%EB%9D%BC-%EA%B6%81%EC%A0%84%EC%9D%98-%EC%B6%94%EC%96%B5-%EB%93%9C%EB%9D%BC%EB%A7%88%EB%A1%9C-%EB%B3%B8-%EC%A6%9D%EA%B0%95%ED%98%84%EC%8B%A4/

전자신문(2021.6.21.). “메디컬아이피, 서울대 의대에 메타버스 적용 실습교육 국내 첫 도입”. (2022.6.26. 검색)
https://www.etnews.com/20210621000254

제12장

B2B 영업마케팅그룹(2020.1.8.). Z세대를 겨냥한 마케팅전략.
https://m.blog.naver.com/hanansk/221763908076

경기연구원(2021). ‘MZ세대를 들여다보다’ 보고서.

국립진주박물관. 국립진주박물관 실감체험관 개관. 국립진주박물관 실감체험관 개관 보도자료

박형성·위남환(2007). 교육용 게임의 액션수준이 성격유형에 따라 내적동기에 미치는 효과. 한국정보교육학회 11권.

아주경제(2021.09.12.). [글로벌 메타버스 리포트] 코로나 타격 박물관, AR·VR로 돌파구 (정명섭 기자).
https://www.ajunews.com/view/20210911223512665

위키리크스한국(2021.12.16.) [WIKI 프리즘] 인공지능(AI)과 메타버스의 접목… 아바타, 다언어, 가상현실 무한확장 (최석진 기자).

https://www.wikileaks-kr.org/news/articleView.html?idxno=119521

청년일보(2020.09.23.). "OTT 전성시대"… 베이비붐세대 외 전 세대 TV보다 선호. https://www.youthdaily.co.kr/news/article.html?no=48316

한국강사신문(2021.10.15). 다큐온, 메타버스로 달라질 우리의 일상 '게임, 미래를 그리다'(이미숙 기자). https://www.lecturernews.com/news/articleView.html?idxno=78348

한국대학신문(2022.05.10.). [세상을 바꾸는 게임 체인저] ④메타버스 실감형 콘텐츠 개발로 현장실습 교육의 질 높인다 (이중삼 기자). https://news.unn.net/news/articleView.html?idxno=527694

Bronack, S. C.(2011). The role of immersive media in online education. *The Journal of Continuing Higher Education, 59*(2), 113-117.

제13장

김창환(2007). 인본주의 교육사상. 학지사.

최형욱(2021). 메타버스가 만드는 가상경제 시대가 온다. 한스미디어.

윤기영(2021c). 메타버스 캠퍼스는 어떻게 발전할까?. 한국대학신문, 2021.08.30.

윤기영(2021d). 메타버시티, 멀티버시티 전략. 한국대학신문, 2021.09.06.

한양뉴스포털(2021.11.26). Consultative Body for "Metaversity" HYU Participated Launched. http://www.newshyu.com/news/articleView.html?idxno=1004507

Denfle, H.(1956). Die Entstehung der Universitäten des Mittelalters bis 1400, Graz, 1956.

찾아보기

ㅂ

ㅅ

ㅇ

ㅈ

ㅊ

ㅋ

ㅌ

ㅍ

ㅎ

기타

저자소개

구자억

학력 : 베이징사범대학 대학원(교육학박사)

현재 : 서경대학교 혁신부총장, 한국대학컨설팅협회장, 한국창업교육학회장, (사)한중교육교류협회장, 공정교육혁신포럼 공동대표, 절강미디어대학 객좌교수

경력 : 한국교육개발원, 서경대 기획처장 및 대학원장, 극동대 혁신부총장, 한국교육포럼 회장, 한국중국유학교우총연합회 회장 외

김창환

학력 : 독일 튀빙겐대학교(교육학박사)

현재 : 극동대학교 기획처장

경력 : 창신대학교 교수, 한국교육개발원 원장대행, 기획처장, 선임연구위원

김성완

학력 : 연세대학교(교육학박사, 교육공학 전공)

현재 : 나사렛대학교 교수학습지원센터 교수

경력 : 아주대학교 교육대학원 교수

김영기

학력 : 미국 댈러스대학원(MBA)

현재 : 콘텐트리중앙 IT 본부장

경력 : 삼성 SDS IT 전문위원, SK C&C IT 컨설턴트

김지혜

학력 : 서울대학교 대학원(교육학박사)

현재 : 명지대학교 교수, 한국대학컨설팅협회 이사

경력 : 극동대학교 교수, 극동대학교 티칭이노베이션랩 소장, 서울대학교 교육종합연구원 객원연구원, 서울대학교 외국인을 위한 한국어교육 지도자과정 실장

양애경

학력 : 홍익대학교 사범대학교 대학원(교육학박사)

현재 : 한서대학교 정교수, 한국방과후학교학회 회장

경력 : 한국교육개발원 연구위원, 교육부 대학평가위원, 전국 시도교육청 컨설팅위원

이기준

학력: 한국항공대학교 컴퓨터공학과(공학박사)

현재: 한국교육개발원 정보화실장

경력: 한국교육개발원 국가교육통계연구본부장, 교육통계센터 소장, 과학기술정보통신부 인공지능윤리 포럼 위원, 교육부 청년취업정책 자문위원, 통계청 통계분류자문위원

이순희

학력 : 성균관대학교 대학원(교육학박사)

현재 : 서경대학교 교수

경력 : 서경대학교 교양교육연구소소장, 서경대학교 교육혁신성과관리센터장

신세영

학력 : 연세대학교 대학원(디자인박사)

현재 : 서경대학교 미용예술대학 부학장

경력 : (사)한국패션비즈니스학회 이사, (사)한국미용학회 이사, (사)한국의류산업학회 이사

정영모

학력 : 성균관대학교(철학박사, 교육행정 전공)

현재 : 극동대학교 교수, 한국대학컨설팅협회 이사, 한국방과후학교학회 부회장

경력 : 성균관대학교 겸임교수, 대통령직속 저출산고령사회위원회 분과위원

주현재

학력 : 미국 앤드류스대학(교육학석사), 경희대학교(교수학습공학박사)

현재 : 삼육보건대학교 교육혁신본부장, 한국교양교육학회 부회장, 한국고등직업교육학회 이사

경력 : 한국문화와융합학회 학술상 수상

메타버스 유니버시티

초판 1쇄 인쇄 / 2023년 2월 3일
초판 1쇄 발행 / 2023년 2월 10일

•

공저자 / 구자억 · 김창환 · 김성완 · 김영기
김지혜 · 양애경 · 이기준 · 이순희
신세영 · 정영모 · 주현재
발행인 / 이 중 수
발행처 / **동 문 사**

•

서울특별시 서대문구 홍제원 1길 12
(홍제동 137-8)
Tel: 02)736-3718(대), 736-3710, 3720
Fax: 02)736-3719
등록번호: 1974.04.27. 제9-17호
가격: 22,000원

•

ISBN: 979-11-6328-479-6(93370)
E-mail: dong736@naver.com
www.dongmunsa.com